U0447090

A LIBRARY OF DOCTORAL DISSERTATIONS IN SOCIAL SCIENCES IN CHINA

中国社会科学博士论文文库

交通基础设施的网络效应及溢出效应的实证研究

Empirical Study on Network and Spillover Effects of Transport Infrastructure

邓丹萱 著
导师 王微 王晓东

中国社会科学出版社

图书在版编目（CIP）数据

交通基础设施的网络效应及溢出效应的实证研究 / 邓丹萱著. — 北京：中国社会科学出版社，2017.2
（中国社会科学博士论文文库）
ISBN 978-7-5161-9974-9

Ⅰ.①交… Ⅱ.①邓… Ⅲ.①交通运输建设－基础设施建设－研究－中国 Ⅳ.①F512.3

中国版本图书馆CIP数据核字(2017)第047450号

出 版 人	赵剑英
责任编辑	彭莎莉
责任校对	林福国
责任印制	王 超
出 版	中国社会科学出版社
社 址	北京鼓楼西大街甲158号
邮 编	100720
网 址	http://www.csspw.cn
发 行 部	010-84083685
门 市 部	010-84029450
经 销	新华书店及其他书店
印 刷	北京明恒达印务有限公司
装 订	廊坊市广阳区广增装订厂
版 次	2017年2月第1版
印 次	2017年2月第1次印刷
开 本	710×1000 1/16
印 张	12.5
插 页	2
字 数	205千字
定 价	55.00元

凡购买中国社会科学出版社图书，如有质量问题请与本社营销中心联系调换
电话：010-84083683
版权所有 侵权必究

《中国社会科学博士论文文库》
编辑委员会

主　　任：李铁映

副主任：汝　信　江蓝生　陈佳贵

委　　员：(按姓氏笔画为序)

  王洛林　王家福　王缉思
  冯广裕　任继愈　江蓝生
  汝　信　刘庆柱　刘树成
  李茂生　李铁映　杨　义
  何秉孟　邹东涛　余永定
  沈家煊　张树相　陈佳贵
  陈祖武　武　寅　郝时远
  信春鹰　黄宝生　黄浩涛

总 编 辑：赵剑英

学术秘书：冯广裕

总　　序

在胡绳同志倡导和主持下，中国社会科学院组成编委会，从全国每年毕业并通过答辩的社会科学博士论文中遴选优秀者纳入《中国社会科学博士论文文库》，由中国社会科学出版社正式出版，这项工作已持续了12年。这12年所出版的论文，代表了这一时期中国社会科学各学科博士学位论文水平，较好地实现了本文库编辑出版的初衷。

编辑出版博士文库，既是培养社会科学各学科学术带头人的有效举措，又是一种重要的文化积累，很有意义。在到中国社会科学院之前，我就曾饶有兴趣地看过文库中的部分论文，到社科院以后，也一直关注和支持文库的出版。新旧世纪之交，原编委会主任胡绳同志仙逝，社科院希望我主持文库编委会的工作，我同意了。社会科学博士都是青年社会科学研究人员，青年是国家的未来，青年社科学者是我们社会科学的未来，我们有责任支持他们更快地成长。

每一个时代总有属于它们自己的问题，"问题就是时代的声音"（马克思语）。坚持理论联系实际，注意研究带全局性的战略问题，是我们党的优良传统。我希望包括博士在内的青年社会科学工作者继承和发扬这一优良传统，密切关注、深入研究21世纪初中国面临的重大时代问题。离开了时代性，脱离了社会潮流，社会科学研究的价值就要受到影响。我是鼓励青年人成名成家的，这是党的需要，国家的需要，人民的需要。但问题在于，什么是名呢？名，就是他的价值得到了社会的承认。如果没有得到社会、人民的承认，他的价值又表现在哪里呢？所以说，价值就在于对社会重大问题的回答和解决。一旦回答了时代性的重大问题，就必然会对社会产生巨大而深刻的影响，你也因此而实现了你的价值。在这方面年轻的博士有很大的优势：精力旺盛，思想敏捷，勤于学习，勇于创新。但青年学者要多向老一辈学者学习，博士尤其要很好地向导师学习，在导师的指导下，发挥自己的优势，研究重大问题，就有可能出好的成果，实现自己的价值。过去12年入选文库的论文，也说明了这一点。

什么是当前时代的重大问题呢？纵观当今世界，无外乎两种社会制度，一种是资本主义制度，一种是社会主义制度。所有的世界观问题、政治问题、理论问题都离不开对这两大制度的基本看法。对于社会主义，马克思主义者和资本主义世界的学者都有很多的研究和论述；对于资本主义，马克思主义者和资本主义世界的学者也有过很多研究和论述。面对这些众说纷纭的思潮和学说，我们应该如何认识？从基本倾向看，资本主义国家的学者、政治家论证的是资本主义的合理性和长期存在的"必然性"；中国的马克思主义者，中国的社会科学工作者，当然要向世界、向社会讲清楚，中国坚持走自己的路一定能实现现代化，中华民族一定能通过社会主义来实现全面的振兴。中国的问题只能由中国人用自己的理论来解决，让外国人来解决中国的问题，是行不通的。也许有的同志会说，马克思主义也是外来的。但是，要知道，马克思主义只是在中国化了以后才解决中国的问题的。如果没有马克思主义的普遍原理与中国革命和建设的实际相结合而形成的毛泽东思想、邓小平理论，马克思主义同样不能解决中国的问题。教条主义是不行的，东教条不行，西教条也不行，什么教条都不行。把学问、理论当教条，本身就是反科学的。

在21世纪，人类所面对的最重大的问题仍然是两大制度问题：这两大制度的前途、命运如何？资本主义会如何变化？社会主义怎么发展？中国特色的社会主义怎么发展？中国学者无论是研究资本主义，还是研究社会主义，最终总是要落脚到解决中国的现实与未来问题。我看中国的未来就是如何保持长期的稳定和发展。只要能长期稳定，就能长期发展；只要能长期发展，中国的社会主义现代化就能实现。

什么是21世纪的重大理论问题？我看还是马克思主义的发展问

题。我们的理论是为中国的发展服务的，绝不是相反。解决中国问题的关键，取决于我们能否更好地坚持和发展马克思主义，特别是发展马克思主义。不能发展马克思主义也就不能坚持马克思主义。一切不发展的、僵化的东西都是坚持不住的，也不可能坚持住。坚持马克思主义，就是要随着实践，随着社会、经济各方面的发展，不断地发展马克思主义。马克思主义没有穷尽真理，也没有包揽一切答案。它所提供给我们的，更多的是认识世界、改造世界的世界观、方法论、价值观，是立场，是方法。我们必须学会运用科学的世界观来认识社会的发展，在实践中不断地丰富和发展马克思主义，只有发展马克思主义才能真正坚持马克思主义。我们年轻的社会科学博士们要以坚持和发展马克思主义为己任，在这方面多出精品力作。我们将优先出版这种成果。

2001 年 8 月 8 日于北戴河

摘　　要

　　本书是在中国政府高度重视基础设施投资，学术界又很关注交通基础设施在经济中所起作用的宏观大背景下，对交通基础设施的网络效应及溢出效应进行了理论分析和实证检验。在理论上，应用经济增长理论、国际贸易理论和新经济地理理论分析了交通基础设施的网络效应与溢出效应产生的原因以及作用机制。在实证上，本书基于上述理论的框架，分析了国际运输方式中各类交通基础设施的发展，通过贸易引力模型实证检验了交通基础设施的网络效应，并对其进行国际比较；接下来讨论了我国交通基础设施的发展趋势和空间格局，通过空间计量、空间统计等分析方法对交通基础设施的溢出效应进行了实证分析，同时进一步验证了交通基础设施的空间溢出效应。

　　本书主要得出以下结论：①交通基础设施是一个国家物流水平的重要体现，近年来发展中国家和新兴经济体国家逐渐地改善了交通基础设施的状况，使得国家物流水平总体有所提高。②交通基础设施的网络效应在国际贸易中发挥着重要作用，但是仍然具有进一步提升的空间。由于在国际贸易中的地位和本身的特点，港口、航空和公路基础设施指标对进出口贸易流量的促进作用比较显著；而铁路运输由于运营特点，作用较为微弱。同时，代表国家物流基础设施综合水平的物流设施综合指数对消除贸易障碍、增强出口贸易竞争力具有显著的促进作用。总体来说，发达国家的交通基础设施网络效应好于发展中国家。③中华人民共和国成立后，经过60多年的发展，以及近年来政府为了应对危机，实施扩大内需的财政政策，以及制定各类地区发展政策，使得我国交通基础设施建设取得了长足进步，粗具规模的综合交通运输体系逐步形成，公路、铁路、民航、水路及管道建设快速发展。不过，中国交通基础设施建设也面临着结构不合理、运力不足、各种运输方式衔接较差和交通基础设施地区分布不平衡等问题。④交通基础设施总体上对我国经济增长具有正向的溢出效应,但由于区域历史条件限制,各地区溢出效应强弱不一;由于交通基础设施与其他部门之间相对生产率的差距,导致交通基础设施对经济增长的直接影响始终为负;交通基础设施的溢出效应存在明显滞后期,且逐渐衰竭,在滞后 4—5 期时由正向转为负向;省际交通基础设施带来的空间溢出效应明显,但同样存在各地区强弱不一的现象,中、东部地区更加明显。

本书的创新之处主要在于:①研究视角的创新。通过梳理国际商品贸易及国际运输中涉及的各类交通基础设施,首次以贸易引力模型为切入点,实证检验了交通基础设施的网络效应,并对世界各主要贸易国家交通基础设施的网络效应进行了比较,系统地开展了理论分析与实证检验,填补了现有研究的空白。②研究方法的创新。在对中国交通基础设施的发展趋势及地区发展格局进行分析的基础上,应用 Feder 模型将交通基础设施对本地区经济增长的直接效用和间接效用剥离开来,来实证地检验交通基础设施的溢出效应。同时还借助空间计量经济学的研究方法,利用空间权重矩阵来实证地检验交通基础设施的空间溢出效应。

关键词:交通基础设施　网络效应　溢出效应　空间计量模型

Abstract

This research did theoretical analysis and empirical test on the network and spillover effects of transport infrastructure when both the Chinese government and the academic world have paid great attention on how transport infrastructure construction affects Chinese economy. Based on the theory of economic growth, international trade and new economic geography, this research analyzed how the network and spillover effects of transport infrastructure worked. On this theoretical basis, this research analyzed the development of all kinds of transport infrastructure in international transportation and empirically tested its network effect by trade gravity model with comparative country analysis. And this research also discussed the development and structure of China's both national and regional transport infrastructure, empirically analyzed the spillover effect of transport infrastructure by spatial statistics and further tested the spatial spillover effect of transport infrastructure.

The conclusions of this research are as follows: First, a country's development level of logistics was reflected by its development level of transport infrastructure. And during recent years, new developing economies have improved their development of transport infrastructure, so these countries' development level of logistics was also improved. Second, the network effect of transport infrastructure played an important role in doing international business, but still needs to be improved. Because of the different role played in international transportation, the port, the air and the road infrastructure have statistically significant effect on improving the volume of import and export, but the rail infrastructure does not. The results showed better logistics infrastructure index would significantly reduce trade barriers, increase export competitiveness. Generally speaking, the network effect of transport infrastructure was better in developed countries than in developing countries. Third, thanks to government fiscal policy of expanding domestic demand in order to deal with crisis and the 60 years of its own development since the country has established, China's transport infrastructure has improved a lot, and a network of all kinds of transport infrastructure has gradually established. But the construction of China's transport infrastructure still faces some problems, such as irrational structure, lack of capacity, poor link up of various modes of transport and imbalances in the distribution of transport infrastructure. Fourth, transport infrastructure had a positive spillover effect on China's economic growth; Different geography and historical endowments played important roles in regional disparities; Transport infrastructure had a negative direct effect on China's economic growth due to the relative marginal productive gap between the two departments of national economy; The effect on economic growth of transport infrastructure had a significant time lag and this lag changes its sign when time is 4–5 years; Transport infrastructure had a significant spatial spillover effect, which was relatively more obvious in middle and eastern part.

The innovations of this research are as follows: First, this research has an innovative perspective. By analyzing the development of all kinds of transport infrastructure in international transportation, this research systematically and empirically tested the network effect of transport infrastructure by trade gravity model with comparative analysis among world major trading countries, making up the existing gas in recent research. Second, this research has innovative research methods. Based on the analysis of the development and structure of China's both national and regional transport infrastructure, this research separated the direct effect from the indirect effect of transport infrastructure of the economic growth and empirically tested the spillover effect of transport infrastructure. This research also empirically tested the spatial spillover effect of transport infrastructure by spatial weight matrix using method of spatial statistics and econometrics.

Keywords : Transport Infrastructure; Network Effect; Spillover Effect; Spatial Econometrics Model

目　　录

绪　论 ....（1）
  一　选题的背景与意义 ....（1）
    （一）选题的背景 ....（1）
    （二）选题的意义 ....（3）
  二　文献综述 ....（5）
    （一）主要的研究方法 ....（5）
    （二）所使用的数据及实证方法 ....（9）
  三　研究内容与研究方法 ....（12）
    （一）研究内容 ....（12）
    （二）研究方法 ....（13）
  四　创新之处 ....（13）

第一章　交通基础设施的网络效应及溢出效应的理论基础 ....（15）
  第一节　理论来源 ....（15）
    一　经济增长理论 ....（15）
    二　国际贸易理论 ....（18）
    三　新经济地理理论 ....（22）
  第二节　交通基础设施的概念与特性 ....（28）
    一　基础设施的概念与特性 ....（28）
    二　交通基础设施的概念与特性 ....（32）
  第三节　交通基础设施的网络效应及溢出效应 ....（36）
    一　交通基础设施的网络效应 ....（36）
    二　交通基础设施的溢出效应 ....（37）

第四节　实证方法 ………………………………………………（39）
　　　一　面板数据计量经济学模型 ……………………………（39）
　　　二　空间计量经济学模型 …………………………………（50）
　　　三　面板数据空间计量经济学模型 ………………………（56）
　　第五节　本章小结 ………………………………………………（62）

第二章　交通基础设施与国际贸易 …………………………………（63）
　　第一节　国际商品贸易概况 ……………………………………（63）
　　　一　国际商品贸易发展状况 ………………………………（63）
　　　二　国际贸易的地理格局 …………………………………（72）
　　第二节　国际贸易的主要运输方式及各类交通基础设施 ……（77）
　　　一　国际海洋运输基础设施 ………………………………（77）
　　　二　国际铁路运输基础设施 ………………………………（81）
　　　三　国际公路运输基础设施 ………………………………（87）
　　　四　国际航空运输基础设施 ………………………………（89）
　　　五　国际管道运输基础设施 ………………………………（92）
　　第三节　部分世界主要贸易国家和地区物流基础设施水平的因子
　　　　　　分析 …………………………………………………（94）
　　　一　因子分析介绍 …………………………………………（94）
　　　二　部分世界主要贸易国家和地区物流基础设施水平的因子
　　　　　分析 …………………………………………………（94）
　　第四节　本章小结 ………………………………………………（97）

第三章　交通基础设施网络效应的实证分析：以世界主要贸易国家和地区的
　　　　贸易引力模型为例 …………………………………………（99）
　　第一节　引言 ……………………………………………………（99）
　　第二节　贸易引力模型回顾 ……………………………………（100）
　　第三节　交通基础设施网络效应的实证分析 …………………（101）
　　　一　变量和数据说明 ………………………………………（102）
　　　二　模型估计结果 …………………………………………（105）
　　　三　交通基础设施网络效应的国际比较 …………………（110）
　　　四　主要结论 ………………………………………………（123）

第四节　本章小结 (124)

第四章　中国交通基础设施的发展趋势与空间格局分析 (125)
　　第一节　中国交通基础设施的发展状况 (125)
　　　　一　中国交通基础设施的发展 (125)
　　　　二　中国交通基础设施运输能力的发展 (132)
　　　　三　中国交通基础设施建设投资的变化 (137)
　　　　四　中国经济增长与交通基础设施发展的国际比较 (141)
　　第二节　中国各地区交通基础设施的空间布局分析 (144)
　　　　一　中国各地区交通基础设施的规模差异 (144)
　　　　二　中国各地区交通基础设施的投资差异 (148)
　　第三节　我国交通基础设施与经济增长的空间统计分析 (152)
　　　　一　中国省际经济增长与交通基础设施空间特征的一般描述 (152)
　　　　二　中国省际经济增长与交通基础设施的空间聚集与分布 (155)
　　第四节　本章小结 (158)

第五章　交通基础设施溢出效应的实证分析：以中国区域经济增长为例 (159)
　　第一节　交通基础设施溢出效应的实证分析：基本模型 (159)
　　　　一　溢出效应基本模型的构建 (159)
　　　　二　变量和数据说明 (161)
　　　　三　模型估计结果 (161)
　　　　四　主要结论 (163)
　　第二节　交通基础设施溢出效应的实证分析：时间滞后效应模型 (165)
　　　　一　时间滞后效应模型的构建 (165)
　　　　二　模型估计结果 (165)
　　　　三　主要结论 (167)
　　第三节　交通基础设施溢出效应的实证分析：空间溢出效应模型 (168)
　　　　一　空间溢出效应模型的构建 (168)
　　　　二　模型估计结果 (169)
　　　　三　主要结论 (171)
　　第四节　本章小结 (172)

第六章　总结与研究展望 ……………………………………（174）
　　第一节　主要结论 …………………………………………（174）
　　第二节　政策建议 …………………………………………（175）
　　第三节　研究展望 …………………………………………（176）

索　引 …………………………………………………………（177）

Contents

Introduction ··· (1)
    1. Background and Meanings of the Topic ······················ (1)
        (1) Background of the Topic ································ (1)
        (2) Meanings of the Topic ·································· (3)
    2. Literature Review ··· (5)
        (1) Main Research Methods ································· (5)
        (2) Selected Data and Empirical Methods ··················· (9)
    3. Research Contents and Methods ······························· (12)
        (1) Research Contents ······································· (12)
        (2) Research Methods ······································· (13)
    4. Innovation ·· (13)

Chapter 1 The Theoretical Foundation for Network and Spillover Effects of Transport Infrastructure ································· (15)
    Section 1 Theoretical origin ··· (15)
        1. Economic Growth Theory ·································· (15)
        2. International Trade Theory ································· (18)
        3. New Economic Geography Theory ······················· (22)
    Section 2 Concept and Features of Transport Infrastructure ······ (28)
        1. Concept and Features of Infrastructure ··················· (28)
        2. Concept and Features of Transport Infrastructure ········ (32)
    Section 3 Network and Spillover Effects of Transport Infrastructure ······ (36)
        1. Network Effects of Transport Infrastructure ·············· (36)

  2. Spillover Effects of Transport Infrastructure ………… (37)
 Section 4 Empirical Methods ……………………………… (39)
  1. Econometric Models of Panel Data ……………………… (39)
  2. Spatial Econometric Models ……………………………… (50)
  3. Spatial Econometric Models of Panel Data ……………… (56)
 Section 5 Chapter Summary ……………………………… (62)

Chapter 2 Transport Infrastructure and International Trade ………… (63)
 Section 1 Overview of International Commodity Trade ………… (63)
  1. Development of International Commodity Trade ………… (63)
  2. Geography Pattern of International Trade ……………… (72)
 Section 2 Main Transportation and Various Types of
     Transport Infrastructure ……………………………… (77)
  1. International Maritime Transport Infrastructure ………… (77)
  2. International Railway Transport Infrastructure ………… (81)
  3. International Road Transport Infrastructure …………… (87)
  4. International Air Transport Infrastructure ……………… (89)
  5. International Pipline Transport Infrastructure ………… (92)
 Section 3 Factor Analysis on Logistics Infrastructure of Main World Trade
     Countries and Regions ……………………………… (94)
  1. Factor Analysis ……………………………………………… (94)
  2. Factor Analysis on Logistics Infrastructure of Main World Trade
    Countries and Regions ……………………………………… (94)
 Section 4 Chapter Summary ……………………………… (97)

**Chapter 3 Empirical Study on Network Effects of Transport Infrastructure:
     A Case of Gravity model of Main World Trade Countries and
     Regions** ………………………………………………… (99)
 Section 1 Introduction …………………………………… (99)
 Section 2 Review of Trade Gravity Model ……………… (100)
 Section 3 Empirical Study on Network Effects of
     Transport Infrastructure ……………………………… (101)

1. Variables and Data ...... (102)
2. Model Estimation and Results ...... (105)
3. International Comparison on Network Effects of Transport Infrastructure ...... (110)
4. Main Conclusion ...... (123)
Section 4 Chapter Summary ...... (124)

Chapter 4 Analysis on Developing Trends and Geography Pattern of Transport Infrastructure in China ...... (125)
Section 1 Transport Infrastructure in China ...... (125)
1. Development of Transport Infrastructure in China ...... (125)
2. Development of Transport Infrastructure Capacity in China ...... (132)
3. Development of Transport Infrastructure Investment in China ...... (137)
4. International Comparison on Development of Economic Growth and Transport Infrastructure ...... (141)
Section 2 Analysis on Geography Pattern of Transport Infrastructure in Various Regions of China ...... (144)
1. Scale Differences of Transport Infrastructure in Various Regions of China ...... (144)
2. Investment Differences of Transport Infrastructure in Various Regions of China ...... (148)
Section 3 Spatial Statistical Analysis on Transport Infrastructure and Economic Growth in China ...... (152)
1. General Description of Provincial Economic Growth and Spatial Features of Transport Infrastructure in China ...... (152)
2. Spatial Aggregation and Distribution of Provincial Economic Growth and Transport Infrastructure in China ...... (155)
Section 4 Chapter Summary ...... (158)

Chapter 5 Empirical Study on Spillover Effects of Transport Infrastructure: A Case of Regional Economic Growth of China ...... (159)
Section 1 Empirical Study on Spillover Effects of

Transport Infrastructure: Basic Model ………………………… (159)
   1. Basic Model of Spillover Effects ………………………… (159)
   2. Variables and Data ………………………………………… (161)
   3. Model Estimation and Results …………………………… (161)
   4. Main Conclusion …………………………………………… (163)
  Section 2 Empirical Study on Spillover Effects of Transport Infrastructure:
   Time-lag Model ……………………………………………… (165)
   1. Time-lag Model of Spillover Effects ……………………… (165)
   2. Model Estimation and Results …………………………… (165)
   3. Main Conclusion …………………………………………… (167)
  Section 3 Empirical Study on Spillover Effects of Transport Infrastructure:
   Spatial Spillover Model …………………………………… (168)
   1. Spatial Model of Spillover Effects ………………………… (168)
   2. Model Estimation and Results …………………………… (169)
   3. Main Conclusion …………………………………………… (171)
  Section 4 Chapter Summary ………………………………… (172)

Chapter 6 Conclusion and Future Study ……………………… (174)
  Section 1 Conclusion ………………………………………… (174)
  Section 2 Policy Suggestions ………………………………… (175)
  Section 3 Future Study ……………………………………… (176)

Index ……………………………………………………………… (177)

绪　论

一　选题的背景与意义

（一）选题的背景

交通基础设施的网络效应及溢出效应在一国的经济发展中所起到的作用，一直是国际、国内学术界所关心的重点问题。尤其是对于作为最大发展中国家的中国来说，交通基础设施的问题一直是经济、社会发展的重要问题，因此不仅仅是中国的学术界对于交通基础设施问题非常关注，中国政府对于交通基础设施建设更是给予了巨大关切。这主要体现在三个方面：(1) 中国作为一个最大的发展中国家，近几十年经济保持着持续、快速的增长，交通基础设施投资一直被视为经济发展的重要推动力，因此各级政府持续不断地进行交通基础设施的投资与建设。这其中有两次交通基础设施建设的高潮：第一次是在亚洲金融危机的时候，为了应对危机的冲击，中国政府在1998年第一次实施扩大内需的财政政策，交通基础设施建设作为财政政策的重要组成部分得到了迅猛发展。第二次是在美国次贷危机引发全球金融危机的时候，同样是为了应对危机的冲击，中国政府在2008年第二次实施扩大内需的财政政策，国家4万亿元经济刺激计划中交通基础设施项目高达约1.5万亿元，掀起新一轮交通基础设施建设的浪潮。不仅如此，随后出台的"十二五"规划也将统筹各种运输方式发展，构建便捷、安全、高效的综合运输体系提升到了国家重点发展战略的高度。在这种宏观大背景之下，我国交通基础设施的存量已经达到了一定的水平，例如，截至2011年年底，我国铁路营业里程已达9.32万公里；时速超过200公里以上的高速铁路在2010年年底已达8358公里，占世界高速铁路运营里程的1/3；不仅如此，2011年我国公路里程达到了410.64万公里，公路密度达到了42.8公里/百平方公里；同时我国高速公路里程为8.49万公里，仅次于美国，继续保持世界第二位；内河航道里程为12.46万公里，居世界第一位；全国主要港口生产用泊位数量为31968个，比上年末增加334个；截至2011年年底我国共有颁证运输机场180个（不含香港、澳门和台湾）。交通基础设施已经从我国经济增长的最大瓶颈之一，转化为最显著的加速器，成为我国经济增长奇迹的重要构成因素[①]。（2）在我国经济持续快速增长的同时，区域差距、城乡差距、居民收入差距也逐渐拉大，为了解决这种不平衡的发展问题，政府实施了一系列促进地区协调发展的区域战略，例如西部大开发战略、振兴东北老工业基地战略以及中部地区崛起战略等。不仅如此，政府还出台了向中西部地区倾斜的一系列政策，其中加快中西部地区的交通基础设施建设就是一个重要举措。（3）各种带有全局性的交通运输规划与区域交通规划相继推出。自2004年开始，国务院不断推出与交通基础设施相关的规划，例如《国家高速公路网规划》《长江三角洲地区现代公路水路交通规划纲要》《全国沿海港口布局规划》《全国内河航道与港口布局规划》《我国与东盟国家公路水路交通合作规划纲要》《环渤海地区现代化公路水路交通基础设施规划纲要》等一系列规划，这些规划的实施势必对交通基础设施发展起到重大的推动作用。因此，本书在这种宏观大背景之下，研究交通基础设施的网络效应及溢出效应显然非常必要。在中国农村建设经验中有句话，叫作"要想富，先修路"，这句话虽然非常形象地形容了交通基础设施的作用，但是仅仅依靠这样的实践经验来判断交通基础设施的投资方向与投资布局，显然是不科学的，因此如何从理论与实证上对交通基础设施的具体效应进行分析，从而在交通基础设施的投资方向与投资布局方面为政府提供理论基础与实证支持，也是目前我国政府所迫切需要解决的问题。

不仅如此，交通基础设施在经济中所发挥的网络效应和溢出效应，在不同时期的表现是不同的。目前的大部分研究表明，在经济发展的初级阶段，交通基础设施对经济增长具有比较明显的推动作用。这主要表现为，作为社会先行资本，交通基础设施的发展奠定了国家工业化的基础，其网络效应对生产要素的集中、劳动的分工和商品的国内、国际交换产生了正向的促进作用，这些条件都是一国实现经济发展的前提，因此处于经济发展初级阶段的国家都大力进行交通基础设施的投资，使得交通运输网络得

---

① 刘生龙、胡鞍钢：《基础设施的外部性在中国的检验：1988—2007》，《经济研究》2010年第3期，第4—15页。

以尽快形成。但是在经济全球化和世界市场已经逐渐形成的全球经济背景下，交通基础设施在经济发展中所起到的作用开始变得复杂。发达国家与地区依靠其已经比较完善的综合交通运输网络，吸引了人力资本、科学技术和其他生产要素的聚集，在这种情况下，落后地区发展交通基础设施可能会使本地区沦为单纯的原料产地和商品倾销地，也会使本地区的自然资源、劳动力等生产要素流向发达地区，因此交通基础设施建设反而对本地区发展起到负面的影响作用。同时，部分发展中国家的实践经验也证明，基础设施作为社会先行资本，对发展中国家经济发展的带动作用也并不像想象中那么显著，落后地区大力发展交通基础设施对经济增长的促进作用也不明显。因此，在这种新的经济形势出现的时候，也需要对交通基础设施所产生的网络效应及溢出效应的复杂性进行深入的研究。

另外，由于所采用的不同的理论、实证方法，以及对于模型与数据选择的差别，目前的研究对交通基础设施的网络效应及溢出效应在经济发展中所发挥作用的实证结果也不尽相同。有的研究表明交通基础设施的网络效应和溢出效应在经济中发挥的作用明显，有的研究表明交通基础设施的网络效应和溢出效应在经济中发挥的作用不显著，甚至具有负向的影响作用。除了上述原因以外，还有一个重要的原因，就是传统的经济计量分析方法忽略了空间因素的影响，由于交通基础设施具有网络性和外部性的特征，因此在忽略了空间维度的理论模型框架下进行理论与实证分析，难免会导致研究结论与现实情况不符，也使得对交通基础设施的效应难以准确把握。但是，空间经济学的发展和空间统计、空间经济计量学的发展以及传统面板数据技术的成熟，为交通基础设施的网络效应及溢出效应在经济中发挥的作用研究提供了一种崭新的思路和研究方法。在这种背景下，基于空间统计与空间计量等空间分析的最新方法，在经济增长理论、国际贸易理论以及新经济地理学理论的不同理论框架下，研究交通基础设施的网络效应及溢出效应无疑会使得研究结果更加成熟与贴近现实。

（二）选题的意义

首先，交通基础设施是一国经济发展的基础。纵观世界经济发展史，可以发现凡是工业化水平高、技术先进的国家都拥有发达的交通运输基础设施体系的支持。从普遍规律来看，任何一个国家在经济发展过程中都经历了一个交通运输基础设施超前发展的时期。以当今世界第一大国美国来说，其铁路率先在19世纪到20世纪期间取得了重大发展，其后随着科技进步，以及美国自身的经济结构、产业结构和产品结构的变化，其经济的进一步发展对交通基础设施提出了更高的要求，公路、航空、管道等其他交通基础设施相继发展起来，逐步形成一个强大的综合交通基础设施体系，为美国的经济社会快速发展奠定了坚实的基础。而且交通运输基础设施投资本身也能够带来较高的经济效应，以公路、铁路等交通基础设施的建设来说，由于其建设周期长、工程量巨大，因此需要大量的劳动力，为社会创造了大量的就业机会，同时也对建筑材料、机械设备等产品产生了巨大的需求，从而带动了这些行业的发展。

其次，交通基础设施的网络效应及溢出效应在我国区域经济发展中起到了非常重大的作用。我国区域经济发展战略经历了三个重大的发展阶段，分别是均衡发展、非均衡发展和区域协调发展。1978年以来中国长达20年的区域非均衡发展，使得地区间差距越来越大，各种要素与生产力迅速在东部沿海地区聚集，中西部发展相对落后。1999年区域协调发展战略的提出与2006年该战略首次进入国家规划，标志着我国区域经济发展进入了一个新的时期。自1999年以来，国家先后提出了西部大开发、东北老工业基地振兴和中部崛起战略，并形成了东部率先、中部崛起、西部开发、东北振兴的区域发展格局。在这种格局下，一方面，交通基础设施的效应发挥了越来越重要的作用，这主要体现在，一方面，由于交通基础设施的发展使得生产要素在各地区间进行集聚与扩散，促进了地区之间的联系，使得各地区连成一个整体；但从另外一方面来说，对交通基础设施的过度投资，可能导致资源不能得到充分、有效的利用，造成交通基础设施资源的浪费。同时，从国家整体投资的角度来看，对交通基础设施的投资可能会对其他国民经济部门的投资产生"挤出效应"，抑制其他部门的发展。更为关键的是，在各地区经济发展不平衡的条件下，交通基础设施的发展会促使生产要素向发达地区聚集，从而使落后地区失去能够促进经济增长所需要的要素，如劳动力、原料和技术等，进而可能对落后的经济增长产生负向的溢出效应。因此，在我国全面进入"十二五"的重要经济发展时期，研究交通基础设施的网络效应与溢出效应，并解释其在经济发展中的作用机制和影响路径，对于交通基础设施投资方向的确定，实现经济整体的协调发展，具有重要的实践价值。

最后，交通基础设施是扩大对外贸易、发展外向型经济和吸引外资的基本条件。当今世界的经济全球化和全球产业分工对一国交通基础设施的发展提出更高要求。对交通基础设施的通达能力的要求已经跨越国界,遍及全球的便捷交通运输网络为确保全球资源和商品、人员的方便流动提供了可能性,使全球经济活动更加紧密。开放经济需要一个全球化、网络化的交通基础设施体系,有无完善的内外连接的交通运输系统,是一国经济开放程度和发达程度的一个标志。战后的欧洲各国为了复兴欧洲,大力建设欧洲统一运输网络,经过几十年的努力已经统一了欧洲的航道标准,四通八达的欧洲大陆公路运输网更是在战后欧洲的联合和经济振兴中发挥了积极作用。在国际商品贸易中,所有的商品都需要通过运输环节从出口地运送到进口地,因此国际运输是国际商品贸易业务流程中必不可少的重要环节,是国际商品贸易得以实现的重要条件。在国际商品贸易中,运输业务开展得顺利与否,运输服务的快速性、准确性、安全性和可靠性以及运输服务的价格等都与交通基础设施的发展具有重大关系。不仅如此,交通基础设施对我国对外开放的历程以及形成的开放格局来说,都具有非常关键的作用。我国改革开放初期实行的开辟沿海经济特区、沿海开放城市和沿海经济开发区的制度安排,就与沿海地区交通基础设施发达、通往国际市场便利等条件密切相关。但总体而言,目前我国的交通运输基础设施在经济发展中所发挥的效应与发达国家相比还有一定的差距,在国家综合经济实力竞争中交通基础设施条件还不具有明显的优势。因此,为了能够适应21世纪社会经济发展的迫切需要,以及及时抓住世界经济一体化带来的机遇,我国应充分吸取发达国家建设现代化交通设施的经验和教训,提高我国交通基础设施的网络效应及溢出效应,实现交通运输的现代化和国际化,增强我国在经济全球化竞争中的优势。

二 文献综述

(一)主要的研究方法

早在20世纪上半叶,发展经济学家们就对基础设施建设与经济增长之间的关系进行了大量的理论探讨,一些发展经济学家如Young(1928)[①]、Rodan

---

① Young, A., "Increasing Returns and Economic Progress", *Economic Journal*, Vol.38(152), 1928, pp.527–542.

（1943）[1]、Hirschman（1958）[2]等认为，由于基础设施是社会发展的先行资本，应当得到优先发展。之后随着经济理论的发展，经济学家们不仅从理论上说明基础设施在经济发展中的作用，还通过一些经济模型，推导出基础设施在经济发展中的作用，例如Romer（1986）[3]、Lucas（1988）[4]、Barro（1990）[5]等在内生增长模型的框架下，讨论了基础设施在经济增长中的作用，从理论上证明了基础设施对经济增长存在正向的促进作用。

20世纪90年代后，关于交通基础设施的理论和实证研究大部分是围绕宏观经济中的生产函数模型展开的，但这其中主要包含了两个考察角度：

第一个考察角度，主要是研究交通基础设施对经济增长的直接影响，即将其作为一种单独的资本形式，探讨其对产出的贡献，即衡量其产出弹性。国内外的许多学者都对基础设施投资对经济增长的产出弹性进行了估测和计算，虽然大部分学者都得出了基础设施投资对经济增长存在正向促进作用的定性结论，但学术界对基础设施正向促进作用的强度并没有得出普遍被接受的结论。例如，Aschauer（1989）[6]和Munnell（1990）[7]运用美国的时间序列数据考察了政府投资与生产率增长之间的关系，其结果显示核心的基础设施，例如交通基础设施（包括铁路、公路、水路和民航基础设施等）对生产率的提高有着显著的促进作用，产出弹性高达0.4—0.6。但是Tatom（1991）[8]采用与Aschauer（1989）相同的数据，在进行了一阶差分后放入模型中进行回归，得出的结果却是基础设施的产出弹性下降为0.14。Canning和Fay（1993）[9]使用了57个国家1960—1990年的面板数

---

[1] Rosenstein Rodan, P., "Problems of Industrialization of Eastern and Southeastern Europe", *Economic Journal*, Vol.53, 1943, pp.202-211.

[2] Hirschman, A. O., *The Strategy of Economic Development*, Yale University Press, 1958.

[3] Romer, P.M., "Increasing Returns and Long Run Growth", *Journal of Political Economy*, Vol.94(5), 1986, pp.1002-1052.

[4] Lucas, R. E., "The Mechanics of Economic Development", *Journal of Monetary Economics*, Vol.22(1), 1988, pp.3-42.

[5] Barro, R. J., "Government Spending in a Simple Model of Endogenous Growth", *Journal of Political Economy*, Vol.98(5), 1990, pp.103-125..

[6] Aschauer, D. A., "Back of the G-7 Pack:Public Invest and Productivity Growth in the Group of Seven", *Working Paper Series*, Macroeconomic Issues 89-13, Federal Reserve Bank of Chicago, 1989.

[7] Munnell, A. H. and Cook, L. M., "How Does Public Infrastructure Affect Regional Economic Performance?" *New England Economic Review*, Vol.9, 1990, pp.11-33.

[8] Tatom, J. A., "Should Government Spending on Capital Goods Be Raised?" *Review,Federal Reserve Bank of St. Louis*, Vol.3, 1991, pp.3-15.

[9] Canning, David, and Marianne Fay, *The Effect of Infrastructure Networks on Economic Growth*, Department of Economics, Columbia University,New York, 1993.

据对交通基础设施的产出弹性进行估算，他们的结果显示，作为核心基础设施的交通基础设施投资，比如电力、通信等非核心基础设施的投资，对经济增长的贡献作用要更大一些。并且他们的研究还发现，交通基础设施对经济增长的贡献在不同的国家作用不同，例如在高收入的国家和地区，交通基础设施的产出弹性为0.174；但在低收入的国家和地区，交通基础设施的产出弹性仅为0.050。Kamps（2006）[1]通过使用22个OECD国家1960—2001年的面板数据，采用固定效应模型并进行一阶差分处理后，得出交通基础设施投资对经济增长的产出弹性为0.22的结论，但是其弹性系数在统计上并不显著。国内学者范九利和白暴力（2004）[2]、Fan和Zhang（2004）[3]、刘生龙和武丽（2009）[4]也通过使用中国的相关数据，测算了交通基础设施投资的产出弹性，但所得到的结果差别相对较大。可能由于中国交通基础设施相关数据在获得性方面存在一定的困难，国内关于交通基础设施在经济发展中所起到的作用方面的实证研究相对较少。值得一提的是，以上学者的研究，由于所使用的概念（即基础设施或交通基础设施）的内涵、外延的不一致性，导致结果无法相互比较验证。不仅如此，即使是同样一批数据，由于使用的模型不一样，或选取的变量不一样、技术处理的多样化等，都会影响交通基础设施产出弹性的大小，但是总体来说，对于交通基础设施资本对经济增长存在正向贡献的定性结论是一致和肯定的。

第二个考察角度，主要是研究交通基础设施对经济增长的间接影响，考察其对经济增长的溢出效应，即其对全要素生产率（Total Factor Productivity, TFP）是否产生正向的促进作用来判断交通基础设施与经济增长之间的关系。由于全要素生产率在新经济增长理论中的重要作用以及新增长理论逐渐在主流经济学中成为核心内容，这个考察角度自20世纪90年代后期以来受到了越来越多的关注。一些国外学者如Boarnet（1998）[5]、

---

[1] Christophe Kamps, "New Estimates of Government Net Capital Stocks for 22 OECD Countries, 1960-2001", *IMF Staff Papers*, Vol.53(1), 2006.

[2] 范九利、白暴力：《基础设施资本对经济增长的影响——二级三要素CES生产函数法估计》，《经济论坛》2004年第11期，第10—13页。

[3] Fan, S. and Zhang, X., "Infrastructure and Regional Economic Development in Rural China", *China Economic Review*, Vol.15, 2004, pp.203-214.

[4] 刘生龙、武丽：《交通投资对中国经济增长的影响》，《科学决策》2009年第7期，第8—13页。

[5] Boarnet, M. G., "Spillovers and Locational Effect of Public Infrastructure", *Journal of Regional Science*, Vol.38, 1998, pp.381-400.

Hulten 等（2006）[1]发现了交通基础设施对经济增长具有正的外部性作用，国内学者如刘生龙和胡鞍钢（2010）收集了1988—2007年我国各省份的相关面板数据，也验证了交通基础设施对全要素生产率具有正向的促进作用；但另一些学者却认为交通基础设施对经济增长的正外部性并不明显，如 Hulten 和 Schwab（1991）[2]、Douglas（1995）[3]、Hulten 和 Schwab（2000）[4]。可见，对学术界对交通基础设施是否对全要素生产率存在正向的促进作用的讨论并没有得出一致的结论。

以上这些学者的研究成果，无疑为交通基础设施建设与经济增长的关系研究提供了很好的思路与框架，但也存在众多遗憾：（1）早期的研究因为受限于当时计量水平的发展，所用的数据处理方法比较简单，导致有偏的参数估计结果。（2）各国学者对TFP的测算在所使用的方法与数据方面的差异，使得研究成果不具有可比性，甚至结论差别较大。（3）由于交通基础设施内涵广泛，涉及门类众多，因此衡量方法多种多样，学者们并未能够寻找到普遍适用的方法。其中，相当一部分的学者在研究交通基础设施建设与经济增长关系问题时，使用交通基础设施投资金额来衡量交通基础设施资本存量。而交通基础设施作为一种公共品，其投资决策并不完全遵循经济利益最大化原则，尤其就中国而言，启动投资的决策多由政府主导，而政府的效用集不仅包括经济收益最大化原则，还包括社会收益、政治收益等内容。因此，及时排除了现实世界中的摩擦、角点解等现象的存在，交通基础设施的存量水平依然无法纳入瓦尔拉斯一般均衡分析框架，进而也就无法由单一货币所示的比例关系来予以逻辑一致的衡量。不仅如此，实际操作中也无法获得相应的交通基础设施投资价格指数以准确地计算其存量水平。同时，交通基础设施投资受自然条件等因素的影响，与其所能提供的服务水平之间并不存在对应的比例关系，如青藏铁路、南昆铁路的单位里程投资额显然要比东部平原地区的同等级铁路高得多。鉴于上

---

[1] Hulten, C., Bennathan, E. and Srinivasan, S., "Infrastructure, Externalities, and Economic Development: A Study of the Indian Manufacturing Industry", *World Bank Economic Review*, Vol. 20 (2), 2006, pp. 291-308.

[2] Hulten, C. and Schwab, R. M., "Public Capital Formation and the Growth of Regional Manufacturing Industries", *National Tax Journal*, Vol. 44 (4), 1991, pp. 121-134.

[3] Douglas, H. E., "Spatial Productivity Spillovers from Public infrastructure: Evidence from State Highways", *International Tax and Public Finance*, Vol. 2, 1995, pp. 459-468.

[4] Hulten, C. and Schwab, R.M., *Does Infrastructure Investment Increase the Productivity of Manufacturing Industry in the U. S.? Econometrics and the Cost of Capital*, Cambridge, MA: MIT Press, 2000.

述原因，后来学者倾向于用实物形态的变量来对交通基础设施予以代理[①]。（4）由于数据可得性的限制，一些使用实物指标衡量交通基础设施存量的学者，存在对指标选取不恰当或不全面的问题。而且实物指标本身也存在一定的问题，比如交通基础设施的质量以及有效使用等问题无法反映出来。由此看来，选取合适的理论方法与分析框架来正确衡量交通基础设施的网络效应与溢出效应在经济中发挥着怎样的作用，也具有一定的理论意义。

（二）所使用的数据及实证方法

（1）国家层面 x 数据。早期研究交通基础设施与经济增长之间关系的外国学者，大都采用国家层面的时间序列数据，例如，Aschauer（1989）和 Munnell（1990）运用美国的时间序列数据考察了政府投资与生产率增长之间的关系，其结果显示，铁路、公路、水路和民航等交通基础设施对生产率的提高有着显著的解释力，产出弹性高达 0.4—0.6。Mamuneas 和 Nadiri（2006）[②] 通过使用美国 1949—2000 年高速公路的数据，发现当高速公路网络完善后，其对经济增长的贡献率明显降低。范九利和白暴力（2004）通过使用我国的时间序列数据，也测度了基础设施对中国经济增长的产出弹性，但由于数据平稳性和样本过少的问题而得到有偏的估计结果。而随着计量经济学的发展，之后的学者开始采用国家层面的面板数据。例如，Canning 和 Fay（1993）使用了 57 个国家 1960—1990 年的面板数据对交通基础设施的产出弹性进行估算，他们的结果显示，作为核心基础设施的交通基础设施投资，比如电力、通信等非核心基础设施的投资，对经济增长的贡献作用要更大一些。并且他们的研究还发现，交通基础设施对经济增长的贡献对不同的国家作用不同，例如在高收入的国家和地区，交通基础设施的产出弹性为 0.174；但在低收入的国家和地区，交通基础设施的产出弹性仅为 0.050。Kamps（2006）收集了 22 个 OECD 国家 1960—2001 年的数据，他发现基础设施投资对经济增长的产出弹性仅为 0.22，并且系数

---

① 刘秉镰、武鹏、刘玉海：《交通基础设施与中国全要素生产率：基于省域数据的空间面板计量分析》，《中国工业经济》，2010 年第 3 期，第 54—64 页。

② Mamuneas, Theofanis P., and M. Ishaq Nadiri, *Production, Consumption and the Rates of Return to Highway Infrastructure Capital*, unpublished manuscript, University of Cyprus, and New York University and National Bureau of Economic Research, 2006.

在统计上并不显著。

在对国家数据所采用的实证方法上,基本分为时间序列计量模型和截面、面板数据计量模型。通过上面的文献,明显可以得到基于时间序列方法估计所得的交通基础设施对经济增长的贡献程度往往高于基于截面和面板数据计量方法估计所得到的结果。比较而言,由于面板数据计量方法可以克服时间序列模型中常见的多重共线性的问题,增加估计过程中的自由度,同时较之截面计量方法,其能够更好地控制不可观测经济变量的影响,从而利于提高模型估计的精度和有效性,因此面板计量方法逐渐成为了研究基础设施与经济增长的主流实证方法(刘秉镰等,2010)。

(2)地区层面数据。20世纪90年代中期以来,交通基础设施对区域经济增长的溢出效应受到越来越多的关注。本书认为交通基础设施对经济增长的溢出效应主要体现在两个方面:一是区域间的市场规模溢出效应;二是区域间的资源重新配置效应[①]。一般来说,市场规模溢出效应是指交通基础设施的发展对促进和扩大区域间的人员、商品流动具有推动作用,从而带动了科学知识和技术的传播,扩大了市场的规模,对区域经济增长始终存在正向作用;而区域间的资源重新配置效应会促进产业的集聚或扩散,对某个区域经济增长的影响有可能是正向的,也有可能是负向的。因此,两种效应叠加对不同时期不同区域来说,导致的溢出效应并不确定。同时,进一步考虑到实际研究中为了扩大数据容量,可利用的数据均为地区层面数据,就中国的情况而言主要是省份数据,而"某个空间单元上的某种经济现象或某一属性值往往是相关的"(Anselin,1988)[②],由于空间相关性的存在,使得通过传统计量方法所得到的结论在准确性和解释能力等诸多方面都受到了限制。

为了解决这一问题,空间计量经济学的方法开始在交通基础设施的溢出效应问题研究中被逐渐使用。Holtz Eakin 和 Schwartz(1995)[③]使用1969—1986年美国48个州的高速公路存量数据,通过空间计量方法进行验证,得出高速公路资本存量并没有显著的空间溢出效应的结论。Berechman 等

[①] Joseph Berechman, Dilruba Ozmen and Kaan Ozbay, "Empirical Analysis of Transportation Investment and Economic Development at State, County and Municipality Levels", *Transportation*, Vol.33, 2006, pp.537-551.

[②] Anselin L., *Spatial Econometrics: Methods and Models*, Dordrecht: Kluwer Academic, 1988.

[③] Eakin D. H., Schwartz A. E., "Spatial Productivity Spillovers from Public Infrastructure: Evidence from State Highways", *International Tax and Public Finance*, Vol.2 (3), 1995, pp.459-468.

（2006）[①]通过对1990—2000年美国州际交通运输投资的面板数据进行研究，发现该州的高速公路投资每增加10%，将使得该州经济增长0.35%，但是统计影响并不显著；相反，相邻州的高速公路投资每增加10%，将导致该州经济增长0.21%，并且统计影响非常显著。近两年来，国内的一些学者也开始运用空间计量方法，通过省际数据来验证交通基础设施与经济增长之间的关系，例如，刘勇（2010）[②]通过1978—2008年省际面板数据研究了公路、水运交通固定资本存量对中国经济增长的空间溢出作用，发现外地公路水运交通固定资本存量对区域经济增长的作用从全国范围看存在正向效应，但不同区域不同时段存在差异。刘秉镰、武鹏、刘玉海（2010）运用空间面板计量方法研究了中国的交通基础设施与全要素生产率增长之间的关系，实证研究结果表明，中国地区间的全要素生产率在1997—2007年具有明显的空间相关性；交通基础设施对中国的全要素生产率有着显著的正向影响，2001—2007年铁路和公路基础设施存量的增加共带动中国全要素生产率增长了11.075%，占TFP整体增幅的59.1%，其中，高速公路和二级公路基础设施的带动作用最为明显；在上述贡献中，来自直接效应的部分较小，仅占25.7%，而来自空间外溢效应的部分则高达74.3%；就分时段的估计结果来看，2001—2007年铁路基础设施对全要素生产率有着持续显著的正向影响，1997—2000年高速公路基础设施对全要素生产率有着持续显著的正向影响，而其他等级公路基础设施的影响则没有显示出这种持续的显著性。

综上所述，以往学者的研究主要呈现出以下特点：在研究范围方面，由以前的国家层面数据研究逐渐转移到地区层面数据研究；在研究方法方面，由理论研究逐步趋向实证研究；在研究内容方面，实证研究大部分集中在交通基础设施与经济增长的关系方面；在要素分析方面，指标相对比较单一，主要涉及经济增长，较少涉及与经济增长相关的其他因素；在研究工具使用方面，使用空间计量方法的文献相对较少。这也使得本书对交通基础设施的网络效应及溢出效应在研究范围、研究方法、研究工具以及研究内容等方面都存在弥补空白的空间。

---

① Joseph Berechman, Dilruba Ozmen and Kaan Ozbay, "Empirical Analysis of Transportation Investment and Economic Development at State, County and Municipality Levels", *Transportation*, Vol.33, 2006, pp.537-551.

② 刘勇：《交通基础设施投资、区域经济增长及空间溢出作用：基于公路、水运交通的面板数据分析》，《中国工业经济》2010年第12期，第37—46页。

三 研究内容与研究方法

（一）研究内容

本书的主要研究内容包括：

绪论。主要阐明选题背景和选题意义，对国内外相关文献进行综述，并对本书的整体结构、主要研究内容、研究方法、主要贡献与创新之处做了说明。

第一章，交通基础设施的网络效应及溢出效应的理论基础。基于相关理论，以及交通基础设施的特性，分析了交通基础设施的网络效应及溢出效应，建立了本书理论研究的框架，并引入了空间计量经济学方法。这是本书理论分析的主体部分。

第二—五章是本书的实证分析部分。

第二章，交通基础设施与国际贸易。通过对当今国际商品贸易的发展状况和地理格局、国际贸易中的各种主要运输方式以及部分世界主要贸易国家和地区的交通基础设施水平进行一定的统计分析，构建了交通基础设施网络效应的经济背景分析。

第三章，交通基础设施网络效应的实证分析：以世界主要贸易国家和地区的贸易引力模型为例。基于贸易引力模型，通过分析交通基础设施对世界部分主要贸易国家和地区双边贸易流量的影响，来对交通基础设施的网络效应进行实证检验。

第四章，中国交通基础设施的发展趋势与空间格局分析。通过描述改革开放以来我国各类交通基础设施发展状况，以及客运（周转）量、货运（周转）量的增长轨迹，分析了我国交通基础设施的发展趋势及空间格局。

第五章，交通基础设施溢出效应的实证分析：以中国区域经济增长为例。在搜集各省面板数据的基础上，应用 Feder 模型将交通基础设施对本地区经济增长的直接效用和间接效用剥离开来，来实证地检验交通基础设施的溢出效应，并通过引入空间效应模型和空间权重矩阵，对交通基础设施的空间溢出效应也进行了实证检验。

第六章，总结与研究展望。对本书的主要研究内容与相关结论进行了总结。提出了对我国交通基础设施建设总体布局规划的政策建议，并对今后研究的拓展方向进行了展望。

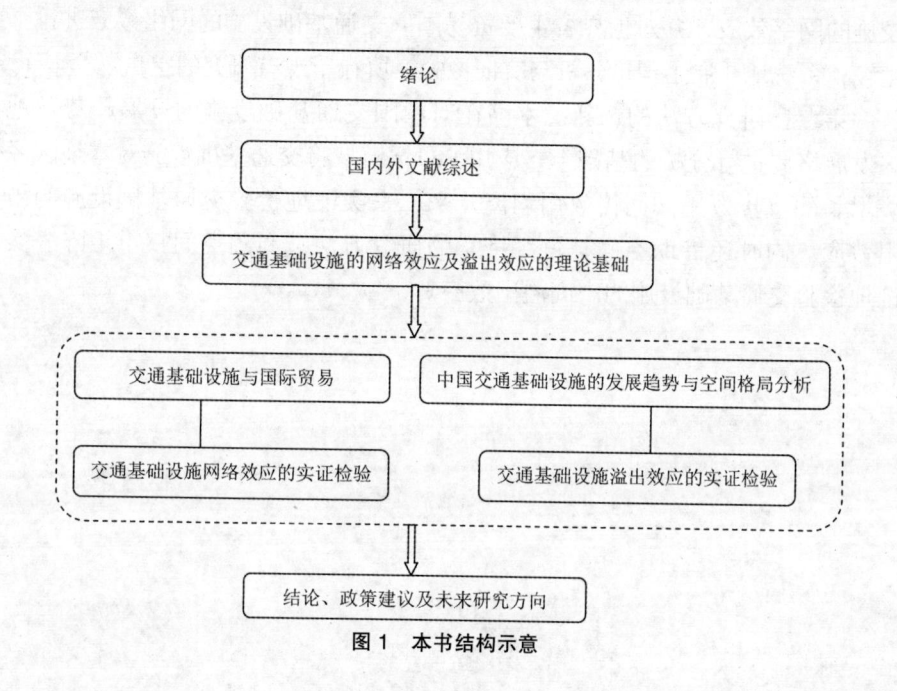

本书的结构如图 1 所示。

```
                    ┌──────────┐
                    │   绪论    │
                    └────┬─────┘
                         ↓
                ┌──────────────────┐
                │  国内外文献综述   │
                └────────┬─────────┘
                         ↓
        ┌────────────────────────────────────┐
        │交通基础设施的网络效应及溢出效应的理论基础│
        └────────────────┬───────────────────┘
                         ↓
    ┌ ─ ─ ─ ─ ─ ─ ─ ─ ─ ─ ─ ─ ─ ─ ─ ─ ─ ─ ─ ─ ─ ─ ┐
    │ ┌──────────────────┐  ┌────────────────────────────┐│
      │交通基础设施与国际贸易│  │中国交通基础设施的发展趋势与空间格局分析│
    │ └──────────────────┘  └────────────────────────────┘│
      ┌────────────────────────┐  ┌──────────────────────────┐
    │ │交通基础设施网络效应的实证检验│  │交通基础设施溢出效应的实证检验│ │
      └────────────────────────┘  └──────────────────────────┘
    └ ─ ─ ─ ─ ─ ─ ─ ─ ─ ─ ─ ─ ─ ─ ─ ─ ─ ─ ─ ─ ─ ─ ┘
                         ↓
              ┌──────────────────────────┐
              │结论、政策建议及未来研究方向│
              └──────────────────────────┘
```

图 1　本书结构示意

（二）研究方法

在研究方法的选择上，本书借鉴经济增长理论、国际贸易理论和新经济地理学理论的已有理论研究成果，针对交通基础设施本身的各种属性和特征，对交通基础设施的网络效应及溢出效应在经济发展中所起到的作用进行了理论分析。同时采取了定性分析与定量分析相结合的方法，对交通基础设施的网络效应及溢出效应的经济背景进行了定性分析；对交通基础设施的网络效应及溢出效应的作用机制进行了定量分析。不仅如此，在具体分析中还采用了比较分析和历史分析相结合的方法。例如，在交通基础设施溢出效应的实证检验中，对不同地区、不同时间段交通基础设施的溢出效应采取了比较分析和历史分析相结合的方法。

四　创新之处

第一，研究视角的创新。本书通过梳理国际商品贸易及国际运输中涉及的各类交通基础设施，首次以贸易引力模型为切入点，实证检验了交通基础设施的网络效应，并对世界各主要贸易国家交通基础设施的网络效应进行了比较，系统地开展了理论分析与实证检验，填补了现有研究的空白。

第二，研究方法的创新。本书在对中国交通基础设施的发展趋势及地区发展格局进行分析的基础上，应用 Feder 模型将交通基础设施对本地区经济增长的直接效用和间接效用剥离开来，来实证地检验交通基础设施的溢出效应。同时还借助空间计量经济学的研究方法，利用空间权重矩阵来实证地检验交通基础设施的空间溢出效应。

第一章

交通基础设施的网络效应及溢出效应的理论基础

第一节 理论来源

经济增长理论、新贸易理论和新经济地理理论是本书分析交通基础设施及其效应的理论基础，因此本节将对这几个理论进行简要的回顾和阐述。

一 经济增长理论

20世纪80年代以来，中国经济增长取得了举世瞩目的成就，由此引发了学者们对经济增长理论的广泛关注。除了本身的经济体制因素外，许多学者都将超前发展的交通基础设施作为中国经济高速增长的重要动因和宝贵经验。因此，本节将对经济增长理论中有关交通基础设施的理论进行回顾和阐述。经济增长理论在经济学理论中是一个重要分支，其主要是研究并解释经济增长的规律和影响、制约经济增长因素的理论。一般来说，经济增长可以被简单地概括为总产出的持续增长，并且研究经济增长的学者们主要通过衡量产出的两个指标GDP和人均GDP来测度经济增长。在现代经济学的研究中，几乎任何与经济增长有关的总量或结构问题都可以看作经济增长问题。由于经济学家们对经济增长源泉的认识有所不同，再加上经济学家们在研究经济增长的时候，所使用的研究方法和研究工具也一直在不断地发展，因此从古典经济学开始，经济学家们对经济增长的研究经历了几个不同的阶段，经济增长理论也从古典增长理论逐渐发展到新经济增长理论（内生增长理论）。

1. 古典经济增长理论

古典经济学的代表人物亚当·斯密（Adam Smith）是最早论述经济增长问题的经济学家，早在1776年他就出版了代表作《国富论》。在这一经济学巨作中,他分析了一国财富增加的途径,认为只有通过经济增长才能实现财富的增加。斯密认为专业化分工能够提高劳动生产率,人口和资本的增加能够引起从事生产劳动的人数的增加,而经济增长与劳动生产率和劳动者的数量有密切的关系,并且最终取决于两个因素:一是资本的积累,二是资本的正确配置。斯密所说的资本既包括机器、工具、建筑物等固定资本,又包括流动资本。另外一位英国著名的古典经济学家大卫·李嘉图在《政治经济学与赋税原理》中,从收入分配的角度研究了如何实现经济增长,与斯密相似的是,他也将资本积累看作推动经济增长的动力,认为没有投资产生的资本积累,经济就不可能增长,增长过程就会停止。古典经济增长理论思想丰富,例如约瑟夫·A.熊彼特否定了经济持续稳定增长的假定,认为经济增长发生在不同长度的周期中,卡尔·马克思强调了资本投资和技术进步对经济增长的重要作用等。由于当时研究工具的发展尚未成熟,虽然古典的经济增长理论包含了许多有价值的思想,但是这些思想却不能用数学模型来进行严谨的推导和证明,因此大部分这个时期的研究仍然停留在定性分析的层面上。

Ramsey(1928)[1]在《经济学期刊》上发表了一篇论文,论文的题目是《储蓄的一个数理理论》,这篇经典论文标志着现代经济增长理论的出现。Ramsey在模型中通过运用动态最优化方法,很好地解释并研究了经济增长的动态问题。现代经济增长理论的发展经历了两个阶段,分别为新古典经济增长理论阶段和新经济增长理论阶段。在新古典经济增长理论阶段,研究出现过两个高潮时期,第一个高潮时期是在1940年代左右,这个时期的学者代表主要是Harrod(1938)[2]和Domar(1946)[3],他们通过建立哈罗德—多马模型(Harrod-Domar Model),将凯恩斯的思想动态化,在凯恩斯的短期分析中引进经济增长的长期因素,并且强调了在经济增长中资本积累的重要性。第二个高潮时期是1950年代中期,Solow(1956)[4]和Swan(1956)[5]建立了新古典经济增长模型,该模型的建立为后来的研究掀起了一

---

[1] Ramsey F.P., "A Mathematical Theory of Saving", *Economic Journal*, Vol.38, 1928, pp.543-559.

[2] Harrod R. F., "Scope and Method in Economics", *Economic Journal*, Vol.48, 1938, pp.383-412.

[3] Domar E. D., "Capital Expansion, Rate of Growth, and Employment", *Econometrica*, Vol.14, 1946, pp.137-147.

[4] Solow R. M., "A Contribution to the Theory of Economic Growth", *The Quarterly Journal of Economics*, Vol.70, 1956, pp.65-94.

[5] Swan T. W., "Economic Growth and Accumulation", *Economic Record*, Vol.32, 1956, pp.334-361.

个持续时间更久、规模更大的浪潮。在研究方法方面，现代经济增长理论主要利用生产函数来解释经济增长的原因，并且不同的模型对生产函数的构建采取了不同的方法。新古典经济增长理论的生产函数在模型中强调资本和劳动对经济增长的促进作用，并且设定技术因素是外生给定的，但技术因素在新古典经济增长理论中又非常重要。以索洛模型（Solow Model）为例，新古典经济增长理论认为，经济增长的动力和各个国家的财富在不同阶段巨大差异的根源就是劳动的有效性（技术因素）及其差异。夸张点说，索洛模型是通过假定增长（即假定技术因素）来解释增长的。

根据以上对古典经济增长理论的回顾和阐述，可以发现，古典经济增长理论的观点认为基础设施是一种和其他形式的资本没有区别的资本，而且古典经济增长理论对于作为主要政府类投资的基础设施投资的论述是零散的、缺乏专门的研究。

2. 新经济增长理论

以索洛模型为代表的新古典经济增长模型的一个主要缺点是，作为经济增长主要动力的技术进步因素是外生给定的变量，其变化和产生的原因不能在模型中得以解释，也就是说在模型中被设定为产出增长中不能被要素数量增长所解释的一部分，即"索洛余项"。1980年以来，"索洛余项"引起了经济学家们对经济增长理论的研究热潮，在此次热潮中新出现的对经济增长模型的研究成果即为新增长理论。经济学家们的主要做法是通过不同的角度、运用不同的方法将不同的因素从"索洛余项"中分离出来，并使得这些因素内生到经济增长模型中，从而解释不同的因素对经济增长的影响。在新增长理论的不同研究路径上，以巴罗等一批西方经济学者为代表的一个分支，认为除了人力资本和技术进步等因素以外，政府支出通过在基础设施等方面的公共投资是影响经济增长的一个非常重要的因素。因此，在这方面他们展开了大量的研究，其中比较具有代表性的包括有关政府支出带动经济增长的Barro模型（1990）、Barro和Sala-I-Martin模型（1992）[1]及二神、森田和芝田模型（1993）[2]等。

Barro模型（1990）是在研究政府支出增长领域中，提出的比较早并且具有开创性贡献的模型。在模型中，Barro对生产性政府支出的范畴进行界

---

[1] Barro R. J., Sala-I-Martin X., *Economic Growth*, McGraw-Hill Press, 1995.
[2] Futagami, Koichi, Moria, Yuichi, Shibata, Akihisa, "Dynamic Analysis of an Endogenous Growth Model with Public Capital", *Journal of Economics*, Vol. 95 (4), 1993, pp. 607-625.

定,认为其不仅包括政府对基础设施的公共投资,同时也应该包括政府通过购买私人部门的产品和劳务从而提供的公共服务,他认为生产性政府支出通过购买私人部门的产品和劳务从而对其产生的影响是,生产性政府支出可以直接进入私人部门的生产函数中。Barro 模型得出的结论是,在单一收入税的情况下,当产出关于生产性政府支出的弹性不变时,并且其等于生产性政府支出占总产出的比例时,经济的长期增长率达到最高。在模型中,生产性政府支出与经济增长呈倒 U 型关系。

Barro 和 Sala-I-Martin 模型(1992)将 Barro 模型进行简化,以此来着重说明生产性政府支出的拥挤问题。在此模型中,Barro 和 Sala-I-Martin 将公共服务分为三类,分别是公共提供的私人产品、公共提供的公共产品和拥挤性的公共产品。以上这三类公共服务对经济都具有增长效应,但各自的影响方式不同。

在二神、森田和芝田模型(1993)中,将生产性政府支出定义为政府对基础设施等公共资本的投资,因此生产性政府支出可增加公共资本的存量,并且生产性政府支出的目的是提高私人部门的生产能力。他们的模型直接将公共资本存量引入生产函数,因此在模型中私人资本存量和公共资本存量同时出现了。通过对模型进行推导,他们得出的结论是,若产出关于公共资本存量的弹性保持不变,当生产性政府支出占产出的比重等于产出关于公共资本存量的弹性时,经济增长率达到最高,并且在长期中,经济存在唯一的稳定状态。同时他们也得出了生产性政府支出与经济增长呈倒 U 型关系。

综上所述,新增长理论将基础设施投资作为一个影响经济增长的重要因素,将其从"索洛余项"中分离出来,并内生到经济增长模型中进行推导,考察其对经济增长的影响。本书借鉴以上模型的思想对交通基础设施在经济增长中所发挥的溢出效应进行分析。

二 国际贸易理论

国际贸易理论是经济理论的一个重要分支,在 18、19 世纪的时候取得了重大的进展,至今许多理论仍然支配着国际贸易的理论与实践。二战以来,随着全球经济一体化趋势的加强,减少贸易障碍、推进贸易自由化一直是国际社会的主流思潮,同时,降低贸易成本、促进本国产业发展也成为众多国家经济改革的重要领域。狭义的贸易成本一般指为完成进出口交易所产生的额外支出；广义的贸易成本则包括将商品送达国外最终用户过程中产生的所有支出，以及各类隐性成本，如交通运输成本、关税和非关税壁垒、信息成本、契约执行成本、货币兑换成本、法律和监督管理成本以及批发和当地批发、零售的配送成本等（Anderson&van Wincoop，2004）。一些潜在的可能成为国际贸易重要阻碍的贸易成本如表1.1所示，贸易成本的水平随贸易各国基础设施服务的完善程度而差异巨大。

表 1.1　　　　　　　　贸易成本和所涉及的基础设施

贸易成本的类型	阻碍的方式	所涉及的基础设施
运输成本	硬性的 / 可见的	港口、海运、公路、铁路、民航设施
在途时间成本	硬性的 / 可见的	港口、海运、公路、铁路、民航设施
运输保险成本	非硬性的 / 不可见的	保险规章制度
海关延迟成本	非硬性的 / 不可见的	海关程序的一致性
非官方的支付成本	非硬性的 / 不可见的	政府改革
信息搜集成本	非硬性的 / 不可见的	投资环境
货币兑换成本	非硬性的 / 不可见的	金融规章制度
供应链管理成本	硬性的 / 可见的，非硬性的 / 不可见的	电信、投资环境、政策环境
额外存货成本	硬性的 / 可见的，非硬性的 / 不可见的	港口、海运、公路、铁路、民航设施、海关程序

资料来源：Khan 和 Weiss（2006）[①]。

上述贸易成本中，与国际运输服务相关的运输成本、在途时间成本、供应链管理成本和额外存货成本由于其突出影响力受到了广泛的重视。电信、港口、海运、公路、铁路、民航等交通基础设施条件是地理经济之间贸易往来的决定因素，被认为是影响一国运输、物流成本，进而推高贸易成本的重要因素（《世界银行物流运行指数报告》，2007）。因此，本小节将对国际贸易理论中有关运输成本的理论加以回顾和概括，作为交通基础设施网络性实证研究的理论基础。

1. 古典国际贸易理论

绝对比较优势理论的奠基人亚当·斯密（Adam Smith）在他的著作《国民财富的性质和原因的研究》中对运费进行了一定论述，他指出："假

[①] Khan, H. A. and J. Weiss, *Infrastructure for Regional Cooperation*, paper presented at LAEBA 2006.

若在两个城市之间,除了陆地运输以外,没有其他的交通运输方式,那么除了重量较轻而且价格很高的货物以外,便没有什么商品能由一个城市运送到另外一个城市了。这样,两个城市之间的商业活动就只有现金这一小部分了,而且这两个城市之间对各自产业发展的推动作用也只有现实世界的一小部分。假使世界上只有陆地运输,则各僻远地区间的商业活动一定会无法进行。有什么货物能够负担得起由伦敦至加尔各答的陆上运费呢?"① 这表明运输成本已成为阻碍劳动分工和限制市场范围的因素。

马歇尔(Afred Marshall)不仅仅是新古典经济学派创始人,同时也是国际贸易理论的重要贡献者,在其《经济学原理》这本著作中,针对贸易中的运输成本做了如下论述,"每当交通工具降价,就会对和远地之间的思想自由交流产生新的便利,因此会使对工业分布于某地的种种影响因素随着变化。一般来说,货运运费和关税的降低,会使一个国家和地区从远处更多地购买所需要的东西"②。

要素禀赋理论的创始人赫克歇尔(Eil Hechsher)和俄林(Belti Ohlin)在对运输成本对国际贸易的影响进行讨论时认为,不同区域的商品、资源和要素的价格与其流通费用的差异有关,这里的流通费用就包括运输费用。然而,在他们所创立的生产要素禀赋的国际贸易理论中,一个重要的假设前提就是不存在运输成本,这不得不说是其理论的遗憾。

保罗·萨缪尔森(Paul A. Samuelson)对国际贸易理论的发展具有很大的贡献,他不仅发展了要素禀赋理论,提出了赫克歇尔—俄林—萨缪尔森模型,而且还开创性地提出了"冰山"运输成本③。与此同时,他在1952年和1954年的两篇文献中指出,由于运输成本的存在,使得进口商品的价格比国内商品的价格更高,因此对进口商品的消费取决于国内消费者的需求是否具有弹性以及人们对进口商品的支付意愿;由于运输成本的存在,使得其对商品产生替代效应,并且实际运输成本发生在运输的过程中,这个过程中消耗掉的商品将产生收入效应,该效应存在于国与国之间,取决于彼此的供给与需求。

除了传统的国际贸易理论以外,其他学者针对国际贸易中的运输成本也

---

① [英]亚当·斯密:《国民财富的性质和原因的研究》,陕西人民出版社1999年版,第102—119页。
② [英]阿尔弗雷德·马歇尔:《经济学原理》,陈瑞华译,陕西人民出版社2006年版,第1—405页。
③ Paul A. Samuelson, "The Transfer Problem and Transport Costs: The Terms of Trade When Impediments are Absent", *The Economic Journal*, Vol. 62, 1952, pp. 278-304.

进行了一定研究。Viner（1950）[①]在对国际贸易中的运输成本进行研究之后，对运输成本可能会阻碍国际贸易进行了简单论述，并得出结论，如果一国的运输成本相对比较大，则可能导致一部分国内商品无法参与国际贸易。同时，Viner将运输成本引入到俄林的区际贸易模型中，发现国家之间的贸易方式不仅取决于资源禀赋和要素密集度，而且还依赖于运输成本。

虽然古典国际贸易理论主要经历了绝对优势说、比较优势说、要素禀赋说三大发展阶段，而且各个发展阶段都有不一样的理论成果，但是不难发现，古典国际贸易理论对运输成本的论述仍然存在一些缺陷。例如，以亚当·斯密为代表的古典国际贸易理论对运输成本的考虑只是限于简单的文字表述层面，甚至直接忽略运输成本的存在，并且在将国际贸易理想化为没有运输成本存在的理想情况；新古典国际贸易理论是以新古典经济学为框架的，其中最为著名的是要素禀赋理论，虽然它的创始人在论述中提到过贸易中的运输成本因素，但在最为关键的模型建立方面，还是忽略了运输成本的存在；保罗·萨缪尔森虽然进一步发展了要素禀赋理论，并且创造性地提出了"冰山"运输成本理论，但是该理论在处理运输成本的方式和方法方面，却存在显而易见的缺陷。古典贸易理论不存在运输成本的假设虽然有助于理论分析，却夸大了理论与现实的距离。贸易成本是国际贸易的主要阻力因素，正是由于贸易成本的存在，削弱了贸易对象的比较优势，进而降低了国际贸易所带来的比较利益。因此在古典国际贸易理论之后，越来越多的学者注意到贸易成本以及运输成本对国际贸易的影响。

2. 新贸易理论

20世纪70年代末以来，随着新贸易理论的开创和发展，运输成本在国际贸易中的作用真正凸显出来。克鲁格曼作为新贸易理论的创始人，通过《报酬递增、垄断竞争与国际贸易》（Krugman，1979）[②]这篇文献清晰地阐述了新贸易理论。虽然这篇英文文献的长度只有10页，但是克鲁格曼构造了的一个精巧的模型，通过简洁而流畅的论述，揭示了以异质性产品和规模经济为基础的产业内贸易产生的原因及影响。这篇文章可以说是对占据国际贸易理论半个多世纪的新古典贸易理论的一个有力的冲击和革命，也

[①] Viner J., *The Customs Uinion Issue, Carnegie Edowment for Internatianl Peace*, New York:Oxford University Press, 1950.

[②] Krugman, P., "Increasing Returns, Monopolistic Competition and International Trade", *Journal of International Economics*, Vol.9, 1979.

从此奠定了克鲁格曼在新贸易理论发展中的重要地位。

然而，克鲁格曼的这篇文章却留下了一个贸易流向不确定的问题，但他随即在《规模经济、产品差异和贸易模式》（Krugman，1980）[①]这篇文章中，通过将运输成本引入到模型中解决了这个问题。克鲁格曼在这篇文章中证明了，在其他条件相同的情况下，如果以劳动力规模表示市场规模，那么一国的某种产品的市场规模越大，其产量也就越高，因为市场规模越大就越有利于发挥规模效应和节约运输成本，因此这个国家也就越趋向于净出口该种产品，这段论述就是著名的"本国（或母国）市场效应"。

运输成本的下降对贸易增加具有显而易见的推动作用，但在克鲁格曼（1980）之前的贸易模型却并不考虑运输成本。克鲁格曼在1979年模型基础上引入了运输成本，为了分析上的方便，运输成本被假设成与运输到其他国家的商品的数量成比例（有时也被称为"冰山"成本，意味着商品的一部分在到达目的地之前融化了）。这个假设更具有现实意义，并且使得克鲁格曼可以精确地分析本国市场效应。本国市场效应非常易于理解，在规模报酬递增和存在运输成本的情况下，企业倾向于集中在市场份额最大的区域，生产在一个地区进行集聚使得规模经济得以实现，同时，由于产地靠近最大的市场也使得运输成本最小化。本国市场效应从需求方面解释了为什么一个国家在生产某一特定产品上具有优势，并且由于较低的价格水平以及整个消费中只有一小部分负担了运输成本，也使得较大规模经济中工人的福利提高了。

三 新经济地理理论

1. 新经济地理学的渊源

一直以来，国际贸易理论和经济地理学理论在经济学研究中一直是前沿性问题。尤其是在当今世界经济全球化的背景之下，国际贸易理论和经济地理学等理论更是当仁不让地吸引着学术界的广泛和重点关注。传统的研究一直把贸易理论和经济地理理论视为两个不同的领域。但是近年来，经济学家越来越多地把这两个领域结合在一起进行研究，并且强调一些共同的因素，决定了贸易理论当中的既定国际要素禀赋下国家间的分工模式，以及经济

[①] Krugman, P., "Scale Economies, Product Differentiation, and the Pattern of Trade", *American Economic Review*, Vol. 70 (5), 1980.

地理学理论中国家间要素的长期流动与分布的趋势，克鲁格曼正是构造这一伟大桥梁并在两端点燃创始之光的先驱[①]。

在新古典经济的理论框架下，传统贸易理论说明了国际贸易产生的动因是国家间技术、要素禀赋或需求的差异。20世纪上半叶之前，传统贸易理论比较好地解释了当时的国际贸易模式和格局。但是1970年以后，国际贸易的流向发生了很大改变，大部分国际贸易发生在具有相似的技术水平和要素禀赋的发达国家之间，尤其是同类产品之间的贸易量迅速增加，从而使得国际贸易的主要形式是产业内贸易。显然，在对这一现象的解释上，以比较优势理论为核心的传统贸易理论显得比较无力。以克鲁格曼为代表的国际经济学家，通过在贸易理论中引入规模经济、不完全竞争、技术变化和厂商博弈等概念，论证了即使在缺少资源禀赋、偏好和技术差异的情况下，规模经济也可以使得国家开展专业分工和贸易，这就是以市场结构为核心的新贸易理论。

经济地理学主要研究的是经济活动的区位、分布和空间组织关系，具体包括产业区位、城市经济、经济集聚、交通以及全球化等问题。传统的经济地理学主要是研究经济活动的空间规划和分布的区位理论，特别是产业区位的量化分析。例如，经济区位理论认为生产要素是可以自由流动的，但需要运输成本；生产企业在空间上不断地集聚可以产生规模效益，一个城市或地区的发展与企业高度集聚产生的规模效益有关。集聚的收益递增是指经济上相互联系的产业或经济活动由于在空间上的相互接近性而带来的成本节约，或者是产业规模扩大而带来的无形资产的规模经济等。尽管经济学家早已关注到规模经济的作用，特别是曾经有大量研究考察经济主体在生产规模收益递增和运输成本之间的权衡对城市聚集和经济增长的影响，但是由于这些研究缺乏完整而标准的理论模型支撑，尤其是没有能够提出一个能解释消费者和厂商区位选择的一般均衡框架，因此没能引起主流经济学的足够重视。直至20世纪90年代初，以克鲁格曼（Krugman）、藤田（Fujita）、维纳布尔斯（Venables）等为代表的经济学家在规模报酬递增与不完全竞争市场为特征的新贸易理论框架下，借助迪克西特和斯蒂格利茨（Dixit&Stiglitz，1977）的垄断竞争模型，对规模报酬递增、外部经

---

① 盛斌、王岚：《多样性偏好、规模经济和运输成本：保罗·克鲁格曼的世界——新贸易理论与新经济地理学评述》，《经济科学》2009年第3期，第74—83页。

济、运输成本、要素流动和投入产出联系等的性质及其相互之间的作用进行了深入的探讨和分析，系统地阐述了地理空间中经济活动的集聚和演化过程，标志了新经济地理学（New Economic Geography，NEG）理论的产生。

2. 新经济地理学的核心思想

在新经济学的浪潮中，克鲁格曼作为新贸易理论和新经济地理学的双料开创者，毫无疑问地成为了将国际贸易理论和经济地理学理论两个领域成功融合的先驱。运输成本在克鲁格曼的整个理论体系中是一个非常重要的变量，正是由于运输成本的存在，克鲁格曼才能将区位因素引入到贸易模式分析中来。新经济地理学中的运输成本，既包括狭义的交通网络实际移动成本，又包括广义的因距离产生的贸易壁垒成本等。而本书所主要关注的交通基础设施与运输距离共同决定了运输成本的高低，因此交通基础设施的发展状况及其网络效应的发挥正是各经济体之间贸易往来的决定因素，本书对新经济地理学理论的回顾和阐述，也是对交通基础设施网络效应和溢出效应实证研究的理论基础。

对于运输成本的描述，克鲁格曼主要采用了萨缪尔森的"冰山理论"，即每一单位运往外地的产品中仅有一部分到达目的地，而其余的都消耗在途中，因此运输成本只影响价格。克鲁格曼对运输成本的这种假设，可以不用引进运输业这一新的部门，因此降低了模型的复杂性。但许多学者批评这样做忽略了运输成本与距离的关系。为此，克鲁格曼引进距离因素对"冰山"运输成本函数进行了修正，经过修正后的模型具有如下特征：第一，产品的市场价格随着运输距离的增加而增加；第二，运输产品价格与离岸市场价格成正比例地变化；第三，产品的运输费用与运输产品的数量无关。这些特征使得模型对运输成本问题的考虑更加贴近现实，同时保持了克鲁格曼体系中的不变需求弹性。

新经济地理学的奠基之作是克鲁格曼在《政治经济学杂志》（*Journal of Political Economy*）上发表的一篇名为《经济地理与收益递增》（Krugman，1991）[①]的文献。在这篇文献中，克鲁格曼通过建立著名的中心—外围模型（Core-Periphery Model），实现了同时立足于消费者（同时也是生产者）和企业的区位选择的一般均衡分析，由此奠定了对经济活动进行区位或空间分析的微观基础。在中心—外围模型中，经济活动空间结构主要取决于运

---

① Krugman, P., "Increasing Returns and Economic Geography", *Journal of Political Economy*, Vol. 99 (3), 1991.

输成本和规模经济之间的权衡。也就是说，最终的均衡结果是由"集聚力"和"分散力"两股力量的相互作用所决定的。市场规模效应、稠密的劳动市场以及外部经济效应是集聚力的主要因素；不可流动的要素、地租以及以拥挤成本为表现形式的外部经济是分散力的主要因素。运输成本和历史因素之间的相互作用和平衡导致最终经济区位格局的形成。具体来说，运输成本主要是在聚集方式方面影响经济活动，而历史因素主要是在聚集方向方面影响经济活动。当运输成本较低时，对规模经济的追求使经济发生聚集，最终形成中心—外围模式；当运输成本较高时，即便规模经济效应很明显，厂商也不会将经济活动集中在一个地区进行，因为高额的运输成本会使该厂商在供应其他地区的市场时得不偿失，最终导致经济活动会分散在两个地区。这意味着运输成本存在一个临界值，如果初始状态为分散，随着运输成本的降低，聚集动力越来越大，直到超过临界值，经济活动空间布局会出现"瞬间突变"由分散变为集聚。由于交通基础设施情况的不断改善，整个20世纪以来狭义的运输成本呈持续下降趋势。因此，新经济地理理论无疑对研究交通基础设施的网络效应及溢出效应具有非常重大的指导意义。

中心—外围模型建立以后，得到了许多其他学者也包括克鲁格曼本人的进一步补充完善和创新，以中心—外围模型为基础的其他类似模型纷纷建立，在Baldwin等（2003）[①]的《经济地理与公共政策》一书中，对与中心—外围模型相关的模型进行了系统的总结，根据他们的归纳和命名，这些模型主要有：Martin和Rogers（1995）的自由资本模型（Footloose Capital Model），Ottaviano（1996）、Forslid（1999）、Forslid和Ottaviano（2002）的自由企业家模型（Footloose-Entrepreneur Model），Baldwin（1999）的资本创造模型（Constructed Capital Model），Martin和Ottaviano（1999）的全局溢出模型（Global Spillovers Model），Baldwin（2001）的局部溢出模型（Local Spillovers Model），Krugman和Venables（1995）以及Fujita等（1999）的核心—边缘垂直联系模型（Core-Periphery Vertical-Linkage Model），Robert和Nicoud（2002）的自由资本垂直联系模型（Footloose Capital Verical-Linkage Model），Ottviano（2002）的自由企业家垂直联系

---

① Baldwin R. E., Forslid R., Martin P., et al., *Economic Geography and Public Policy*, Princeton University Press, 2003.

模型（Footloose-Entrepreneur Vertical-Linkage Model）。上述模型的拓展研究，使得中心—外围模型的基本假定进一步贴近现实中的情况，同时也拓展了模型的政策含义。例如，Baldwin 等（2003）在《经济地理与公共政策》一书中集中探讨了空间集聚的效率和公平的福利含义，并且从空间经济视角分析了国际贸易政策对国家工业化和经济增长的重要影响。这些理论虽然是针对国家之间或国际组织内部的经济关系的研究，但对像我国这样幅员辽阔的大国内部的不同区域也具有一定的适用性。该书还进一步讨论了区域基础设施政策，对本书研究交通基础设施的网络效应与溢出效应具有重大的理论指导意义。下面就简单介绍一下这本书中有关区域基础设施政策的一个理论模型。

3. 关于区域基础设施政策的一个理论模型

Baldwin 等（2003）的《经济地理与公共政策》一书中的第 17 章，以扩展的局部溢出模型（Local Spillovers Model）为基础，讨论了区域基础设施政策。为了将政策干预这一新的要素隐含在模型中，扩展的模型在 LS 模型的基本假定之外，还包括了另外一种运输成本，就是把本区的商品出售到另外地区的所有交易成本引入区内，在这个假定之下交易成本既存在于区域之间，即区际交易成本，又存在于区域内部，即区内交易成本。这样，公共基础设施同时影响区际和区内交易成本。

经济中包含两个区域（北部和南部），在图 1.1 中，g 代表两个区总资本存量的内生增长率，s_n 代表北部产业在产业总数中所占份额，s_E 代表北部消费支出在总支出中所占份额。当实施改善南部地区的本地基础设施条件的政策时，在已知的情况下，这种政策将降低 s_n。这个变化也比较好理解，因为随着南部地区公共基础设施水平的提高，在南部生产的产品以及消费在南部的产品的交易成本下降，进而提高南部地区的有效需求；同时，在规模收益递增的情况下，生产差异化产品的企业将在南部地区进行生产，进而导致 s_n 下降。并且，由于企业从北部地区到南部地区的转移，同时创新部门在北部地区，这种情况将提高创新成本而降低创新增长率。从这种角度来考虑，南部地区基础设施水平的提高，将导致较低增长的经济环境，并通过创新增长率的下降而降低竞争性，提高垄断利润，使得两个区域的资本所有者获利。由于北部地区的资本所有者较多，从图 1.1 的第四象限中可以看出，支出的区际差异将扩大（支出的区际差异可以由 s_E 来衡量）。因此，有利于南部地区区内贸易的本地基础设施，将降低空间集中度和整个经济增长率，扩大南北之间以及工人与资本所有者之间的名义收入差异。

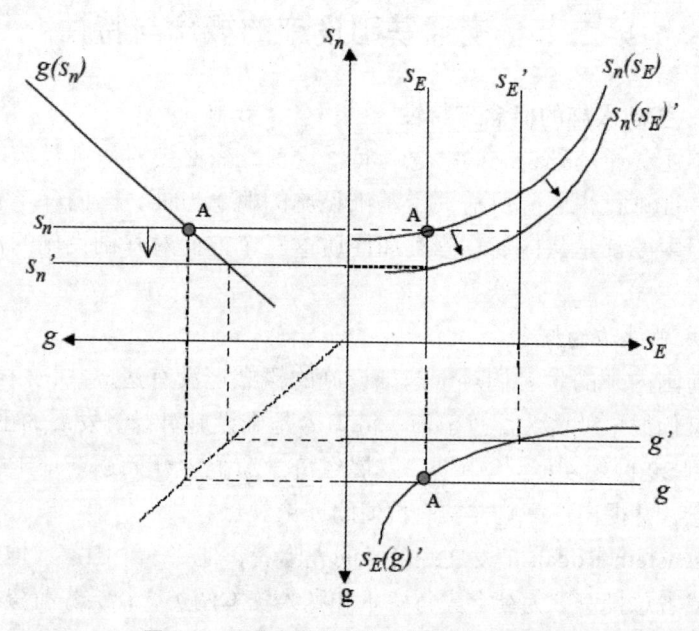

图 1.1　改善南部地区的本地基础设施水平

当实施改善区际基础设施条件的政策时，区际贸易更加便利以及自由化，并且只要北部市场规模大于南部市场规模，或者北部地区的基础设施条件好于南部地区，那么区际基础设施条件的改善将有利于北部吸引更多的企业。图 1.1 也可以说明这个变化，只不过各曲线的移动方向与改善南部地区基础设施的曲线移动方向刚好相反，这说明区际基础设施条件改善政策的效应与降低南部区内交易成本的效应正好相反。随着 s_n 的提高，创新增长率也会提高；而随着每个资本所有者垄断利润的下降，s_E 也会下降。改善区际交通设施条件，市场规模较大的区域或者发展水平较高的区域的吸引力将得到增强，进而进一步提高产业的集中度。因此可以得出结论，有利于南北区际贸易的基础设施，提高了产业的空间集中度和整个经济的增长率，降低了南北地区之间和工人与资本所有者之间的名义收入差异。

第二节　交通基础设施的概念与特性

一　基础设施的概念与特性

在阐述交通基础设施的概念与特性之前，有必要对基础设施的概念与一般性特征进行说明。目前关于基础设施的概念方面，国内外学者的理解不同，但主要都是从内涵、分类和性质这三个方面对基础设施的概念进行阐释的。

1. 基础设施的概念

目前国内外的学者们对于基础设施的概念还没有达成共识。虽然发展经济学家们很早就曾关注过航海、港口等基础设施对经济发展的重要作用，但是直到 20 世纪 40 年代中期，发展经济学家们才开始逐渐地丰富基础设施的概念，并提出了一些非常有价值的理论观点。

Rosenstein Rodan 是发展经济学的先驱者，他将一个国家或地区的社会总资本或者总投资分为社会先行资本和私人资本两类，社会先行资本即是基础设施。在《东欧和东南欧国家的工业化问题》这篇文献中，他讨论了基础设施与私人投资的关系，并指出基础设施是与私人资本相对应的一种社会先行资本。同时，他还对社会先行资本进行了定义，即一个社会在一般的产业投资之前应具备的相关基础设施的积累，具体来说，社会先行资本构成了社会经济的基础设施结构，包括电力、运输、通信等基础工业。他指出基础设施作为直接生产部门得以建立和发展的基本条件，其发展水平会直接或间接地影响生产部门的成本和收益以及其供给的数量和质量。正是由于这个原因，在直接生产投资之前必须发展基础设施。美国的经济学家 Walt Rostow 也认为先行建设社会基础设施是经济发展的一个必要但不充分条件，因此也将基础设施定义为社会先行资本。上述两位经济学家都从基础设施在经济发展中的作用角度对基础设施的概念进行了阐释。

有些学者和机构从基础设施的分类方面阐释了其概念，例如 Albert Hirschman。他将社会间接成本定义为基础设施，并且指出社会间接成本是经济中不可缺少的基础服务。同时，他还给出了一种资本成为社会间接成本的几个条件，分别是：第一，这种资本是否为其他很多经济活动提供必需的服务；第二，这种资本是否由国家或者由国家所控制的私人团体无偿地提供或者按公共标准收费提供；第三，这种资本所提供的服务不能从其他国家进口；第四，这种资本投资规模巨大、建设周期较长，因此具有不可分性，并且在建成初期存在生产能力过剩的问题。Hirschman 认为，具备前三个条件的社会间接成本包括运输、通信、能源、水利、公共卫生、法律、秩序及教育等所有公共服务，属于广义的基础设施。而运输、水利等同时满足上述四个条件，属于狭义的基础设施。世行《1994年世界发展报告》[①]的题目是《为发展提供基础设施》，报告主要考察了基础设施在经济发展中的作用，并且给出了基础设施的定义，即永久性工程构造、设备、设施和它们所提供的为居民所用和用于经济生产的服务。报告将基础设施分为两大类，分别是经济基础设施与社会基础设施。其中，经济基础设施具体包括：公共事业，如供水、电力、管道煤气、环境卫生设施和排污系统、固体废弃物的收集与处理等；公共工程，如大坝、灌溉和道路；其他交通部门，如铁路、海港、水运、机场和城市交通。社会基础设施具体包括科学、教育、文化、卫生、体育等设施。从上述分类可以看出，世行对基础设施进行了全面的定义。

1980 年以后，国内的学者们逐渐开始展开了对基础设施的研究，钱家骏和毛立本（1981）[②]将 infrastructure 翻译为基础结构，并最早开始研究基础设施，将基础设施定义为向社会上所有商业部门生产提供基础服务的那些部门，如运输、通信、动力、供水，以及教育、科研、卫生等部门。他们同时指出狭义的基础设施包括运输、通信、动力、供水等有形产出部门，广义的基础设施不仅包括有形产出部门，还包括科研、教育、卫生等部门。刘景林（1983）[③]将为发展社会生产和保证群众生活创造共同条件而提供公共服务的部门、设施和机构的总体定义为基础设施，并根据职能将基础设施划分为生产性基础设施、生活性基础设施和社会性基础设施。樊纲（1990）[④]指出经济性基础设施包括交通运输、邮电通信、电力等部门。魏礼群（2002）[⑤]认为，基础设施作为经济活动和社会活动的载体，为社会生产和人民生活提供基础产品和服务，是国民经济的重要组成部分，主要

---

① World Bank, *World Development Report 1994: Infrastructure for Development*, Oxford University Press for the World Bank, 1994.
② 钱家骏、毛立本：《要重视国民经济基础结构的研究和改善》，《经济管理》1981 年第 3 期。
③ 刘景林：《论基础结构》，《中国社会科学》1983 年第 1 期。
④ 樊纲：《论基础瓶颈》，《财经科学》1990 年第 5 期。
⑤ 魏礼群：《坚持走新型工业化道路》，《求是》2002 年第 23 期。

包括交通运输、通信、水利和城市供排水、供气、供电等公共设施以及能源。高新才（2002）[①]将物质性基础设施定义为生产性和非生产性基础设施的统称；将制度性基础设施定义为政治制度、法律、政策法规、管理等统治、约束和协调人们行为的上层建筑。物质基础设施主要影响生产要素的可利用性，而制度基础设施主要影响生产要素的利用效率，从某种意义上说，制度基础设施比物质基础设施更为重要，二者构成真正意义上的广义基础设施。

综上所述，根据提供服务范围的不同，国内外学者们将基础设施划分为广义基础设施和狭义基础设施。广义基础设施是指由政府部门提供的一切为发展生产和保障生活供应而提供服务的部门、机构和设施的总称，进一步可以细分为生产性基础设施和非生产性基础设施，前者是指提供有形产品的部门，如交通运输、通信、能源、水利等；后者是指提供无形产品的部门，如科研、教育、文化、卫生、环境等。狭义基础设施即直接为生产提供条件的部门，主要是指生产性基础设施。

本书主要借鉴了高新才对基础设施的划分，具体分类如下：

广义基础设施 { 物质性基础设施 { 非生产性基础设施：教育、科研、文化、卫生、环境等 / 生产性基础设施：交通、通信、能源、水利等 } / 制度性基础设施：政治制度、法律、政策法规等 }

2. 基础设施的特性

虽然国内外学者根据不同的研究目的，对基础设施的概念有不同的设定，但是对于基础设施的一些共性，学者们还是有基本共识的，例如基础设施是一国经济活动的基础，为经济中的各行业的生产与居民生活提供服务，在空间位置上具有不可移动性，并且投资规模巨大，具有公共物品属性等特性。接下来本书将具体介绍这些特性。

基础设施具有基础性。整个社会的经济活动由密不可分、相互作用的各内部结构构成一个有机的整体，但是有些行业属于直接生产部门，有些行业属于基础性的间接生产部门。基础设施就属于间接的基础性部门。基础设施的基础性主要包含三方面的含义：第一，由基础设施所提供的产品

[①] 高新才：《区域经济与区域发展》，人民出版社2002年版。

和服务是其他生产部门赖以进行生产的基础性条件。第二，由基础设施所提供的产品和服务是其他生产部门（也包括本部门）生产和再生产时所必需的投入品。第三，由基础设施所提供的产品和服务的价格，构成了其他部门产品和服务的成本。因此，基础设施最基本的特性是基础性，由此也确立了其在国民经济中的先导性地位。

基础设施具有投资规模巨大且投资具有不可分性的特征。在基础设施建设中，必须进行一次性的大规模投资，多次、少量的分散投资往往无效。这个特性在交通基础设施项目的建设中表现得尤为明显，例如港口的修建。如果只建设了码头的话，港口基础设施是不能发挥作用的，必须同时建成装卸、仓储、导航、通信等系统，整个港口基础设施才能真正投入运行，建设公路、铁路等基础设施的情况也是如此。正是由于基础设施投资的这种不可分性特征，即各个基础设施之间相互联系，互为依存条件，缺一不可，必须同时建成才能发挥作用，因此，基础设施的投资规模往往比较巨大，并且一开始就需要有最低限度的大量投资作为初始资本。

基础设施具有建设周期长的特性。基础设施项目例如交通、通信、能源、教育等设施的建设，是关系到国计民生的规模庞大的项目，这类项目往往具有较长的酝酿期，需要较长的勘测设计过程，需要占用大量土地，动用大量人力、物力和资金，所以前期计划论证时间较长，其建设资金短期内难以得到，且从投资建设到工程竣工的周期一般都比较长，这样做的目的也是保证国家的巨额投入能得到较好的社会效益。例如建设一条高速公路，政府一般需要两到三年甚至更长时间来立项、批复，不仅如此，开工建设到高速公路竣工也至少需要三到四年的时间。作为社会生产生活的共同基础性条件，并且由于基础设施具有较长的投资酝酿期和建设周期，为了能更快地产生社会效益为直接生产性投资提供服务，基础设施应该适度超前发展。就发达国家工业化初期的经验来说，基础设施的发展速度都普遍高于国民生产总值的增长速度，尤其是对于交通运输基础设施来说，这在促成国内统一大市场的形成方面起到了关键性的作用，对于我国这个发展中国家来说，此经验也有着重要的借鉴意义。

基础设施具有直接效益低和外部性的特征。基础设施的投资风险较大，而且投入产出比较低，所带来的收益具有明显的滞后性。但基础设施具有公共品的属性，因此所带来的外部性也就是溢出效应也比较明显。正因为此，一条纵贯全国的铁路不仅给国家和个体的交通带来了便利，还使沿线地区的区位优势得到明显的提升,给沿线地区的经济带来发展良机。基础设施是整个社会生产和生活的共同基本条件,因此其运营不仅仅考虑自身的经济利益,更考虑到其为整个社会提供了巨大的便利性,即其所创造的社会经济效益远高于自身的经济效益,因此基础设施的外部性特征表明其对经济增长具有间接的推动作用。

二 交通基础设施的概念与特性

1. 交通基础设施的概念

作为基础设施的一种,交通基础设施具有基础设施的一般特征。同时,交通基础设施属于狭义基础设施,是直接服务于生产活动与居民生活的生产性经济基础设施。交通运输体系包括铁路运输、公路运输、航空运输、水上运输和管道运输五种运输方式,这五种运输方式都是由运输对象、运输工具、运输通道和服务区等形成的运输体系。交通基础设施是指其中的运输通道和服务区,并不包括运输对象和运输工具。

2. 交通基础设施的特性

交通基础设施除了具有一般基础设施所具有的特征外,还有一些本身的特性决定了其在经济中发挥的重要作用,在这里需要具体说明阐述。

(1)交通基础设施具有经济先导性的特征

从交通基础设施在经济发展中的作用可以看出,交通基础设施具有经济先导性,其适度超前发展可以支撑和促进经济发展,否则其有可能成为经济发展的瓶颈约束。

从发达国家的经验来看,在现代化初期和中期,交通运输得到了政府的广泛鼓励和支持,对推动经济增长起了十分重要的作用,其中最典型的是日本。日本经过"二战"后的经济恢复,1953年国民经济已超过"二战"前的水平,出现了交通运输不能适应经济发展的情况。为了改变这种状况,日本政府在20世纪60年代的中长期经济发展规划中,将交通运输建设作为第一重要任务,1953—1958年,日本用于运输通信设施的投资占该时期公共投资的19.2%;到1960—1970年,这一比例迅速提高到44.6%。由于60年代大规模交通基础设施投资为经济发展提供了良好的基础条件,日本只用了4年时间就使人均GDP从2000美元增长到4000美元,迅速迈入了中等发达水平国家行列。

在一些发展中国家,由于资源缺乏、经济实力落后,采用了直接性生产活动（Directly Productive Activities，DPA）优先发展战略。从短期看，这种发展战略确实为发展中国家迅速摆脱贫困提供了一条有效、现实的途径。但是，随着经济发展，社会分工细化，产业部门增多，产业之间的交易规模不断扩大，部门之间的联系也更紧密。在部门之间依赖程度增大的情况下，结构效益上升到重要地位。这种情况下，交通运输基础设施滞后发展的瓶颈效应逐步显现，甚至严重制约发展中国家的经济结构调整和经济发展。

从伊朗的经济发展教训就可以看出忽视交通运输先导性的后果。1963—1972年，伊朗的国民生产总值年均增长率高达11.2%，人均收入从200美元增至400美元，一时被誉为"经济起飞国家"。1973年石油涨价3倍后，伊朗收入大增，投资近千亿美元于"高速现代化"建设，但却忽视交通运输的发展。初期大规模投资促使百业俱兴，经济形势一片大好，但是由于非常落后的基础设施无法承担经济大发展的重负，随之而来的是经济一片混乱。在这个过程中，首当其冲的就是交通运输系统，仅1975年就因港口堵塞未能及时卸货被罚款10亿美元；陆运能力的不足使得约10%的进口机器长期堆在码头受蚀报废，20%—30%的农产品化作泥土。交通运输基础设施成为20世纪70年代伊朗经济腾飞的瓶颈，并最终使其经济发展计划未能实现。

从我国经济发展实践来看，改革开放后，我国实行"不平衡"发展战略，投资向DPA倾斜，促进了我国经济的快速增长，使我国取得了举世瞩目的经济成就。但是，2000年以后，随着经济的发展，交通运输基础设施滞后的瓶颈作用逐渐显现。例如，在2003—2005年，由于交通运输基础设施通道能力不足，使得煤炭等能源运输受到制约，导致我国出现了全国性的电荒，一定程度上影响了经济发展，更主要的是，为了保证能源运输，运输部门只能压缩其他产品的运输，对整个国民经济运行都具有一定的影响。幸运的是，我国已经对交通运输基础设施的瓶颈作用有了清醒的认识，之后多次提出要加大交通基础设施投资，使其适应国民经济发展的需要。

（2）交通基础设施具有网络性的特征

作为一种典型的网络基础设施，交通基础设施是广义社会运输网络结构的一个重要组成部分，具有网络基础设施的主要经济特性。

网络基础设施作为一种通道，将生产要素如信息、原材料、能源、劳动力等从一个区域运输到另外一个区域。网络基础设施主要包括交通运输、邮电通信、电力、水利等基础设施,其存在形式是各种网络体系,包括公路、铁路、机场、管道、码头、电信网络、电力网络等。网络基础设施接近于生产性基础设施,是各区域间经济活动和区域相互作用、联系的纽带,使得各区域之间连接成一个整体,因此网络基础设施可以说是广义的社会运输系统。与网络基础设施相对应的是点状基础设施,它是指为其所在的特定区域提供服务的基础设施,主要包括地方性的公共设施,如文化体育、教育、图书馆、卫生、环境等基础设施,它们是生产、生活和发展的区域性公共设施。

对于特定的区域来说,交通基础设施既可能是网络基础设施,也可能是点状基础设施。例如,连接区域之间的交通要道,对于该区域来说,是一种网络基础设施,而仅为该区域服务的次要交通基础设施,则属于点状基础设施。而且,不同于电力、通信、供水和供气等只是单一服务于一种或几种物质组织形式的实体网络,交通基础设施网络的服务对象众多,人员、原材料和制成品等都是运输的对象,这就使得交通基础设施网络表现出很强的经济属性,这种经济属性给交通基础设施网络的供给、组织和管理带来了一定的复杂性。

交通基础设施网络还具有以下特性:

第一,交通基础设施网络具有规模经济效应。由于运输产品的特性,使在这个特殊的多产品行业中规模经济与范围经济无法分开,并通过交叉方式共同构成了运输业的网络经济。运输业网络经济是指运输网络由于规模经济与范围经济的共同作用,运输总产出扩大引起平均运输成本不断下降的现象。在运输密度经济中,交通基础设施中的线路通过密度经济最明显,在已有的实证分析中获得肯定也最多。而密度经济的其他三种情况,即载运工具载运能力经济、车队规模经济及节点处理能力经济,也都与线路通过密度有关,而且又都能分别或共同地支持线路通过密度经济[①]。

第二,交通基础设施网络具有相容性。交通基础设施网络的通行能力表现出短板效应,即交通基础设施网络的实际通行能力主要取决于通行能力最小的路段。一个运行效率良好的交通基础设施网络必须具备完整顺畅的联结,同时具有足够的通行能力,城市节点与路段、路段和路段之间的

---

① 荣朝和:《关于运输业规模经济和范围经济问题的探讨》,《中国铁道科学》2001年第8期,第97—104页。

通行能力必须具有相容性。这种相容性不仅体现在基础设施通行能力、建设标准的相容性上，还涉及设备设施的相容性。

第三，交通基础设施网络具有系统性特性。综合交通运输网由公路、铁路、水路、航空、管道运输网组成，这些运输网又分别由运输线路、运输站点、运输设备组成。运输网络的组成元素相互依存、相互作用，又相互制约。交通基础设施网络需要通过顺畅的联结，包括不同运输方式之间的衔接和同种方式内部的衔接，实现交通基础设施系统的整体功能。交通基础设施的网络特性要求打破地区、部门分割，建立跨地区、跨部门的规模化、节约化的交通基础设施网络，以此来提高整个交通基础设施网络的综合效益。

（3）交通基础设施具有外部性的特征

从交通基础设施的供给方面来看，其外部性主要体现为公共物品性质，包括消费的增加和生活水平的提高；收入效应和增加就业机会；拉动经济增长，优化产业结构；促进地区间商品流通；开放边远落后地区。交通基础设施的正外部性是政府供给运输设施的主要原因，而交通基础设施的负外部性则主要表现为环境污染、生态破坏及人类沟通的隔离等。

交通基础设施使用的正外部性可以分为金钱正外部性和技术正外部性。金钱正外部性主要是由于运输成本降低所带来的一些额外收益，比如劳动力市场扩大、产品市场扩大等；技术正外部性主要是指由于运输设施提供了便捷快速的运送病人的条件而使病人减少痛苦和伤残程度。交通基础设施的负外部性主要包括四个层面：交通拥挤带来的额外时间和运营成本；运输设施供给中没有包含的费用，即纳税人与使用者的现金流错位；运输活动对环境产生的影响；交通事故造成的人力损失。

正是由于交通基础设施供给和使用具有比较明显的正外部性，使得交通基础设施具有社会公益性，很多国家对交通基础设施的供给并不仅仅是从经济效益方面来考虑，而是在项目评估时将其社会效益也计算在内，特别是一些带有区域开发性质的交通基础设施项目更明显地偏重其社会效益。在一些国家的交通政策与发展战略、规划中也体现了对交通运输社会公益性的重视，例如美国《交通运输部战略规划（2003—2008）》的战略目标中就提出，为人口和货物的流动提供可得、高效、联合的交通运输；建设一个能够推动经济增长与发展的更有效的国内国际交通运输。在英国《交通政策白皮书》中提出的交通政策方针就包括促进郊区和边缘地带的发展，通过较好的交通规划来提高地方经济活力,促进地方经济的复兴。

由于交通基础设施具有的社会公益性,使得一些发达国家对交通基础设施特别是公路实行政府投资、统一归国家所有、全社会无常使用等政策。即使财力短缺也会实行管制比较严格的特许经营,在特许经营期间按政府核定的费率收取费用,用以偿还建设投资本息和支付养护、管理费用,在特许经营期满后,不再收取费用而变为免费设施。

这节所讨论的基础设施以及交通基础设施的特性,对后面章节交通基础设施的网络效应及溢出效应的论述都十分重要,为了便于后面的讨论以及使文章更加完整,并且能够更好地反映本书所研究的问题和所阐述的政策,因此这节对基础设施以及交通基础设施的概念、性质做了比较详尽的阐述。

第三节　交通基础设施的网络效应及溢出效应

交通基础设施作为一种公共品,具有典型的外部性特征;同时由于其本身又是一种典型的网络基础设施,因此也具有网络性的特征。本节在上一节所讨论的交通基础设施两大重要特性的基础上,分析交通基础设施的网络效应和溢出效应。接下来的两个小节将具体分析交通基础设施的网络效应和溢出效应。

一　交通基础设施的网络效应

作为一种网络基础设施,交通基础设施具有明显的网络性特征,因此只有当交通基础设施形成网络,才能拥有更大的可达性,进而发挥更大的网络效应。因此,随着交通基础设施网络的不断发展,其所提供服务的平均成本有逐渐降低的趋势,并且其所提供服务的有效性会逐渐增强。

交通基础设施的网络效应具体表现如下,假设某区域范围内有 N 个节点,任一节点与其他节点均有交通线路连接,每个线路运输量为 1 单位。当节点数为 N 时,总运输量为 $Q=N(N-1)$ 单位。每增加一个节点,总运输量将比原来增加 $2(N-1)$ 单位(这里不考虑随着节点增多可能产生的拥挤性)。由于交通基础设施的网络效应存在,随着网络的不断完善,会形成大小不同的轴心,从而使整个区域呈现出多层次的特点。随着交通基础设施网络所带来的区域联系的增多，从交通基础设施网络中的某一节点到其他任一节点的便利性也会越来越大。而交通基础设施网络效应的存在，主要是因为每一个网络节点都增加了到其他网络节点的联络通道，使得人流、物流、信息流的输送能力和效率大大提高；同时由于网络本身具有自强化功能，因此能够进一步扩大网络容量和拓展网络范围，具体如图1.2所示。

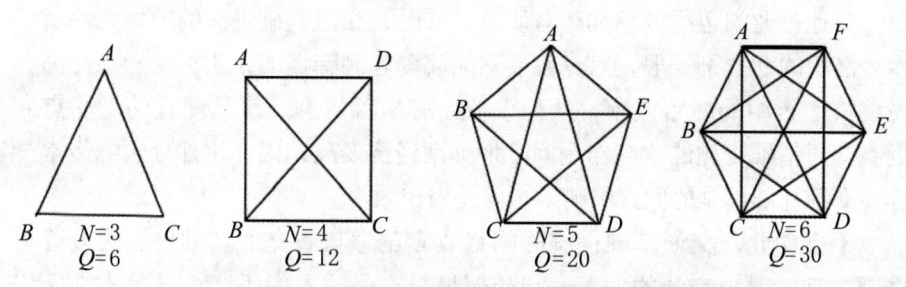

$N=3$, $Q=6$ ； $N=4$, $Q=12$ ； $N=5$, $Q=20$ ； $N=6$, $Q=30$

图 1.2　交通基础设施的网络效应产生机理示意

联系我国交通基础设施网络建设的实际可以知道，随着我国交通基础设施网络化建设的不断推进，我国交通基础设施的网络效应不断发挥，使得我国区域间的交通运输成本不断降低，交通运输服务的质量不断提高。区域间交通运输成本的降低一方面有利于扩大国内地区市场，另一方面由于中国沿海港口运输成本的降低（中国对外贸易主要采用海运的运输形式），有利于促进对外贸易的发展，从而扩大国际市场。这种现象不仅发生在中国，许多发达国家在很早以前就已经通过完善国内交通基础设施、降低物流成本来取得国际贸易优势竞争力，目前许多发展中国家也在努力通过加强交通基础设施建设，来降低本国物流成本，提高本国国际贸易的竞争力。正是由于交通基础设施网络效应的存在，导致了交通运输成本的降低，极大促进了区域之间的交流和要素的流动，而区域之间的交流和要素流动主要是通过贸易来实现的。由于我国区际贸易数据比较难以获得，并且还受到很多国内各地区复杂因素的影响，因此本书第三章主要基于贸易引力模型，通过分析交通基础设施对世界部分主要贸易国家和地区双边贸易流量的影响，来对交通基础设施的网络效应进行实证检验。

二　交通基础设施的溢出效应

溢出效应在英文常用 spillover effect 来表示，其通常与外部性相等同，一般是指某一经济体的生产和消费活动对其他经济体产生的一种伴生影响，这种影响可能是有益的,也可能是有害的,但其收入或成本没有能够在价格上(或者说通过市场交易)反映出来。一方面,理论上,交通基础设施属于建设投资项目中的一类,带动建设物资和相关服务的需求,直接成为GDP的组成部分,对经济增长产生直接影响。另一方面,作为国民经济发展的基础行业,交通基础设施的完善可以有效降低本地居民出行及货物运送成本,提升其他行业的运行效率和运营质量。同时,交通基础设施的发展完善就好像经济中的润滑剂一般,对资源要素的流动起到降擦的作用,有利于提高国民经济运行中的配置效率,从而促使原有配置状态向最优配置的均衡点靠近。交通基础设施的这些作用间接地推动经济发展,因此这部分影响经常被称为交通基础设施的间接影响,也就是溢出效应。

不仅如此,交通基础设施的网络效应还意味着交通基础设施的改善将推动本地区对外交流的增多,与外部世界交易成本的下降,导致本地区位优势增强[①],即产生空间效应,某些情况下甚至可能打破某些产业在各地区的原有空间布局,最终影响经济和产业的空间分布,这就是交通基础设施的空间溢出效应。交通基础设施通过自身的网络效应进一步产生了空间溢出效应,但所产生的空间溢出效应并不总是正向的。一方面,交通基础设施网络的完善和发展扩大了各区域市场的规模,有利于促进各种生产要素,例如人力、资本、商品等的区域间交流,进而带动新的知识和技术在区域间进行传播,提高各个区域的技术效率,从而对经济增长产生正向的促进作用。因此从这个方面来讲,交通基础设施的溢出效应是正向的。另一方面,交通基础设施的网络效应会加强地区之间的地理和经济联系,使得经济活动产生空间集聚和扩散,从而进一步改善要素在地区间流动与区际贸易,促进分工、专业化与聚集经济,最终形成空间溢出效应。交通基础设施的完善有利于运输成本的降低,将改善区域间的贸易自由度,从而改变原来的产业均衡分布格局。它对具体地区经济增长的影响取决于该区域在集中或扩散中的地位,即是产业流入还是产业流出。Krugman(1999)认为,运输成本降低将降低促使集聚的向心力和促使分散的离心力,但对离心力的影响更大,从而最终使得产业向一个地区集中,形成"中心—外围"结构。Venables(1996)强调了产业间的垂直关联,运输成本下降也会同时削弱向心力和离心力,但却分为两个不同阶段。从高到低开始下降的第一个阶段,

---

① 空间效应影响应视作溢出效应的表现之一。

向心力超越离心力,产业向某一地区集中,地区经济结构和人均收入的差距扩大;运输成本继续下降到第二个阶段,随着产业集聚地区工资水平的上升,离心力超过向心力使产业向另一地区转移和扩散。因此,对于不同时期不同区域来说,交通基础设施两方面效应叠加所导致的空间溢出效应并不确定。在分析交通基础设施溢出效应的时候,如果忽视地理空间效应的作用,会使理论分析的基点不准确、模型设定不恰当,得出的结论不符合现实情况。因此,有必要引入并分析空间依赖性(自相关性)、空间异质性(差异性)的计量方法,以此来识别并检验交通基础设施的空间溢出效应。本书第五章将以中国区域经济增长为例,通过搜集各省与经济相关的面板数据,在传统计量分析模型的基础上来实证地检验交通基础设施的溢出效应,并进一步将交通基础设施的空间效应引入分析框架,构建空间面板数据模型,对交通基础设施的空间溢出效应进行实证检验和分析。

第四节 实证方法

本书的研究目的是在相关理论的指导下,通过实证研究来检验交通基础设施的网络效应及溢出效应,因此需要采用相关的统计和计量方法。本书除了采取比较常用的面板数据模型实证方法以外,还借助空间计量经济学的理论与方法,构造新的实证分析方法。

一 面板数据计量经济学模型

这一节我们主要介绍面板数据和面板数据计量经济学模型的基本知识,包括面板数据的定义、面板数据模型,如固定效应模型、随机效应模型和它们的参数估计问题,以及如何在模型之间进行选择。

1. 面板数据

面板数据(Panel Data)是指由不同的个体进行多个时间观测得到的二维数据,记为y_{it}($i=1,...,N$;$t=1,...,T$),其中i代表个体,t代表时间。例如,我国31个省级地区的10年国内生产总值数据就是一组面板数据,记为y_{it}($i=1,...,31$;$t=1,...,10$),该面板数据有31个个体,共有310个观测值。其实,早在20世纪50年代,就已经有一些学者研究面板数据了。显然,收集面板数据比收集截面数据或者时间序列数据困难,但是当今学术研究中,面板数据用于计量经济学分析已经变得相当重要。

在经济学研究中，我们会发现使用面板数据相对于截面数据或者时间序列数据来说，主要有以下优点：第一，面板数据样本容量较大。由于同时具有截面维度与时间维度，相对于截面数据或者时间序列数据来说，增加了自由度，降低了解释变量的多重共线性，这样能够提高模型参数估计的精确度。第二，与截面数据或者时间序列数据相比较，面板数据能够更好地分析比较复杂的经济行为，主要包括构造和检验更复杂的行为假设，控制遗漏变量的影响等方面。比如，考虑如何区分规模效应与技术进步对企业生产效率的影响。对于截面数据来说，由于没有时间维度，故无法观测到技术进步。然而，对于单个企业的时间序列数据来说，我们无法区分其生产效率的提高究竟有多少是由于规模扩大，有多少是由于技术进步。又比如，对于失业问题，截面数据能告诉我们在某个时点上哪些人失业，而时间序列数据能告诉我们某个人就业与失业的历史，但这两种数据均无法告诉我们是否失业的总是同一批人（意味着低流转率，low turnover rate），还是失业的人群总在变动（意味着高流转率，high turnover rate）。如果有面板数据，就可能解决上述问题。再比如，遗漏变量偏差是一个普遍存在的问题，虽然可以用工具变量法解决，但有效的工具变量常常很难找。遗漏变量常常是由于不可观测的个体差异或异质性造成的，如果这种个体差异不随时间而改变，面板数据则提供了解决遗漏变量问题的又一利器。第三，面板数据使得计算和统计推断简单。虽然面板数据具有截面和时间两个维度，大多数人认为面板数据估计量或推断的计算会比截面数据或者时间序列数据复杂，但是在某些情况下，面板数据确实能够使得计算和统计推断变得简单。如非平稳时间序列分析，当时间序列数据不平稳时，最小二乘估计或者最大似然估计的渐进分布不是正态分布。但是，若能够利用面板数据，并且当截面观测独立时，能够得到许多估计量呈渐进正态。最近有学者还证明了截面相依的面板数据在单位根的假设下，所提出的检验统计量是渐进正态的。

2. 估计面板数据的策略

估计面板数据的一个极端策略是将其看成截面数据而进行混合回归（pooled regression），即要求样本中每个个体都拥有完全相同的回归方程。另一个极端策略则是，为每个个体估计一个单独的回归方程。前者忽略了个体间不可观测或遗漏的异质性（heterogeneity），而该异质性可能与解释变量相关从而导致估计不一致。后者则忽略了个体间的共性，也可能没有足够大的样本容量。因此，在实践中常采用折中的估计策略，即假定个体的回归方程拥有相同的斜率，但可以有不同的截距项，以此来捕捉异质性。折中模型被称为"个体效应模型"（individual-specific effects model），即

$$y_{it} = x'_{it}\beta + z'_i\delta + u_i + \varepsilon_{it} \quad (i=1,...,N; t=1,...,T) \tag{1-1}$$

其中，z_i 为不随时间而变（time invariant）的个体特征（即 $z_{it}=z_i, \forall t$），比如性别；而 x_{it} 可以随个体及时间而变化（time-varying）。扰动项（$u_i + \varepsilon_{it}$）由两部分构成，被称为"复合扰动项"（composite error term）。其中，不可观测的随机变量 u_i 是代表个体异质性的截距项。有些人在某些场合下将 u_i 视为常数，但这也只是随机变量的特例，即退化的随机变量。ε_{it} 为随个体与时间而改变的扰动项。假设 $\{\varepsilon_{it}\}$ 为独立同分布的，且与 u_i 不相关。

如果 u_i 与某个解释变量相关，则进一步称为"固定效应模型"（Fixed Effects Model，FE）。在这种情况下，OLS 是不一致的。解决的方法是将模型转换，消去 u_i 后获得一致估计量。

如果 u_i 与所有解释变量（x_{it}, z_i）均不相关，则进一步称为"随机效应模型"（Random Effects Model，RE）。从经济理论角度来看，随机效应模型比较少见①，但仍须通过数据来检验究竟该用随机效应还是固定效应。

显然，与截面数据相比，面板数据提供了更为丰富的模型与估计方法。

（1）混合回归

如果所有个体都拥有完全一样的回归方程，则方程（1-1）可以写为

$$y_{it} = \alpha + x'_{it}\beta + z'_i\delta + \varepsilon_{it}$$

其中，x_{it} 不包括常数项。这样，就可以把所有的数据放在一起，像对待横截面数据那样进行 OLS 回归，故被称为"混合回归"（pooled regression）。由于面板数据的特点，虽然通常可以假设不同个体之间的扰动项相互独立，但同一个个体在不同时期的扰动项之间往往存在自相关。此时，对标准差的估计应该使用聚类稳健的标准差（cluster-robust standard error），而所谓聚类（cluster），就是由每个个体不同时期的所有观测值所组成。同一聚类（个体）的观测值允许存在相关性，而不同聚类（个体）的观测值则不相关。

混合回归的基本假设不存在个体效应。对于这个假设必须进行统计检

---

① 一般来说，不可观测的异质性通常会对解释变量有影响。

验。由于个体效应以两种不同的形态存在（即固定效应与随机效应），故将在下面分别介绍其检验方法。混合回归也被称为"总体平均估计量"（Population-Averaged Estimator，PA），因为可以把它理解为将个体效应都平均掉了。

（2）固定效应模型

我们考虑下面简单的回归模型

$$y_{it} = \beta x_{it} + u_i + \varepsilon_{it} \qquad i=1,\ldots,N; \; t=1,\ldots,T \qquad (1-2)$$

其中面板数据 y_{it}、x_{it} 分别是被解释变量和解释变量，β 是我们所感兴趣的参数，u_i 是代表个体异质性的固定效应，它不随时间变化。ε_{it} 是均值为 0、方差为 σ_ε^2 的独立同分布随机变量，并且它和 $(x_{it},\ldots,x_{iT})$ 是不相关的。为了解释模型（1-2），我们看 Chamberlain（1984）中的一个例子，一些农场被观察了几年，令 y_{it} 表示第 i 个农场在第 t 个季节产量的测度，x_{it} 表示随着时间变化可测的投入，u_i 为不可测的固定的投入，如土壤质量和农产位置等，ε_{it} 表示不可测的投入，它随着时间而变化，比如降雨、阳光等。

面板数据模型（1-2）参数估计问题主要是估计我们所感兴趣的参数 β，而 u_i 是我们所不感兴趣的参数，并且它的个数还是随着个体的增加而增加。因此，为了估计参数 β，首先要消除 u_i 估计 β 时所带来的影响。由于面板数据的特点对于每个个体有时间观测值，我们用数据差分的方法来消除 u_i，即是

$$y_{it} - y_{it-1} = \beta(x_{it} - x_{it-1}) + (\varepsilon_{it} - \varepsilon_{it-1}) \qquad (1-3)$$

另外，我们知道 ε_{it} 是均值为 0、方差为 σ_ε^2 的独立同分布随机变量，并且它和 $(x_{it},\ldots,x_{iT})$ 是不相关的，即 $E(y_{it}-y_{it-1}|x_{it}-x_{it-1})=0$，故对（1-3）式取条件期望得到：

$$E(y_{it}-y_{it-1}|x_{it}-x_{it-1}) = \beta(x_{it}-x_{it-1}) \qquad (1-4)$$

因此，参数 β 是可识别的，我们可以用最小二乘估计方法估计参数 β 和 u_i，并且和 β 和 u_i 的最小二乘估计量是最佳线性无偏估计量（BLUE）。β 和 u_i 的最小二乘估计量是通过使下式达到最小得到的

$$S = \sum_{i=1}^{N} \varepsilon_i' \varepsilon_i = \sum_{i=1}^{N} (y_i - eu_i - \beta x_i)'(y_i - eu_i - \beta x_i) \qquad (1-5)$$

其中 $y_i' = (y_{i1},\ldots,y_{iT})$，$x_i' = (x_{i1},\ldots,x_{iT})$，$e' = (1,\ldots,1)$，$e_i' = (e_{i1},\ldots,e_{iT})$。$S$ 关于 u_i 求偏导，并令其为 0，我们得到 u_i 的估计

$$\hat{u}_i = \overline{y}_i - \beta \overline{x}_i, \; i=1,\ldots,N \qquad (1-6)$$

其中 $\bar{y}_i = \frac{1}{T}\sum_{t=1}^{T} y_{it}$, $\bar{x}_i = \frac{1}{T}\sum_{t=1}^{T} x_{it}$。

$\hat{u}_i$是无偏的，但是仅当$T\to\infty$时是相合的。把（1-6）式代入（1-5）式，并且s关于β求偏导，并且令其为0，我们有

$$\hat{\beta}_{LSDV} = [\sum_{i=1}^{N}\sum_{i=1}^{T}(x_{it}-\bar{x}_i)(x_{it}-\bar{x}_i)']^{-1}[\sum_{i=1}^{N}\sum_{i=1}^{T}(x_{it}-\bar{x}_i)(y_{it}-\bar{y}_i)'] \quad (1-7)$$

最小二乘估计量$\hat{\beta}$被称为最小二乘虚拟变量估计量[Least squares dummy variable(LSDV) estimator]，是因为u_i的观测值是虚拟变量的形式。对于固定的T，当$N\to\infty$时$\hat{\beta}_{LSDV}$是无偏的和相合的。

下面通过引入一个时间均值算子（time mean operator）来消除u_i，从而使用最小二乘方法来得到和（1-7）式一样的结果。以向量的形式来重写（1-2）式，得到：

$$y_{it} = \beta x_{it} + eu_i + \varepsilon_{it}, \quad i=1,\ldots,N \quad (1-8)$$

而时间均值算子是一个$T\times T$的矩阵，即是

$$J_T = I_T - \frac{1}{T}ee' \quad (1-9)$$

其中I_T是$T\times T$的单位矩阵，J_T的秩是$T-1$，且$J_T e=0$。现在我们使用时间均值算子J_T左乘（1-8）式，得到：

$$\begin{aligned}J_T y_i &= J_T \beta x_i + J_T u_i + J_T \varepsilon_i \\ &= J_T x_i \beta + J_T \varepsilon_i \quad i=1,\ldots,N\end{aligned} \quad (1-10)$$

J_T消除了固定效应u_i。但是变换后的扰动项$J_T \varepsilon_i$是相关的，其协方差阵为$\sigma_\varepsilon^2 J_T$，所以针对（1-10）式我们使用广义最小二乘（Generalized least squares）方法可以得到：

$$\begin{aligned}\hat{\beta}_{GLS} &= [\sum_{i=1}^{N} x_i' J_T' J_{\bar{T}} J_T x_i]^{-1}[\sum_{i=1}^{N} x_i' J_T' J_{\bar{T}} J_T y_i] \\ &= [\sum_{i=1}^{N} x_i' J_T x_i]^{-1}[\sum_{i=1}^{N} x_i' J_T y_i]\end{aligned} \quad (1-11)$$

其中$J_{\bar{T}}$是J_T的广义逆，即是满足条件$J_T' J_{\bar{T}} J_T = J_T$，广义最小二乘方法的详细介绍可以参见下面关于随机效应模型的介绍。因此（1-11）式得到的广义最小二乘（GLS）估计量等价于前面介绍的最小二乘虚拟变量估计量，即$\hat{\beta}_{GLS} = \hat{\beta}_{LSDV}$。使用时间均值算子消除固定效应，得到感兴趣参数的估计是线性面板数据模型参数估计问题中一个很重要的手法，在这一手法基础

上，Lee 和 Yu（2010）研究了空间面板数据模型参数估计问题。

（3）随机效应模型

当我们能够确信面板数据个体间的差异可以用参数来刻画时，固定效应模型也许是一个很合理的模型，（1-2）模型中的个体效应被认为是固定的常量，即参数。但是，当横截面个体是从一个很大的总体中抽样得来时，我们更倾向于认为个体效应是随机变量，这时随机效应模型可能更合理些。对于面板数据模型

$$y_{it} = \beta x_{it} + u_i + \varepsilon_{it} \qquad i=1,\dots,N;\ t=1,\dots,T \qquad (1\text{-}12)$$

当假定 u_i 是随机变量时，称（1-12）式为随机效应模型。对于随机效应模型除了要满足 $E(\varepsilon_{it}|x_{i1},\dots,x_{iT})=0$ 和 $\varepsilon_{it}\ iid(0,\sigma_\varepsilon^2)$，还要对随机项 u_i 进行进一步的假定：

$$\begin{aligned}
&E(u_i|x_{1i},\dots,x_{iT})=0\\
&E(u_i^2)=\sigma_u^2\\
&E(u_iu_j)=0, i\neq j\\
&E(\varepsilon_{it}u_j)=0, \text{对于所有的 } i、j \text{ 和 } t
\end{aligned} \qquad (1\text{-}13)$$

对于 T 个观测值，令

$$\begin{aligned}
&v_{it}=u_i+\varepsilon_{it}\\
&v_i=(v_{i1},\dots,v_{iT})'
\end{aligned} \qquad (1\text{-}14)$$

从而对于模型（2-12），

$$\begin{aligned}
&E(v_{it})^2=\sigma_\varepsilon^2+\sigma_u^2\\
&E(v_{it}v_{is})^2=\sigma_u^2, t\neq s
\end{aligned}$$

因此，对于第 i 个个体的 T 个观测值，令 $V=E(v_iv_i')$ 为 V_i 的协方差阵，则

$$V=\begin{pmatrix} \sigma_\varepsilon^2+\sigma_u^2 & \sigma_u^2 & \cdots & \sigma_u^2\\ \sigma_u^2 & \sigma_\varepsilon^2+\sigma_u^2 & \cdots & \sigma_u^2\\ \vdots & \vdots & & \vdots\\ \sigma_u^2 & \sigma_u^2 & \cdots & \sigma_\varepsilon^2+\sigma_u^2 \end{pmatrix}=\sigma_\varepsilon^2 I_T+\sigma_u^2 ee' \qquad (1\text{-}15)$$

其中 I_T 是 T 阶单位矩阵，e 是元素都是 1 的 T 维列向量。由于 V 的非对角线上的元素不是 0，因此不能用经典最小二乘估计方法，而只能采用广义最小二乘方法。随机效应面板数据模型（1-12）可以写成下面的向量形式：

$$y_i=\beta x_i+v_i \qquad i=1,\dots,N \qquad (1\text{-}16)$$

根据 Maddala（1971），我们有

$$V^{-1} = \frac{1}{\sigma_\varepsilon^2}[I_T + \frac{1}{T}(\frac{\sigma_\varepsilon^2}{\sigma_\varepsilon^2 + T\sigma_u^2} - 1)ee'] \quad (1-17)$$

为了使用广义最小二乘方法，经过计算我们可知

$$V^{-1/2} = \frac{1}{\sigma_\varepsilon}[I_T - \frac{\lambda}{T}ee'] \quad (1-18)$$

其中

$$\lambda = 1 - \frac{\sigma_\varepsilon}{\sqrt{\sigma_\varepsilon^2 + T\sigma_u^2}} \quad (1-19)$$

现在我们用 $V^{-1/2}$ 左乘（1-16）式，得到

$$V^{-1/2}y_i = \beta V^{-1/2}x_i + V^{-1/2}v_i \qquad i=1,\ldots,N \quad (1-20)$$

为了说明方便，（1-20）式也可以写为

$$y_{i*} = \beta x_{i*} + v_{i*} \qquad i=1,\ldots,N \quad (1-21)$$

因为 v_{i*} 的协方差矩阵为

$$\begin{aligned}E(v_{i*}v'_{i*}) &= V^{-1/2}E(v_iv'_i)(V^{-1/2})' \\ &= V^{-1/2}\,V(V^{-1/2})' \\ &= I_T\end{aligned} \quad (1-22)$$

其中（1-22）式的第三个等式是由于 $V^{-1} = V^{-1/2}(V^{-1/2})'$ 这个等式得到的，所以经典的回归模型估计方法可以应用到模型（1-21）中。从而针对模型（1-21）使用最小二乘方法去估计参数是有效的，即

$$\begin{aligned}\hat{\beta}_{GLS} &= [\sum_{i=1}^N x'_{i*}x_{i*}]^{-1}\sum_{i=1}^N x'_{i*}y_{*i} \\ &= [\sum_{i=1}^N x'_i(V^{-1/2})'V^{-1/2}x_i]^{-1}\sum_{i=1}^N x'_i(V^{-1/2})'V^{-1/2}y_i \\ &= [\sum_{i=1}^N x'_i V^{-1}x_i]^{-1}\sum_{i=1}^N x'_i V^{-1}y_i\end{aligned} \quad (1-23)$$

当误差扰动项的协方差矩阵的非对角线上的元素不全为 0 时，上面的方法被称为广义最小二乘（GLS）法，或者被称为 Aitken 估计量。V^{-1} 经过调整也可以写成如下形式

$$V^{-1} = \frac{1}{\sigma_\varepsilon^2}[J_T + \psi \cdot \frac{1}{T}ee'] \quad (1-24)$$

其中

$$\psi = \frac{\sigma_\varepsilon^2}{\sigma_\varepsilon^2 + \sigma_u^2} \quad (1-25)$$

将（1-24）式中的 V^{-1} 代入（1-23）式中，经过计算我们可以得到 $\hat{\beta}_{GLS}$ 的一个等价形式，具体可以参见 Hsiao（2003）的推导过程，等价形式是

$$\hat{\beta}_{GLS} = [\frac{1}{T}\sum_{i=1}^{N} x_i' J_T x_i + \psi\sum_{i=1}^{N}(\bar{x}_i - \bar{x})^2]^{-1} \times [\frac{1}{T}\sum_{i=1}^{N} x_i' J_T y_i + \psi\sum_{i=1}^{N}(\bar{x}_i - \bar{x})(\bar{y}_i - \bar{y})]$$
$$= \Delta\hat{\beta}_b + (1-\Delta)\hat{\beta}_{LSD} \quad (1-26)$$

其中

$$\Delta = \psi T[\sum_{i=1}^{N} x_i' J_T x_i + \psi\sum_{i=1}^{N} T(\bar{x}_i - \bar{x})^2]^{-1} \times \sum_{i=1}^{N}[(\bar{x} - \bar{x}_i)^2]$$

$$\hat{\beta}_b = [\sum_{i=1}^{N}(\bar{x}_i - \bar{x})^2]^{-1}[\sum_{i=1}^{N}(\bar{x}_i - \bar{x})(\bar{y}_i - \bar{y})]$$

$$\bar{x} = \frac{1}{NT}\sum_{i=1}^{N}\sum_{t=1}^{T} x_{it}$$

$$\bar{y} = \frac{1}{NT}\sum_{i=1}^{N}\sum_{t=1}^{T} y_{it}$$

$$(1-27)$$

估计量 $\hat{\beta}_b$ 被称为组间估计量。通过分析（1-26）式我们发现，$\hat{\beta}_{GLS}$ 是组内和组间估计量的加权平均。当 $\psi \to 1$ 时，$\hat{\beta}_{GLS} \to \hat{\beta}_{LS}$，这里的 $\hat{\beta}_{LS}$ 是对（1-12）式的合并最小二乘估计的结果；当 $\psi \to 0$ 时，$\hat{\beta}_{GLS} \to \hat{\beta}_{LSDV}$，这里的 $\hat{\beta}_{LSDV}$ 指（1-7）式。此外，可以证明

$$Var(\hat{\beta}_{GLS}) = \sigma_\varepsilon^2[\sum_{i=1}^{N} x_i' J_T x_i + \psi T\sum_{i=1}^{N}(\bar{x}_i - \bar{x})^2]^{-1}$$
$$< \sigma_\varepsilon^2[\sum_{i=1}^{N} x_i' J_T x_i]^{-1} = Var(\hat{\beta}_{LSDV}) \quad (1-28)$$

对于随机效应模型（1-12）来说，GLS 估计量比 LSDV 估计量有效并且是 BLUE。

以上求 GLS 时要求 ψ 是已知的，即方差 σ_ε^2 和 σ_u^2 是已知的。当 σ_u^2 和 σ_ε^2 是未知时，我们使用两步广义最小二乘方法，称为可行的广义最小二乘（Feasible-GLS，FGLS），其方法是首先将 σ_ε^2 和 σ_u^2 的一致估计量 $\hat{\sigma}_\varepsilon^2$ 和 $\hat{\sigma}_u^2$ 代入到（1-27）式中，然后再利用（1-25）式得到 β 的 GLS 估计，我们记为 $\hat{\beta}_{FGLS}$，

$$\hat{\beta}_{FGLS} = [\frac{1}{T}\sum_{i=1}^{N} x_i' J_T x_i + \hat{\psi}\sum_{i=1}^{N}(\bar{x}_i - \bar{x})^2]^{-1} \times [\frac{1}{T}\sum_{i=1}^{N} x_i' J_T y_i + \hat{\psi}\sum_{i=1}^{N}(\bar{x}_i - \bar{x})(\bar{y}_i - \bar{y})] \quad (1-29)$$

其中

$$\hat{\psi} = \frac{\hat{\sigma}_\varepsilon^2}{\hat{\sigma}_\varepsilon^2 + T\hat{\sigma}_u^2} \qquad (1-30)$$

我们知道有几个方法可以用来估计未知参数 σ_ε^2 和 σ_u^2，但是最常用的方法是 Swamy 和 Arora（1972）提出的，我们得到 σ_ε^2 和 σ_u^2 的一致估计量分别为

$$\hat{\sigma}_\varepsilon^2 = \frac{\sum_{i=1}^N \sum_{i=1}^T [(y_{it} - \bar{y}_i) - \hat{\beta}_{LSDV}(x_{it} - \bar{x}_i)]^2}{N(T-1)} \qquad (1-31)$$

$$\hat{\sigma}_u^2 = \frac{\sum_{i=1}^N (\bar{y}_i - \widetilde{\beta}\bar{x}_i)^2}{N-1} - \frac{\hat{\sigma}_\varepsilon^2}{T} \qquad (1-32)$$

这里的与 $\hat{\beta}_{LSDV}$（1-7）式形式一样，$\widetilde{\beta} = (\sum_{i}^{N} \bar{x}_i^2)^{-1}(\sum_{i}^{N} \bar{x}_i \bar{y}_i)$。虽然求方差估计的方法有很多种，但是 Maddala 和 Mount（1973）选择估计方差的方法不会显著地影响 FGLS 估计的性质。当 $N\to\infty$ 或者 $T\to\infty$ 时，$\hat{\beta}_{FGLS}$ 和方差已知的 $\hat{\beta}_{GLS}$ 有相同的渐进效果，有关 $\hat{\beta}_{FGLS}$ 的具体讨论可以参见 Greene（2008）。

当然，如果 u_i 和 ε_i 都服从正态分布，我们可以使用最大似然估计（MLE）去求 $(\beta, \sigma_\varepsilon^2, \sigma_u^2)$ 的估计。我们知道随机效应（1-12）式的对数似然函数为

$$\begin{aligned}
\ln(L) &= -\frac{NT}{2}\ln(2\pi) - \frac{N}{2}\ln|V| - \frac{1}{2}\sum_{i=1}^{N}(y_i - \beta x_i)'V^{-1}(y_i - \beta x_i) \\
&= -\frac{NT}{2}\ln(2\pi) - \frac{N(T-1)}{2}\ln(\sigma_\varepsilon^2) - \frac{N}{2}\ln(\sigma_\varepsilon^2 + T\sigma_u^2)^2 \\
&\quad - \frac{1}{2\sigma_\varepsilon^2}\sum_{i=1}^{N}(y_i - \beta x_i)'J_T(y_i - \beta x_i) \\
&\quad - \frac{1}{2(\sigma_\varepsilon^2 + T\sigma_u^2)}\sum_{i=1}^{N}(\bar{y}_i - \beta\bar{x}_i)^2
\end{aligned} \qquad (1-33)$$

其中第二个等式是利用（1-24）式中 V^{-1} 的表达式，另外还根据（1-15）式中的 V，我们可以计算得到 V 的行列式

$$|V| = \sigma_\varepsilon^{2(T-1)}(\sigma_\varepsilon^2 + T\sigma_u^2) \qquad (1-34)$$

下面我们关于对数似然函数（1-33）式分别对 β、σ_ε^2、σ_u^2 求偏导并令其为 0，得到 Score 方程：

$$\frac{\partial \ln(L)}{\partial \beta} = \frac{1}{\sigma_\varepsilon^2}[\sum_{i=1}^{N} x_i' J_T(y_i - \beta x_i) - \frac{T\sigma_\varepsilon^2}{\sigma_\varepsilon^2 + T\sigma_u^2} \sum_{i=1}^{N} (\overline{y}_i - \beta \overline{x}_i)\overline{x}_i] = 0 \quad (1-35)$$

$$\frac{\partial \ln(L)}{\partial \sigma_\varepsilon^2} = -\frac{N(T-1)}{2\sigma_\varepsilon^2} - \frac{N}{2(\sigma_\varepsilon^2 + T\sigma_u^2)} + \frac{1}{2\sigma_\varepsilon^4}\sum_{i=1}^{N}(y_i - \beta x_i)' J_T (y_i - \beta x_i)$$

$$+ \frac{1}{2(\sigma_\varepsilon^2 + T\sigma_u^2)^2}\sum_{i=1}^{N}(\overline{y}_i - \beta \overline{x}_i)^2 = 0 \quad (1-36)$$

$$\frac{\partial \ln(L)}{\partial \sigma_u^2} = \frac{NT}{2(\sigma_\varepsilon^2 + T\sigma_u^2)} + \frac{T^2}{2(\sigma_\varepsilon^2 + T\sigma_u^2)^2} \times \sum_{i=1}^{N}(\overline{y}_i - \beta \overline{x}_i)^2 = 0 \quad (1-37)$$

通过同时解除上面的得分方程（1-35）、（1-36）和（1-37），我们可以求得（β，σ_ε^2，σ_u^2）的最大似然估计。由于我们不能求得估计量的精确表达式，所以在数值计算过程中，我们使用的是 Newton-Raphson 迭代算法。当 T 固定而 $N\rightarrow\infty$ 时，（β，σ_ε^2，σ_u^2）的最大似然估计是相合的，另外当 $N\rightarrow\infty$ 和 $T\rightarrow\infty$ 时，这几个估计量也是相合的。但是，当 N 固定而 $T\rightarrow\infty$ 时，（β，σ_ε^2）的最大似然估计是相合的，而 σ_ε^2 的最大似然估计是不相合的。

3. 固定效应模型与随机效应模型的选择

前面介绍了两种面板数据模型的估计方法，在建模的时候是采取固定效应模型还是随机效应模型，主要取决于对截距的不同设定。例如把 α_i 作为待估参数，采用 LSDV 方法进行估计，这时无论 α_i 是随机变量还是固定常数都能得到参数的一致无偏估计量。而建立随机效应模型，若 α_i 为随机变量且与回归变量不相关，则可以得到参数的最佳线性一致无偏估计量；但是当 α_i 与回归变量相关时，得到的参数估计量不仅是有偏的而且是非一致的，因此正确判断模型中参数的性质非常重要。

为此，希望检验员假设 "H_o: u_i 与 x_{it}, z_i 不相关"（即随机效应模型为正确模型）。无论原假设成立与否，FE 都是一致的。然而，如果原假设成立，则 RE 比 FE 更有效。但如果原假设不成立，则 RE 不一致。因此，如果 H_o 成立，则 FE 与 RE 估计量将共同收敛于真实的参数值。反之 $(\hat{\beta}_{FE} - \hat{\beta}_{RE}) \xrightarrow{p} 0$，如果二者的差距过大，则更倾向于拒绝原假设。豪斯曼检验（Hausman，1978）的统计量为

$$(\hat{\beta}_{FE} - \hat{\beta}_{RE})'[Var(\hat{\beta}_{FE}) - Var(\hat{\beta}_{RE})]^{-1}(\hat{\beta}_{FE} - \hat{\beta}_{RE}) \xrightarrow{d} \chi^2(K) \quad (1-38)$$

其中，K 为 $\hat{\beta}_{FE}$ 的维度，即 x_{it} 中所包含的随时间而变的解释变量个数（因为 $\hat{\beta}_{FE}$ 无法估计不随时间而变的解释变量系数）。如果统计量大于临界

值，则拒绝 H_o。

上述检验的缺点是，它假设在 H_o 成立的情况下，$\hat{\beta}_{RE}$ 是最有效率的（fully efficient）。然而，如果扰动项存在异方差，则 $\hat{\beta}_{RE}$ 并非最有效率的估计量。因此，上面的检验不适用于异方差的情形。

解决方法之一为，通过自助法（bootstrasp），即计算机模拟再抽样（resampling）的方法来计算 $Var(\hat{\beta}_{FE} - \hat{\beta}_{RE})$。

解决方法之二为，进行一下辅助回归（Wooldridge，2002），

$$y_{it} - \hat{\theta}\bar{y}_i = (x_{it} - \hat{\theta}\bar{x}_i)'\beta + (1-\hat{\theta})z_i'\delta + (x_{it} - \bar{x})'\gamma$$
$$+ [(1-\hat{\theta})u_i + (\varepsilon_{it} - \hat{\theta}\bar{\varepsilon}_i)] \qquad (1-39)$$

然后，适用聚类稳健的标准差来检验原假设"$H_o: \gamma=0$"。这个检验方法在异方差的情况下也适用。故在上式中，$\gamma=0$。如果随机效应模型成立，则 OLS 是一致的，故 $p\lim_{n\to\infty}\hat{\gamma} = \gamma = 0$。反之，如果固定效应模型成立，扰动项 $[(1-\hat{\theta})u_i + (\varepsilon_{it} - \hat{\theta}\bar{\varepsilon}_i)]$ 与 $(x_{it} - \bar{x}_i)$ 相关（因为 u_i 与 x_{it} 相关），故 OLS 是不一致的，即 $p\lim_{n\to\infty}\hat{\gamma} = \gamma^* \neq \gamma = 0$。因此，拒绝"$H_o: \gamma=0$"，则意味着拒绝随机效应，接受固定效应。

4. 非平衡的面板数据

在面板数据中，如果每个时期在样本中的个体完全一样，则称为"平衡面板数据"（balanced panel）。然而，有时某些个体的数据可能确实（比如，个体死亡、企业倒闭或被兼并、个体不再参与调查），或者新的个体在后来才加入到调查中来。在这种情况下，每个时期观测到的个体不完全相同，称为"非平衡面板"（unbalanced panel）或"不完全面板"（incomplete panel）。

显然，非平衡面板数据并不影响计算离差形式的组内估计量（within estimator），因此，固定效应模型的估计可以照样进行。对于随机效应模型而言，非平衡面板数据也没有实质性影响，只要让 $\theta_i = 1 - \dfrac{\sigma_\varepsilon}{(\sigma_\varepsilon^2 + T_i\sigma_u^2)^{1/2}}$（$T_i$ 为第 i 个个体的时间维度），就可以照常进行 FGLS 估计。当然，非平衡面板数据使得估计量及其协方差阵的数学表达式更加复杂，但这些都可以由相关的数据处理软件在幕后进行。

非平衡面板可能出现的最大问题是，那些原来在样本中但后来丢掉的个体，如果其"丢掉"的原因是内生的（即与扰动项相关），则会导致样本不具代表性（不再是随机样本），从而导致估计量不一致。比如，低收入的

人群更容易被从面板数据中丢掉。此时，需要用"样本选择模型"（sample selection model）进行处理。

如果从非平衡面板数据中提取一个平衡的面板数据子集，然后进行数据处理，则必然会损失样本容量，降低估计效率。更进一步，如果被人为"丢掉"的个体并非完全随机，则同样会破坏样本的随机性。

二 空间计量经济学模型

空间计量经济学是处理截面和面板数据模型的空间交互作用和空间结构的计量经济学分支，其与地理统计学、空间统计学共同构成了地理学家的研究方法体系。传统的计量经济学是以高斯—马尔科夫假定为前提条件的，假定样本个体空间不相关。Tobler（1970）提出的地理学第一定律认为任何事物都与其他事物相关，并且相邻事物的相关性更强，从而打破了传统计量经济学样本空间不相关的假定，使得计量经济学家开始对传统计量模型进行修正。空间计量模型通过空间权重矩阵构建空间滞后算子并将之代入到计量模型中，从而对研究对象的空间相关性（或异质性）进行测度。

Anselin《空间计量经济学：方法和模型》一书中将空间计量模型定义为"在区域科学模型的统计分析中，用于研究与空间效应有关的方法集"。随着空间计量经济学在国际经济、需求分析、劳动经济、公共经济、地方财政等学科的应用，空间计量经济学定义中的区域科学前提不再适用。Anselin 在 2006 年重新定义了计量方法论框架下的空间计量经济学，其研究范围也由截面空间范围拓展到空间—时间范围。空间计量经济学的研究主题被定义为"研究截面和空间—时间个体上的空间关系的计量经济学方法。与位置、距离、分布（拓扑）有关的变量被用于模型设定、估计、设定检验以及预测"。基于如上的定义可知，空间计量方法论的理论研究包含四个主要的维度：模型设定、估计、设定检验以及空间预测。

经历了 30 年的发展，空间计量经济学已经由计量经济学的边缘领域成长为主流研究领域，这主要得益于以下两点：首先，理论经济学的研究重点开始由个体行为人的独立决策向行为人与系统内其他异质行为人的交流互动转移，而这些新的理论框架描述、研究了个体间以社会规范、相邻效应、模仿以及同龄人效应等为表现形式的"直接"互动，并为个体间行为互动实证模型（如集聚效应、溢出效应等）的建立提供了理论基础。其次，空间信息系统（Geography Information System，GIS）技术的广泛应用以及相应的地理编码社会经济数据集的普及和使用，要求研究人员能够研发出一种处理地理数据显著特征（主要是空间相关性）的专门技术。GIS 系统作为获取、存储、分析和管理地理空间数据的重要工具，为空间分析技术的软件实现提供了巨大的空间。

本节主要讨论横截面数据空间计量模型的构建、分类、估计及设定等问题，将在下节讨论面板数据的空间计量经济学模型。

1. 空间模型的构建

空间相关模型是指个体不仅受一些自身因素的影响，而且受其他个体的影响。模型可以表述为

$$y_i = f(y_j) + X_i\beta_i + \varepsilon_i, i \neq j \tag{1-40}$$

其中 $f(*)$ 为线性函数。将（1-40）式具体为（1-41）式

$$y_i = \sum_{j \neq i} a_{i,j} y_j + X_i\beta + \varepsilon_i, \varepsilon_i \sim N(0,\sigma^2) \tag{1-41}$$

（1-41）式能直观地表述出个体间的空间影响，但未知参数个数明显多于样本个体数 n，该模型不可识别，因此没有实际意义。如何将个体间的空间影响有效地引入模型中是空间相依模型需要解决的核心问题。为此，Ord（1975）提出个体间的空间相关关系可由（1-42）式来描述：

$$y_i = \rho \sum_{j=1}^{n} w_{ij} y_j + \varepsilon_i, \varepsilon_i \sim N(0,\sigma^2) \quad i=1,\dots,n \tag{1-42}$$

其中，被解释变量 y 接受了中心化处理，式中不再含有常数项。为空间滞后算子，是样本 i 的相邻个体的线性组合。w_{ij} 来自于一个 $n \times n$ 空间权重矩阵 W，W 需事先给定。ρ 为待估空间自相关系数，其显著不为零意味着个体的空间效应存在。将上式表述为矩阵形式：

$$y = \rho W y + \varepsilon, \varepsilon \sim N(0,\sigma^2 I_n) \tag{1-43}$$

2. 空间权重矩阵的构造

空间权重矩阵的构造是空间计量经济学中的一个重要课题。除非是基于一个规范的理论模型，空间权重矩阵的构建往往过于主观。回顾以往的实证性文献，空间权重矩阵有如下几种常见形式：

（1）二元空间权重矩阵

二元空间权重矩阵是根据空间个体是否存在公共边界来构建的，存在公共边界说明个体间存在空间影响，不存在公共边界则说明个体间不存在空间影响。矩阵构建过程如下：

首先，定义矩阵 A，其元素形式如下：

$$a_{ij} = \begin{cases} 1 & i \cap j \neq 0 \\ 0 & i \cap j = 0 \end{cases}$$

$i \cap j = 0$ 是指 i、j 两地间无公共边界，$i \cap j \neq 0$ 表示两地具有公共边界。矩阵 A 中对角元素取值相等，故 A 为对称矩阵。

其次，将矩阵 A 进行行归一化处理，即 $w_{ij} = a_{ij} / \sum_{j=1}^{n} a_{ij}$。$W = (w_{ij})$ 即为二元空间权重矩阵。需要注意的是，此处的 W 矩阵不再对称。

二元空间权重矩阵构造简单且便于计算，能体现空间个体间的直接空间相关性，在实证文献中应用次数最多，但是体现的空间关系过于简单，往往不能反映真实的空间关系。

（2）基于距离的空间权重矩阵

该类矩阵重点体现了距离对于个体空间相关性的影响。这类矩阵有两种常见的类型，分别为阈值空间权重矩阵和最近 K 点空间权重矩阵。阈值空间权重矩阵是指当个体距离喜爱有某一给定距离时，即存在个体间的空间效应，否则不存在个体间的空间效应。基本构造过程如下：

首先，定义矩阵 A，元素形式如下

$$a_{ij} = \begin{cases} 1/d_{ij}^{\alpha} & d_{ij} \leq d \\ 0 & d_{ij} > d \end{cases}$$

d_{ij} 表示个体间的距离，α 通常取值为 1 或 2，d 为预先设定的距离阈值。A 矩阵为对称矩阵，将矩阵 A 进行归一化处理，即得空间权重矩阵 W。

最近 K 点空间权重矩阵是指 K 个距离最近的空间个体对特定个体存在空间影响，其余的对特定个体无空间影响。其构造方式如下：

构建 n 阶方阵 A，其元素形式如下：

$$a_{ij} = \begin{cases} 1/d_{ij}^{\alpha} & j \text{ 为距离 } i \text{ 最近的 } K \text{ 个空间个体之一} \\ 0 & \text{其他情形} \end{cases}$$

K 由研究者主观选取，一般取 5、6 或 7。A 可能为非对称矩阵。对矩阵 A 进行归一化处理后即为空间权重矩阵 W。

基于距离的空间权重矩阵应用比较广泛，但是不具有普遍适用性。

（3）经济空间权重矩阵。

该类矩阵同时考虑了地区间经济上的相似性与地理上的空间相关性。构造过程如下：

构建 n 阶方阵 A，其元素形式如下：

$$a_{ij} = 1 \Big/ d_{ij}^{\alpha} \left| \overline{Y}_i - \overline{Y}_j \right|$$

d_{ij} 表示 i、j 两地的直线距离，$\overline{Y}_i = \sum_{i=1}^{T} y_n / T$，$y_{ij}$ 表示 i 地在 t 时刻的经济指标，$\overline{Y}_i$ 则表示 i 地的平均经济发展水平，用来测度两个地区间经济的相似程度，α 一般取值 1 或 2。

A 矩阵为对称矩阵。将 A 进行归一化处理后即得经济空间权重矩阵 W。

除上述三种常见的空间权重矩阵外，张嘉为等（2009）提出了一种新的空间权重矩阵——基于区域变量协动程度的协动空间权重矩阵，该权重矩阵在测度我国 31 个省市区 1997—2006 年对外贸易的空间关系中表现出良好的性质。

空间权重矩阵的构建带有研究者的主观因素，目前尚未有统一的标准来规范空间权重矩阵的构建，空间权重矩阵标准化构建是空间计量发展的方向之一（Anselin，2009）。

3. 空间计量模型的分类

形如 $y = \rho W y + \varepsilon$ 的模型被称为一阶空间自回归模型（The First-Order Spatial AR Model，FAR）。该模型很少用于实证模型，但对其他空间模型的提出具有理论指导意义。

FAR 模型只是考虑了相邻地区的影响，当在模型中引入一系列用于传统计量模型的解释变量 X 时，形式如下

$$y = \rho W y + \beta X + \varepsilon, \varepsilon \sim N(0, \sigma^2 I_n)$$

称为空间自回归模型（The Spatial Auto Regressive Model，SAR）。

其数据生成过程（Data Generating Process，DGP）如下：

$$y = (1 - \rho W)^{-1} \beta X + (1 - \rho W)^{-1} \varepsilon$$

不论是 FAR 模型还是 SAR 模型，个体间的空间相关性均反映在因变量上，当个体间的空间效应体现在模型的扰动项时，我们使用如下模型：

$$y = X\beta + u, u = \lambda W u + \varepsilon, \varepsilon \sim N(0, \sigma^2 I)$$

称具有如上形式的模型为空间误差模型（Spatial Error Model，SEM）。SEM 模型的数据生成过程如下：

$$y = X\beta + (1 - \lambda W)^{-1} \varepsilon$$

当一个模型中既包含因变量的空间滞后项又包含扰动项的空间相关时，即有如下的模型形式：

$$y = \rho W_1 y + X\beta + u$$
$$u = \lambda W_2 u + \varepsilon$$
$$\varepsilon \sim N(0, \sigma^2 I)$$

数据生成过程如下:
$$y = (1 - \rho W_1)^{-1}(X\beta + (I - \lambda W_2)^{-1}\varepsilon)$$

我们称具有如上形式的模型为一般形式的空间模型(General Spatial Model),其中空间权重矩阵 W_1 与 W_2 可以相同也可以不同。当 $X=0$ 且 $W_2=0$ 时,模型简化为 FAR 模型;$W_2=0$ 时,模型简化为 SAR 模型;而当时 $W_1=0$,模型简化为 SEM 模型。

当模型的空间相关性不仅体现在因变量上而且体现在解释变量上时,我们可以将 SAR 模型拓展到如下的形式:
$$y = \rho Wy + X\beta + WX\gamma + \varepsilon, \varepsilon \sim N(0, \sigma^2 I)$$

DGP 为:
$$y = (I - \rho W_1)^{-1}(X\beta + WX\gamma + \varepsilon)$$

形如上式的模型被称为空间杜宾模型(Spatial Durbin Model, SDM)。

4. 空间计量模型的估计

当空间自相关效应存在,解释变量 Wy 与残差序列 ε 之间相关,普通最小二乘估计结果有偏。此时,空间计量模型使用极大似然估计方法来克服模型的内生性问题。下面我们通过 FAR 模型简单介绍一下极大似然估计过程。

FAR 模型的极大似然函数形式如下:
$$L(y|\rho, \sigma^2) = \frac{1}{2\pi\sigma^{2(n/2)}}|I_n - \rho W|\exp\left\{-\frac{1}{2\sigma^2}(y - \rho Wy)^T(y - \rho Wy)\right\}$$

似然函数对数化,将 $\hat{\sigma}^2 = (y - \rho Wy)^T(y - \rho Wy)/n$ 代替 σ^2 后,对数似然函数形式变为:
$$Ln(L) = \frac{n}{2}\ln(n) - \frac{n}{2} - \ln(2\pi) - \frac{n}{2}\ln[(y - \rho Wy)^T(y - \rho Wy)] + \ln|I - \rho W|$$

由于 $Ln(L)$ 只与变量 ρ 有关,将上式再次简化
$$Ln(L) \propto -\frac{n}{2}\ln[(y - \rho Wy)^T(y - \rho Wy)] + \ln|I - \rho W|$$

利用单纯型最优化算法求到 $Ln(L)$ 关于 ρ 的极大值。满足对数似然值取极大值的 $\overline{\rho}$ 为 ρ 的无偏一致估计量,而 σ^2 的估计值为

$$\hat{\sigma}^2 = (1/n)(y - \tilde{\rho}Wy)^T(y - \tilde{\rho}Wy)$$

ρ 的可行区间为 $1/\lambda_{\min} < \rho < 1/\lambda_{\max}$，其中 $\lambda_{\min}$ 为行归一化空间相邻矩阵 W 的最小特征值，$\lambda_{\max}$ 为该矩阵的最大特征值。

与之类似，SAR 模型的极大似然估计过程如下：

①对模型 $y = X\beta_0 + \varepsilon_0$ 进行 OLS 估计；

②对模型 $Wy = X\beta_L + \varepsilon_L$ 进行 OLS 估计；

③计算残差 $\varepsilon_0 = y - X\hat{\beta}_0$ 和 $\varepsilon_L = Wy - X\hat{\beta}_L$；

④在 ε_0、ε_L 给定的情形下，找到使对数似然函数取最大的 $\tilde{\rho}$
$$Ln(L) = C - (n/2)\ln(1/n)(\varepsilon_0 - \rho\varepsilon_L) + \ln|I_n - \rho W|$$

⑤给定 $\tilde{\rho}$，计算 $\hat{\beta} = \hat{\beta}_0 - \tilde{\rho}\hat{\beta}_L$ 和 $\hat{\sigma}_\varepsilon^2 = (1/n)(\varepsilon_0 - \tilde{\rho}\varepsilon_L)^T(\varepsilon_0 - \tilde{\rho}\varepsilon_L)$。

（Anselin，1988）

5. 空间计量模型的设定

空间计量模型设定检验涉及三个方面，分别为空间模型与非空间模型，基于不同的空间权重矩阵的空间计量模型的检验，和基于不同解释变量集合的空间计量模型。基于不同空间权重矩阵的模型设定检验准则至今尚未统一规范，通常的做法是通过比较基于不同空间矩阵的计量模型结果是否一致来检验模型是否稳健，而解释变量的选择检验，与传统计量模型的模型设定检验类似，可以通过构造相应的检验统计量（如 Wald 检验、似然比检验、拉格朗日乘子检验等）进行，也可以根据模型参数的 t 统计量是否显著来判断解释变量是否应该加入到模型中。这一部分重点探讨空间模型与非空间模型的比较检验。

空间计量模型是在传统计量模型不再满足模型扰动项独立的前提下提出的。为检验是否需要引入空间模型，研究者判断 OLS 回归的残差项是否与空间相关，残差序列空间相关时，应优先考虑模型为 SEM 模型。最常见的检验残差序列是否存在空间相关的检验被称为 Moran's I 统计量，形式如下：
$$I = (y - X\beta)^T W(y - X\beta)/(y - X\beta)^T(y - X\beta)$$

其中 W 为行归一化后的空间权重矩阵，$y - X\beta$ 为普通最小二乘回归的残差向量。基于 OLS 回归残差序列的 Moran's I 统计量渐进服从正态分布。类似的检验统计量还有 Wald 检验、LR 检验和 LM 检验等。

Moran's I 统计量可用于测度 OLS 回归的残差序列是否空间相关，Anselin（1988）给出了检验模型因变量的空间相关效应的检验统计量，即比对 OLS 模型和 SAR 模型。Anselin（1996）指出，在大样本性质下某些检验统计量才能有效检验模型的空间相关性，因此在使用之前，应该考虑在小样本情形下该检验统计量是否有效。

对于空间模型的选择，常规做法是通过 AIC、SBC 等模型设定准则来确定最优模型；对于嵌套模型，如 SAC 模型和 SAR、SEM 模型，则可以构造 LM 统计量来选择最优模型。

6. 软件实现

最早使用的处理空间计量模型的程序包是嵌套于 Matlab 软件的，由 LeSage、Pace 和 Elhorst 等人开发，该程序包解决了空间回归、贝叶斯空间计量以及空间面板回归等问题。Roger Bivand 及其合作者开发了开源计量软件包 spdep，该软件包能够实现空间自相关分析以及估计一系列空间计量模型，其他能够处理空间计量数据问题的程序包也陆续被 R 社区开发出来，例如最新发布的 splm 程序包能够解决空间面板数据模型的响应问题。

三　面板数据空间计量经济学模型

面板数据虽然克服了横截面数据和时间序列数据的很多缺陷，但也并非完美，其忽略了个体在空间商的相关性。面板数据空间计量模型则通过引入因变量或残差项的空间滞后刻画了个体间的空间效应，从一定程度上缓解了面板数据模型对现实情况描述不全面的缺陷。面板数据模型主要分为两类：未考虑空间个体异质性的混合回归模型、考虑空间个体异质性的变截距常系数模型和变系数模型。变截距常系数模型包含应用最为广泛的固定效应模型和随机效应模型，而变系数模型包含确定性变系数模型和随机变系数模型。面板数据空间计量模型则通过将空间效应（因变量的空间滞后项或残差序列的空间自相关）代入到各类面板数据模型中构成了与之对应的面板数据空间计量模型，在这一节主要介绍空间混同回归模型、空间固定效应模型以及随机效应模型[①]。

1. 空间混同回归模型

同截面数据模型一样，面板数据空间计量模型也包含空间相关和空间异质两类。空间相关是指个体间的空间相关关系非零，而这种相关关系是

---

① Elohorst（2003）指出，空间面板误差模型在区域经济学研究中使用更加广泛，而空间面板滞后模型则更多地被应用于空间单位根、空间协整以及空间非平稳数据的"伪回归"等理论问题的研究中。

基于位置或距离等空间结构存在的，并能通过空间权重矩阵来表示。空间相关模型主要包含两类：一类模型的空间相关关系存在于因变量的空间滞后中，被称为空间滞后模型；另一类的空间关系存在于扰动项中，为空间误差模型。

空间异质性则是主流面板计量经济学文献探讨的可观测或不可观测的个体异质性。当放松回归模型中的常截距项的假定，即可得到能够体现个体异质性的变截距常系数模型；而当放松回归中常回归系数的假定时，即可使用反映个体异质性的变系数模型。标准面板数据模型已经讨论了空间异质性大部分计量性质，计量学家将主要精力放在了面板数据空间相关性的研究上。

为将横截面模型下的空间权重矩阵拓展到面板数据中，需假定权重矩阵并不随时间变化，即个体间的空间关系并没有随时间发生变化。当表示截面数据的空间权重矩阵时，面板数据权重矩阵形式如下：

$$W_{NT} = \begin{pmatrix} W_N & & 0 \\ & \ddots & \\ 0 & & W_N \end{pmatrix}_{NT \cdot NT} = I_T \otimes W_N$$

其中 I_T 为 T 维单位矩阵，$\otimes$ 为克罗内克乘积。

空间滞后算子是用来将相邻个体的空间影响以一个新解释变量的形式引入到计量模型中。滞后算子构造的新变量是相邻个体的加权平均，权重为矩阵 W 中的对应元素。个体间的空间影响可能表现在因变量、自变量或残差序列上，空间变量则相应地由滞后算子应用到因变量、自变量或残差序列上构造而成。

空间滞后因变量：$Wy = W_{NT} y = (I_T \otimes W_N) y$

空间滞后自变量：$WX = W_{NT} X = (I_T \otimes W_N) X$

空间滞后扰动项：$W\varepsilon = W_{NT}\varepsilon = (I_T \otimes W_N)\varepsilon$

空间滞后模型是指模型中加入了因变量的空间滞后项。其矩阵形式如下：

$$Y = \rho(I_T \otimes W_N)Y + X\beta + \varepsilon$$

其中 $Y = \begin{pmatrix} y_1 \\ y_2 \\ \vdots \\ y_T \end{pmatrix}_{NT \times 1}$ $X = \begin{pmatrix} x_1 \\ x_2 \\ \vdots \\ x_T \end{pmatrix}_{NT \times 1}$ $\varepsilon = \begin{pmatrix} \varepsilon_1 \\ \varepsilon_2 \\ \vdots \\ \varepsilon_T \end{pmatrix}_{NT \times 1}$，$\rho$ 为空间自回归参数。

上边模型简化为：
$$Y = [I_T \otimes (I_T - \rho W_N)^{-1}]X\beta + [I_T \otimes (I_T - \rho W_N)^{-1}]\varepsilon$$

由于 $|\rho| < 1$，可以将逆矩阵展开，形式如下：
$$Y = [I_T \otimes (I_T + \rho W_N + \rho^2 W_N^2 + \cdots)]$$
$$X\beta + [I_T \otimes (I_T + \rho W_N + \rho^2 W_N^2 + \cdots)]\varepsilon$$

将上式在时点 t 展开，得到：
$$Y_t = X_t\beta + \rho W_N X_t\beta + \rho^2 W_N^2 X_t\beta + \cdots + \varepsilon_t + \rho W_N \varepsilon_t + \rho^2 W_N^2 \varepsilon_t + \cdots$$

由上式可知，截面个体 y_N 的空间分布不仅由该空间个体的解释变量和相应的回归系数（$X_t\beta$）决定，而且受到相邻个体的影响，这种影响随着距离增加逐步衰减（由 ρ 和 W_N 级数增加体现出来）。此外，残差项中的未观测因素不仅与本身因素相关，而且与相邻个体相关（$W_N\varepsilon_t$），这种影响同样随距离增加逐步衰减。

简化式空间滞后残差（$W_N\varepsilon_t$）的存在说明在每个截面中因变量的空间滞后项都与扰动项相关。为克服这种相关性，必须采用极大似然估计方法、工具变量法或广义矩估计方法来进行模型估计。

空间误差模型的前提假定比较简单，当模型残差序列存在一个非球形的协方差矩阵（元素 $E(\varepsilon_{it}\varepsilon_{jt})$（$i \neq j$）非零），即可考虑使用空间误差模型。Anselin（2008）给出了四种构建具有不同结构的协方差矩阵的误差模型，分别为直接表述（direct representation）、空间误差过程（spatial error process）、空间误差成分（spatial error components）和公共因子模型（common factor model）。实证过程中，空间误差过程应用最为普遍，在这一部分我们只介绍空间误差过程。

空间误差过程中最常用的两个模型是自回归模型和移动平均模型。

残差序列空间自回归模型形式：$\varepsilon_t = \theta W_N \varepsilon_t + u_t$。

其中 W_N 为 N 阶空间权重矩阵，θ 为空间自回归参数，u_t 服从独立同分布，方差为 σ_u^2。

将上式简化为：
$$\varepsilon_t = (I_N - \theta W_N)^{-1} u_t$$

因此，t 时点误差项的协方差矩阵为：
$$\Omega_{t,N} = E(\varepsilon_t\varepsilon_t') = \sigma_u^2 (I_N - \theta W_N)^{-1}(I_N - \theta W_N')^{-1}$$

令 $B_N = I_N - \theta W_N$，$\Omega_{t,N}$ 可进一步简化为：
$$\Omega_{t,N} = \sigma_u^2 (B_N' B_N)^{-1}$$

如前所述，截面协方差矩阵不随时间变化，面板数据的 NT 阶协方差矩阵为：

$$\Sigma_{NT} = \sigma_u^2[I_T \otimes (B_N'B_N)^{-1}]$$

误差空间移动平均模型的形式为：

$$\varepsilon_t = \gamma W_N u_t + u_t$$

其中 γ 为移动平均参数，其余均与上同。

相比于空间自回归模型，误差空间移动平均的方差协方差矩阵并不包含一个矩阵逆的形式。

$$\Omega_{t,N} = E(\varepsilon_t \varepsilon_t') = \sigma_u^2[I_N + \gamma(W_N + W_N') + \gamma^2 W_N W_N']$$

整个面板数据模型的协方差矩阵为：

$$\Sigma_{NT} = \sigma_u^2(I_T \otimes [I_T + \gamma(W_N + W_N') + \gamma^2(W_N W_N')])$$

2. 空间面板固定效应模型

加入空间残差自相关的固定效应模型有如下的形式：

$$Y_t = X_t\beta + \mu + \phi_t, \phi_t = \delta W\phi_t + \varepsilon_t, E(\varepsilon_t) = 0, E(\varepsilon_t + \varepsilon_t^T) = \sigma^2 I_N$$

而加入空间滞后因变量的固定效应模型有如下的形式：

$$Y_t = \delta W Y_t + X_t\beta + \mu + \varepsilon_t, E(\varepsilon_t) = 0, E(\varepsilon_t + \varepsilon_t^T) = \sigma^2 I_N$$

其中 Y_t 为 N 维列向量，X_t 为 $N \times K$ 阶矩阵，β 为 K 维系数向量，μ 为 N 维截距向量，ε_t 为 N 维列向量。

相比于传统面板数据的固定效应模型，空间误差模型的残差性质发生了改变；而空间滞后模型解释变量的数目增加了一个。在误差模型中，系数被称为空间自相关系数；而在空间滞后模型中，δ 被称为空间自回归系数。

固定效应模型的标准估计方法如下：首先通过将变量 Y 和 X 中心化（减去均值）处理，从回归方程中除去总体截距项 β_1 和 μ_i，然后通过 OLS 估计中心化后的方程，最后根据公式计算截距项 β_1 和 μ_i（白仲林，2008）。需注意的是 β_1 和 μ_i 是被放在一起估计出来的而非分开估计，即 $\beta_1+\mu_i$ 为个体 i 的截距项。除了使用 OLS 估计方法，也可以使用极大似然估计方法。

为克服解释变量与残差序列间的相关性，面板数据空间计量模型的估计仍不能使用 OLS 方法，其最常用的方法为极大似然估计法。空间误差形式中心化方程的对数似然函数为：

$$\ln L = -\frac{NT}{2}\ln(2\pi\sigma^2) + T\sum_{i=1}^{N}\ln(1-\delta\omega_i) - \frac{1}{2\sigma^2}\sum_{t=1}^{T}e_t'e_t$$

其中 $e_t = (I - \delta W)[Y_t - \bar{Y} - (X_t - \bar{X})\beta]$。

而空间滞后因变量的对数似然函数为

$$\ln L = -\frac{NT}{2}\ln(2\pi\sigma^2) + T\sum_{i=1}^{N}\ln(1-\delta\omega_i) - \frac{1}{2\sigma^2}\sum_{t=1}^{T}e_t'e_t$$

其中 $e_t = (I - \delta W)(Y_t - \bar{Y}) - (X_t - \bar{X})\beta$，$\bar{Y} = (\bar{Y}_1, \bar{Y}_2, \ldots, \bar{Y}_N)'$，$\bar{X} = (\bar{X}_1, \bar{X}_2, \ldots, \bar{X}_n)$，$\omega_i$ 为空间权重矩阵 W 的特征值。Anselin（1988）给出了一个两阶段迭代程序来最大化误差空间自相关固定效应模型的对数似然函数，同时他还给出了一个简单的两阶段程序来解决空间滞后因变量固定效应模型的对数极大化问题。

当固定效应也包含时点固定效应时，可以采用两种不同的处理方式。首先，当样本时间较短时，可以加入一些代表时点效应的虚拟变量。为避免虚拟变量陷阱，须添加一个约束条件或者去除一个时间虚拟变量。此外，还可以通过对变量 Y 和 X 双中心化处理（同时去除个体、时点效应）将回归方程中的公共截距项 β_1、个体截距项 μ_i 和时点截距项 λ_t 去除。

对于模型设定的检验，Baltagi（2001）给出了类似于面板数据模型中比较固定效应与混同模型的 F 检验，来判断面板数据空间计量模型个体异质性特征是否显著存在，即个体截距项是否显著不同，通过拉格朗日乘子检验可以判断模型中是否存在空间效应，但是前提是先将空间模型估计出来。

3. 空间面板随机效应模型

当个体 N 很大时，固定效应模型就会出现自由度损失的问题。为避免自由度损失，可以使用随机效应模型。随机效应模型中，μ_i 作为一个随机变量，且当 $i=j$ 时 $E(\mu_i\mu_j') = \sigma_\mu^2$，否则 $E(\mu_i\mu_j') = 0$。与固定效应模型一样，随机效应模型也可以加入空间误差自相关或空间滞后因变量，从而构成了空间面板随机效应模型。

空间误差随机效应模型矩阵形式如下：

$$Y = X\beta + v, v = (\tau_T \otimes I_N)\mu + (I_T \otimes B^{-1})\varepsilon$$

其中 $\tau_T = (1, \ldots, 1)'_T$，$B = I_N - \delta W$，$\otimes$ 为克罗内克乘积，并有 $\text{cov}(\mu, \varepsilon) = 0$。$v$ 为随机变量，其协方差矩阵形式如下：

$$\Omega = E(vv') = \sigma_u^2(\tau_T\tau_T' \otimes I_T) + \sigma^2[I_T \otimes (B'B)^{-1}]$$

其对数似然函数经过一系列的转化可简化为

$$\log L = -\frac{NT}{2}\log(2\pi\sigma^2) - \frac{1}{2}\sum_{i=1}^{N}\log[1 + T\theta^2(1-\delta\omega_i)^2] + T\sum_{i=1}^{N}\log(1-\delta\omega_i)$$

$$-\frac{1}{2\sigma^2}\sum_{t=1}^{T}e_t'e_t$$

其中$\theta^2 = \sigma_u^2/\sigma^2$。

参数β和σ^2可以通过一阶极大化条件求得，将$\hat{\beta}$和$\hat{\sigma}^2$代入到对数似然函数即可得到关于δ和θ^2的对数似然函数。对β和σ^2以及δ和θ^2的逐步迭代至收敛，即可得到未知参数的文件估计。δ和θ^2给定下的β估计量是一个广义最小二乘估计量（GLS），可通过转换后的因变量Y和转换后的自变量X的OLS估计获得；而δ和θ^2给定下的方差σ^2可通过转换后的OLS估计残差序列获得。β和σ^2给定下的δ和θ^2估计量则需要通过数值算法求得，这是由于一阶方程没有解析解。

空间滞后因变量随机效应模型矩阵形式如下：
$$Y = \delta(I_T \otimes W_N)Y + X\beta + v$$

其中$v = (\tau_T \otimes I_N)\mu + (I_T \otimes I_N)\varepsilon$。随机变量$v$的协方差矩阵为：
$$\Omega = E(vv') = \sigma_u^2(\tau_T\tau_T' \otimes I_T) + \sigma^2(I_T \otimes I_N)$$

其对数似然函数可简化为：
$$\log L = -\frac{NT}{2}\log(2\pi\sigma^2) - \frac{1}{2}\sum_{i=1}^{N}\log\theta^2 + T\sum_{i=1}^{N}\log(1-\delta\omega_i) - \frac{1}{2\sigma^2}\sum_{t=1}^{T}e_t'e_t$$

此时$\theta^2 = \sigma^2/T\sigma_\mu^2 + \sigma^2$，$\theta^2$测度了空间个体间变化在总体方差中的权重。

空间滞后因变量随机效应模型的估计过程与误差空间自相关的情形类似。第一步，参数β和σ^2通过一阶极大化条件求得；第二步，将$\hat{\beta}$和$\hat{\sigma}^2$代入到对数似然函数，得到关于δ和θ^2的对数似然函数，从而计算出δ和θ^2的数值解；第三步，重复迭代至收敛。δ和θ^2给定下的参数β估计量为GLS估计量，可通过转换后的因变量Y和转换后自变量X的OLS估计获得；而δ和θ^2给定下的方差σ^2可通过转换后的残差序列获得。相反地，β和σ^2给定下的δ和θ^2估计量则需要通过数值算法求得。

为检验空间面板数据是否具有随机效应，Baltagi（2001）给出了几种常见的检验统计量。为检验是否具有空间效应，需要首先估计出无空间效应的随机效应模型，然后使用LM检验来检验约束模型（无空间效应）与无约束模型（存在空间效应）是否具有显著性差异。另外，与传统面板数据模型类似，修正后的Hausman设定检验用来判别面板数据空间计量模型是选择固定效应还是随机效应。

第五节 本章小结

本章首先简要回顾经济增长理论、新贸易理论、新经济地理理论三个重要的理论来源，并概括了三个理论来源中有关交通基础设施的部分。接下来阐述分析了基础设施，尤其是交通基础设施的概念与特性，并以交通基础设施的网络性与外部性特征为研究前提，论述了交通基础设施的网络效应与溢出效应。交通基础设施形成的网络系统可以促进生产要素在各区域的转移，使得各区域之间连接成一个整体，是各区域间经济活动和相互作用、联系的纽带。此外，随着交通基础设施网络的不断发展，生产要素通过交通网络产生聚集与扩散效应，使得交通基础设施会对不同区域的经济产生正向或负向的空间溢出效应。并且进一步分析可知，一方面，交通基础设施的网络效应将不同区域的经济活动连为一体，降低了出行与运输成本，通过提高整个区域技术效率促进经济发展；另一方面，交通基础设施会提高其所在区域的可达性，提升该区域的区位优势，加快周边区域生产要素向该区域转移，尤其是对于经济发达地区而言，交通基础设施发展提升了本地区的竞争优势，对发达地区的经济增长产生正向的空间溢出效应，但对落后地区的经济增长却产生负向的空间溢出效应。由于交通基础设施空间溢出效应的存在，如果在实证分析交通基础设施溢出效应时，对空间效应的相关作用视而不见，则会使模型的设定不恰当，得出的结论与现实情况不符。因此，本章最后的实证方法引入了空间计量经济学的相关分析方法，以便于在后面的章节中用于识别与检验交通基础设施的空间溢出效应。

第二章

交通基础设施与国际贸易

在使用贸易引力模型对交通基础设施的网络效应进行实证检验之前，本书先对当今国际商品贸易的发展状况和地理格局、国际贸易中的各种主要运输方式以及世界部分主要贸易国家和地区的交通基础设施水平进行一定的统计分析，以便于更好地阐述、理解第4章交通基础设施网络效应检验的实证结果。

第一节 国际商品贸易概况

一 国际商品贸易发展状况[①]

本节主要使用近年来国际商品贸易的数据，来简略地说明当今国际商品贸易发展状况。下面我们从国际商品贸易增长概况、地区发展情况及世界主要经济体的商品贸易排名这三个方面，来具体说明当今世界商品贸易的发展状况。

1. 国际商品贸易增长概况及特征

从名义贸易额方面来看，根据最新的数据显示，2011年，世界商品出口额从2010年的15.24万亿美元增至18.22万亿美元，名义增长率为19.5%，这不仅与2010年22%的名义增长率差距不大，而且高于2005—2011年的年均10%的增长率。世界商品贸易名义增长率仍然保持着较高的水平，究其主要原因在于以美元现价计算世界商品贸易总额，因此会受到商品价格因素和汇率的影响。由于2011年全球初级产品价格尤其是能源

---

① 注：如未作特殊说明，本节数据均来自世界贸易组织（WTO）秘书处2012年4月12日公布的世界贸易报告。

价格上涨幅度较大，同时美元对主要货币的汇率总体上有不小幅度的贬值，因此这在很大程度上放大了世界贸易的名义增长率。例如石油价格的大幅度上涨，使中东地区成为 2011 年出口额增长最高的地区，增长幅度达到 37%；同时也使像沙特、俄罗斯这样的石油和天然气等能源出口大国出口增幅十分突出，特别是沙特的出口额增长率高达 45%，是所有经济体中出口额增长最快的，俄罗斯的出口额增长率也高达 30%。

从实际贸易额方面来看，表 2.1 中最新的数据说明，2011 年主要受欧日美等主要发达经济体经济增长乏力的拖累，全球经济恢复增长的动力不足，导致世界商品贸易增速大幅放缓，全球商品出口实际增长率只有 5.0%，其中发达经济体增长了 4.7%，发展中经济体和独联体国家合计增长了 5.4%。尽管发展中经济体（包括独联体）的 GDP 5.7% 的实际增长率远高于发达经济体的 1.5%，但其出口增长只是略高于发达经济体 0.7 个百分点。2011 年发达经济体的出口增长率为 4.7%，比预期稍高，而发展中经济体的出口增长率为 5.4%，却低于预期。事实上，若除去中国，则发展中经济体的出口增长则略低于发达经济体（包括受灾害冲击的日本）的出口增长率。发达经济体这种相对强劲的出口业绩主要是因为美国仍然保持 7.2% 高出口增长率以及欧盟仍有 5.2% 的出口增长率。但日本 0.5% 的出口负增长确实拉低了发达经济体出口增长率的整体平均水平。不过，在商品进口方面，发展中经济体（包括独联体）7.9% 的增长率则明显高于发达经济体 2.8% 的增长率。可见，2011 年，发达经济体 2.8% 的进口增长率明显慢于其 4.7% 的出口增长率，而发展中经济体和独联体国家则正好相反，其 7.9% 的进口增长率显著快于 5.4% 的出口增长率。因此，从总体上来看，发展中经济体和独联体国家在世界贸易中的比重一直在上升，2011 年其在世界总出口中的比重已上升至 47%，在世界总进口中的比重也已上升至 42%。

表 2.1　　2009—2011 年全球 GDP 和商品贸易分地区的实际增长情况　　单位：%

	国内生产总值（GDP）			商品出口			商品进口		
	2009	2010	2011	2009	2010	2011	2009	2010	2011
全球	-2.6	3.8	2.4	-12	13.8	5.0	-12.9	13.7	4.9
北美	-3.6	3.2	1.9	-14.8	14.9	6.2	-16.6	15.7	4.7
美国	-3.5	3.0	1.7	-14	15.4	7.2	-16.4	14.8	3.7
中南美洲（包括加勒比地区）	-0.3	6.1	4.5	-8.1	5.6	5.3	-16.5	22.9	10.4

续表

	国内生产总值（GDP）			商品出口			商品进口		
	2009	2010	2011	2009	2010	2011	2009	2010	2011
欧洲	-4.1	2.2	1.7	-14.1	10.9	5.0	-14.1	9.7	2.4
欧盟（27国）	-4.3	2.1	1.5	-14.5	11.5	5.2	-14.1	9.5	2.0
独联体国家（CIS）	-6.9	4.7	4.6	-4.8	6.0	1.8	-28.0	18.6	16.7
非洲	2.2	4.6	2.3	-3.7	3.0	-8.3	-5.1	7.3	5.0
中东	1.0	4.5	4.9	-4.6	6.5	5.4	-7.7	7.5	5.3
亚洲	-0.1	6.4	3.5	-11.2	22.7	6.6	-7.7	18.2	6.4
中国内地	9.2	10.4	9.2	-10.5	28.4	9.3	2.9	22.1	9.7
日本	-6.3	4.0	-0.5	-24.9	27.5	-0.5	-12.2	10.1	1.9
印度	6.8	10.1	7.8	-6	22	16.1	3.6	22.7	6.6
"亚洲四小龙"（中国香港、中国台湾、韩国、新加坡）	-0.6	8.0	4.2	-5.7	20.9	6.0	-11.4	17.9	2.0
发达经济体	-4.1	2.9	1.5	-15.1	13	4.7	-14.4	10.9	2.8
发展中经济体和独联体	2.2	7.2	5.7	-7.4	14.9	5.4	-10.5	18.1	7.9

2. 国际商品贸易地区发展情况及特征

从名义贸易额方面来看，各地区和各主要经济体在世界贸易中所占份额变化不大，世界贸易的总体格局和结构基本维持着稳定的态势，如图 2.1 和图 2.2 所示。

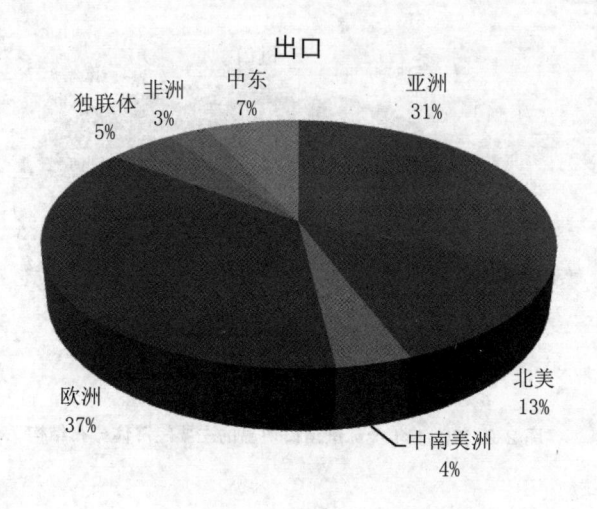

出口

独联体 5%　非洲 3%　中东 7%　亚洲 31%　北美 13%　中南美洲 4%　欧洲 37%

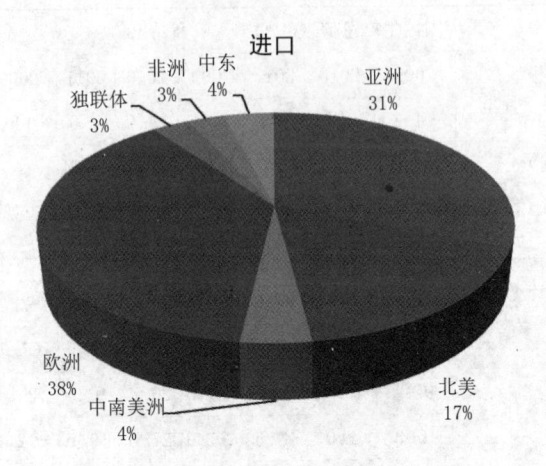

图 2.1　2011 年全球进出口贸易的地区结构

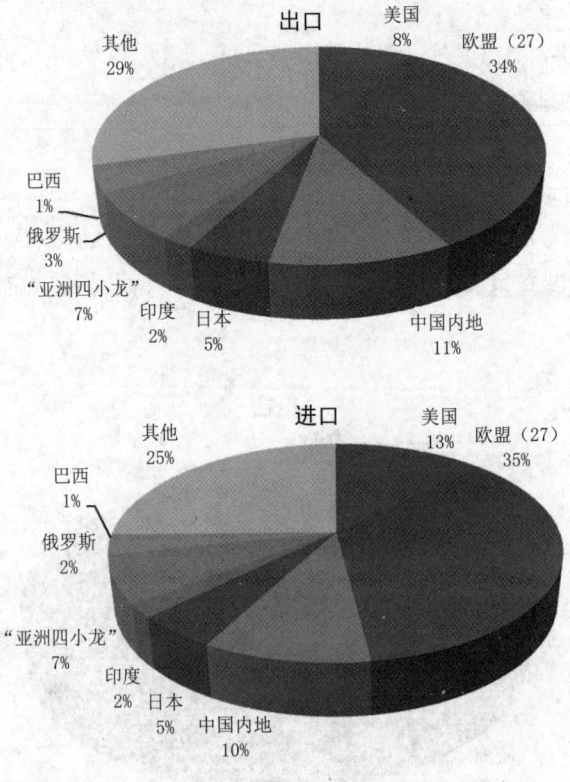

图 2.2　2011 年全球进出口贸易的主要经济体分布结构

另外，从表2.2的数据可以看出，2011年虽然世界商品贸易的实际增长率如前述很低，但其名义增长率依然不低，出口和进口分别增长了20%和19%。从地区和主要经济体的贸易发展情况看，无论是出口还是进口，2011年，世界所有地区和主要经济体均实现了两位数的名义增长，唯一的例外是日本的出口增长只有7%。贸易的名义增长率维持较高水平，可能主要归功于能源和其他商品价格的上涨以及美元的贬值。尤其是石油价格的大幅度上涨，使中东成为2011年出口增长最高的地区，达到39%，其中世界最大产油国和出口国沙特的出口增幅更是高达45%，是所有经济体中增长最快的。其他高增长的贸易地区主要是独联体和中南美洲国家。独联体国家2011年的进出口名义增长率均超过30%，其出口额为7880亿美元，增长率达到34%；进口额为5400亿美元，增长率达到30%。中南美洲2011年的出口额为7490亿美元，增长率达到27%；进口额为7270亿美元，增长率达到24%。非洲2011年出口和进口额的名义增长率虽稍低于世界平均水平，但仍分别达到了17%和18%，这与其前述的实际增长率分别为-8.3%和5.0%相比，差异极大。

表2.2　　　　2011年按地区和主要经济体分类的世界商品贸易情况

	出口						进口					
	金额（十亿美元）	份额（%）	年增长（%）				金额（十亿美元）	份额（%）	年增长（%）			
	2011	2011	2005-2011	2009	2010	2011	2011	2011	2005-2011	2009	2010	2011
全球总计	17779	100	10	-23	22	20	18000	100	9	-23	21	19
北美	2283	12.8	8	-21	23	16	3090	17.2	5	-25	23	15
美国	1481	8.3	9	-18	21	16	2265	12.6	5	-26	23	15
加拿大	452	2.5	4	-31	23	17	462	2.6	5	-21	22	15
墨西哥	350	2	9	-21	30	17	361	2	8	-24	28	16
中南美洲	749	4.2	13	-23	27	27	727	4	16	-25	30	24
巴西	256	1.4	14	-23	32	27	237	1.3	20	-27	43	24
其他中南美地区	493	2.8	12	-24	22	27	490	2.7	14	-25	24	25
欧洲	6601	37.1	7	-22	12	17	6854	38.1	7	-25	13	17
欧盟（27国）	6029	33.9	7	-22	12	17	6241	34.7	7	-25	13	16

续表

	出口					进口					
	金额(十亿美元)	份额(%)	年增长(%)			金额(十亿美元)	份额(%)	年增长(%)			
	2011	2011	2005-2011	2009	2010	2011	2011	2011	2005-2011	2009	2010	2011
德国	1474	8.3	7	-23	12	17	1254	7	8	-22	14	19
法国	597	3.4	4	-21	8	14	715	4	6	-22	9	17
荷兰	660	3.7	8	-22	15	15	597	3.3	9	-24	17	16
英国	473	2.7	4	-23	15	17	636	3.5	4	-24	16	13
意大利	523	2.9	6	-25	10	17	557	3.1	6	-26	17	14
独联体国家	788	4.4	15	-36	31	34	540	3	17	-33	24	30
俄罗斯	522	2.9	14	-36	32	30	323	1.8	17	-34	30	30
非洲	597	3.4	11	-30	29	17	555	3.1	14	-15	15	18
南非	97	0.5	11	-24	31	20	122	0.7	12	-27	27	29
除南非外其他非洲国家	500	2.8	12	-31	29	17	433	2.4	14	-12	12	15
石油出口国家	331	1.9	11	-38	34	15	160	0.9	15	-9	8	11
非石油出口国家	169	1	13	-14	21	20	274	1.5	14	-14	15	18
中东地区	1228	6.9	15	-31	27	39	665	3.7	12	-15	13	16
亚洲	5534	31.1	12	-18	31	18	5568	30.9	13	-20	33	23
中国内地	1899	10.7	16	-16	31	20	1743	9.7	18	-11	39	25
日本	823	4.6	6	-26	33	7	854	4.7	9	-28	26	23
印度	297	1.7	20	-15	33	35	451	2.5	21	-20	36	29
"亚洲四小龙"	1290	7.3	10	-17	30	16	1302	7.2	10	-24	32	18
其他												
南方共同市场	354	2	14	-22	29	26	334	1.9	20	-28	43	25
东盟	1244	7	11	-18	29	18	1151	6.4	11	-23	31	21
欧盟(27国)外部贸易	2131	12	8	-20	17	19	2344	13	8	-27	19	17
最不发达国家	203	1.1	16	-25	27	25	202	1.1	15	-5	11	19

世界贸易的三大传统核心地区北美、欧洲(包括作为其主体的欧盟27国)和亚洲,2011年商品进出口贸易的名义增长率没有太大的变化,北美地

区的出口和进口额分别达 2.28 万亿美元和 3.09 万亿美元，名义增长率分别为 16% 和 15%，占世界贸易的比重分别为 13% 和 17%；欧洲出口和进口额分别为 6.60 万亿美元和 6.85 万亿美元，名义增长均为 17%，占世界贸易的比重分别为 37% 和 38%；亚洲的出口和进口额分别为 5.53 万亿美元和 5.57 万亿美元，名义增长率分别为 18% 和 23%，占世界贸易的比重均为 31%。但这三大地区内部在 2011 年各自表现出一些新的特征：第一，北美地区的 3 个国家在 2011 年进出口增幅十分接近，均在 15%—17%，不像 2010 年墨西哥的出口和进口增幅远大于美国、加拿大两国。第二，从欧洲内部来看，2011 年贸易发展状况差异很大，但作为其主要国家的德国和法国的出口和进口额的名义增长率均比 2010 年有较大的提高，德国均提高了 5 个百分点，法国均提高了 6 个百分点。第三，在亚洲，由于其主要经济体包括中国内地、日本、印度及"亚洲四小龙"等的贸易结构对世界市场特别是欧美市场的依赖性较大，再加上日本与泰国发生了较为严重的自然灾害，恶劣的内部和外部环境使得亚洲 2011 年的贸易增长遇到较大阻力，除实际出口增幅仍领先于其他地区之外，其名义的出口和进口增长率均已处在平均水平。

从实际贸易额方面来看，亚洲地区在出口方面的增长率为 6.6%，仍领先于其他地区；北美地区的实际出口增长率也高于全球平均水平，达到了 6.2%；而非洲地区虽然进口增长率达到了 5.0%，但出口增长率却下降了 8.3%，是 2011 年全球唯一出现出口大幅下降的地区，其主因是利比亚内战造成该国石油出口的大幅下降。在进口贸易方面，独联体和中南美洲（包括加勒比地区）的增长率比较显著，均有超过两位数的增长，分别为 16.7% 和 10.4%，但两者的出口增长率相对较低，分别为 1.8% 和 5.3%，如图 2.3 所示。独联体国家进口增长率与出口增长率呈现出较大差异的原因主要是由其较为特殊的商品进出口结构以及能源价格的大幅上涨所致。由于独联体国家既是重要的能源生产与出口国，同时也是初级产品和制成品的重要进口国，因此能源价格的上涨增加了其外汇收入，使得其从世界其他地区进口商品的能力有所增强。同样，中南美洲和加勒比地区也有类似的情况。

3. 世界主要经济体的商品贸易排名

与 2010 年相比，2011 年世界商品进出口排名基本上均没有大的调整，具体排名如表 2.3 所示。中国内地依然保持世界商品出口第一和进口第二的位置；俄罗斯的出口排名明显上升，首次进入前 10 位；此外，印度的排名也有所上升。

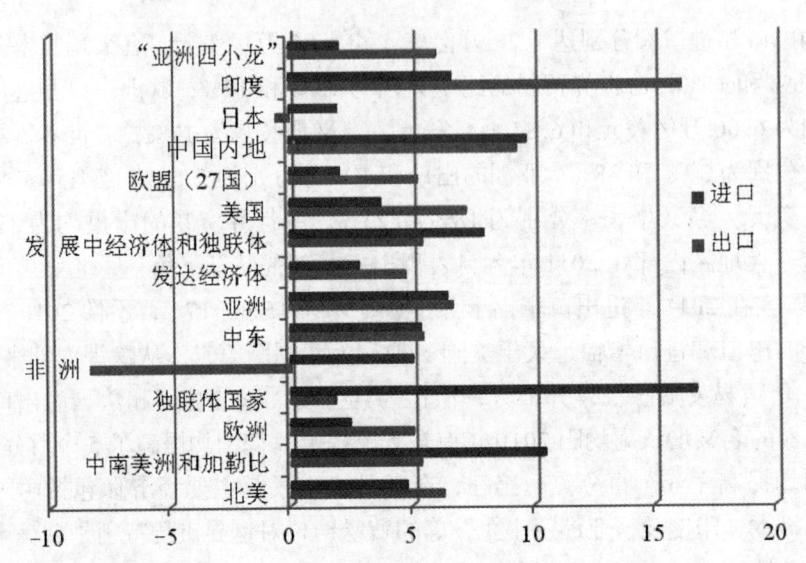

图 2.3　2011年按地区和主要经济体分的世界商品进出口贸易的实际增长率（%）

表 2.3				2011年全球商品贸易前30位排名情况				
排序	出口国（地区）	金额（十亿美元）	份额（%）	年增长率（%）	排序	进口国（地区）	金额（十亿美元）	份额（%）	年增长率（%）
1	中国内地	1899	10.4	20	1	美国	2265	12.3	15
2	美国	1481	8.1	16	2	中国	1743	9.5	25
3	德国	1474	8.1	17	3	德国	1254	6.8	19
4	日本	823	4.5	7	4	日本	854	4.6	23
5	荷兰	660	3.6	15	5	法国	715	3.9	17
6	法国	597	3.3	14	6	英国	636	3.5	13
7	韩国	555	3.0	19	7	荷兰	597	3.2	16
8	意大利	523	2.9	17	8	意大利	557	3	14
9	俄罗斯	522	2.9	30	9	韩国	524	2.9	23
10	比利时	476	2.6	17	10	中国香港	511	2.8	16
						—保留进口	130	0.7	16
11	英国	473	2.6	17	11	加拿大	462	2.5	15
12	中国香港	456	2.5	14	12	比利时	461	2.5	17
	—本土出口	17	0.1	14					

续表

排序	出口国（地区）	金额（十亿美元）	份额（%）	年增长率（%）	排序	进口国（地区）	金额（十亿美元）	份额（%）	年增长率（%）
	—转出口	439	2.4	14					
13	加拿大	452	2.5	17	13	印度	451	2.5	29
14	新加坡	410	2.2	16	14	新加坡	366	2.0	18
	—本土出口	224	1.2	23		—保留进口	180	1.0	27
	—转出口	186	1.0	10					
15	沙特阿拉伯	365	2.0	45	15	西班牙	362	2.0	11
16	墨西哥	350	1.9	17	16	墨西哥	361	2.0	16
17	中国台湾	308	1.7	12	17	俄罗斯	323	1.8	30
18	西班牙	297	1.6	17	18	中国台湾	281	1.5	12
19	印度	297	1.6	35	19	澳大利亚	244	1.3	21
20	阿联酋	285	1.6	30	20	土耳其	241	1.3	30
21	澳大利亚	271	1.5	27	21	巴西	237	1.3	24
22	巴西	256	1.4	27	22	泰国	228	1.2	25
23	瑞士	235	1.3	20	23	瑞士	208	1.1	18
24	泰国	229	1.3	17	24	波兰	208	1.1	17
25	马来西亚	227	1.2	14	25	阿联酋	205	1.1	28
26	印度尼西亚	201	1.1	27	26	奥地利	192	1.0	20
27	波兰	187	1.0	17	27	马来西亚	188	1.0	14
28	瑞典	187	1.0	18	28	印度尼西亚	176	1.0	30
29	奥地利	179	1.0	17	29	瑞典	175	1.0	18
30	捷克共和国	162	0.9	22	30	捷克共和国	151	0.8	20
	以上合计	14835	81.4			以上合计	15180	82.6	
	全球总计	18215	100	19		全球总计	18380	100	19

从世界商品出口贸易排名情况看，2011年，中国内地、美国、德国、日本和荷兰继续保持着世界前五名的位次。2011年，中国内地的出口额达到了1.9万亿美元，占世界总出口的比重仍保持在2010年10%左右的水平；美国的出口额为1.48万亿美元，占世界总出口的比重略降至8.1%；居

世界商品出口第三位到第五位的依旧是德国、日本和荷兰,出口额及占世界总出口的比重分别为1.47万亿美元、8230亿美元、6600亿美元及8.1%、4.5%和3.6%。俄罗斯的出口贸易排名上升较快,从2010年的第十二位上升至第九位,首次进入世界前十位。

从世界商品进口贸易排名情况来看,排前十位经济体的位次,除了中国香港和韩国交换了位次以外,其他没有什么变化。美国继续保持世界首位,进口额首次超过2万亿美元,达到了2.27万亿美元,占世界总进口的比重则略降至12.3%;中国亦继续保持世界第二大进口国的位置,进口额为1.74万亿美元,占世界总进口的比重上升至9.5%;德国仍居第三位,进口额为1.25万亿美元,占世界总进口的比重则略降至6.8%;居第四位与第五位的分别是日本和法国,进口额分别为8540亿美元和7150亿美元,占世界总进口的比重分别为4.6%和3.9%。值得一提的是,2011年,金砖国家商品进口的名义增长速度在主要经济体中表现得较为突出,俄罗斯增长了30%,印度和南非均增长29%,中国和巴西分别增长了25%和24%。

二 国际贸易的地理格局

决定国际贸易地理格局的主要因素是各个国家的经济发展水平和规模,各个国家的社会生产力和经济发展水平总是在不断发展变化,因此国际贸易地理格局也总是在不断地变化。尽管现在美国经济持续走强,但是一个多极化的世界已经不以人们的意志为转移了,一两个超级大国独揽世界经济事务,按照自己的利益和意图来确定世界经济规则和秩序的时代一去不返。这种多极化的格局在21世纪将延续相当长的一段时间。但也应该看到,尽管美国不再是世界唯一的霸主,但仍具有相当的经济实力,近期很难被别国超过,所以这种多极化的格局将呈现出一超多强的特点。

世界经济正在向多极化发展,随着欧盟东扩,北美自由贸易区南进,中、印等亚洲国家的崛起,世界上俨然形成了欧洲、美洲和亚洲三大板块,呈三足鼎立的竞争趋势。但多极化和集团化都仅是世界经济全球化的阶段性表现,经济全球化才是国际贸易地理格局的必然趋势。

1. 一超多强的多极化贸易格局

目前的国际贸易地理格局虽然是多极化,但是各个极的力量大小不一,在世界经济中所起的作用也不相同。虽然各个国家的经济发展水平和规模总是在不断变化，但在近期，这种力量的对比又具有一定的相对稳定性，不会很快就发生太大的变化。

（1）美国

20世纪90年代以来，美国进入新经济时期，以信息产业为核心的高科技产业得到了长足发展，传统产业也得到了有效的改造，国际竞争力显著增强，再加上政策的有效实施，赢得了美国经济的繁荣。现在世界经济发展的主要趋势是信息化和全球化，而在这两个方面，美国都走在了世界各国的前面。美国的信息技术水平、所占有的信息市场份额、发展的信息网络之广等都是其他国家望尘莫及的。这表明，美国现在仍然拥有世界社会生产力的最高发展水平，这使美国占据了经济竞争力第一的地位。同时，在经济全球化方面，美国也是走在世界的最前面；美国是世界上进出口贸易总额最大的国家，它不仅进口着世界市场上最多的商品，利用着国际金融市场上最多的资金，而且跨国公司遍布全世界，其产值已经超过美国出口总值的好几倍。因此，虽然美国世界经济霸主的绝对优势地位正在逐步丧失，但是仍然拥有着其他国家无法企及的巨大经济规模和最高的社会生产力水平。

2008年由美国次贷危机引发了全球金融危机，严重削弱了美国在世界经济中的地位，也挫败了美国在经济、金融等领域的优越感。各国已经无法继续指望债台高筑的美国带领世界走出危机，因此开始纷纷寻找新的经济发展动力，并将注意力转向其他国家或者本国内部。与此同时，中国、印度等亚洲经济体正在快速成长，并开始不断扩大其在全球经济中的分量，为世界经济和贸易提供了新的推动力。总的来看，美国在经济规模、科技创新、金融制度、高等教育、企业实力、全球化、信息化及其他软实力方面拥有领先优势，并凭借这些优势来维持其贸易超级大国的地位。

（2）德、日等发达国家

二战后，日本和德国的经济发展迅速，在许多领域里已经足以和美国抗衡。日本经过战后几十年的发展，已经一跃成为世界第二经济大国，并且取代美国成了世界上最大的债权国。虽然日本的出口总额还居于美国和德国之后，但已相差无几；而且多年来日本一直是世界上对外贸易顺差最大的国家，在国际贸易领域拥有明显的优势。20世纪90年代以来，日本经济陷入严重的困境之中，对外贸易顺差仍然居高不下；特别是在日本的对外贸易顺差中，有一半左右是来自对美国的贸易，日本在美国沦为最大债务国之时,已经成为美国最大的债主。德国现在是西方世界第三经济大国,在国际贸易领域里,已经可以与美国一争高下,不仅出口总额经常超过美国,而且在制成品的出口中早已长期占据世界第一位。

(3) 金砖国家

金砖国家是新兴市场国家和发展中国家的代表。传统金砖四国(BRIC)引用了巴西、俄罗斯、印度和中国的英文首字母。由于该词与英语单词的砖(Brick)类似,因此被称为"金砖四国";南非加入后,其英文单词变为"BRICS"并改称为"金砖国家"。2010年金砖国家的土地面积占世界的30%,人口近30亿,占世界的42%,经济总量占世界的16%,贸易总额占世界的15%。

金砖国家五个成员国的经济基础完全不同。巴西和南非是以商品制造业为主的国家,正在努力发展自己的工业实力;中国是制造业大国;俄罗斯是石油天然气大国;而印度是以服务业为导向的国家。这些特点可以使金砖国家优势互补、互利互惠。21世纪前10年,金砖国家整体经济平均增长率超过8%,远高于发达国家和全球经济的平均增长率,比欧元区和全球其他经济体要高得多。2010年,除了新加入的南非以外,金砖国家相继进入了万亿美元经济体俱乐部,金砖国家对世界经济增长的贡献率在2010年超过60%;其中仅中国对世界经济增长的贡献率就超过30%。目前金砖国家市场扩张潜力巨大,市场规模年均增长率达到15%,每年新增消费约6000亿美元。金砖国家合作机制是新兴经济体崛起的必然产物,对于促进成员国经济和贸易往来发挥了积极作用,也有力地拉动了世界经济的增长;随着经济实力增强,金砖国家参与国际经济决策与治理权利也得到了相应的提升。

作为世界人口第一大国,中国改革开放后经济贸易得到了突飞猛进的发展,1979—2010年中国国内生产总值实际增长率年均高达9.4%,为世界之最;中国的贸易地位也由1978年的世界第三十二位上升到2010年的世界第一位,2010年中国经济增长10.3%,多项经济指标排名处于全球领先地位,超过日本成为世界第二大经济体;中国并购交易额也排在全球第二位,对外直接投资达到400亿美元,中国企业由被收购方转为资产收购方,以能源为主的采掘业成为海外投资的主力军;中国超越英、法、德成为国际货币基金组织的第三大股东;中国在联合国安理会发挥着重要作用,作为G20和金砖国家成员参与制定和协调国际经济规则,作为基础四国(中国、印度、巴西与南非四个最主要的发展中国家）的成员参与气候变化谈判；中国的影响力不断提升。2010年中国货物进出口贸易总额达2.97万亿美元，同比增长了34.7%，超过美国成为世界第一贸易大国。目前，中国是日本、韩国、东盟、澳大利亚、巴西、南非等国家和地区的第一大出口市场，欧盟的第二大出口市场，美国的第三大出口市场。中国已经成为全球汽车第一产、销大国；作为全球第二大进口商，中国订单对全球近十亿非中国人的就业和收入稳定产生关键性影响；2010年中国全球经济增长的贡献率超过50%。随着国际贸易的高速增长，中国在世界上发挥着越来越重要的作用；在世界金融危机期间，中国在刺激全球需求稳定方面做出了巨大的贡献，已经成为拉动全球经济增长的重要力量。

苏联解体后，俄罗斯继承了苏联的大部分遗产，虽然俄罗斯的经济和军事实力都已经大不如过去的苏联，但其经济规模和发展水平还是不容忽视的。2010年俄罗斯经济持续复苏，特别是对外贸易增长迅猛，出口总额为3964亿美元，增幅为31.4%；石油和天然气两大工业血脉的开采和生产占据了俄罗斯1/5的国民生产，并且创造了50%的出口贸易产值和40%的国家收入，国际能源材料价格的攀升，为俄罗斯经济带来了巨大的利好。经济复苏和稳定增长也扩大了俄罗斯在世界舞台上的影响，其作为世界主导国家的地位正在得到恢复；作为金砖国家成员之一，更加重了俄罗斯在国际贸易中的分量。

在国际贸易地理格局中，广大的发展中国家经济上仍然比较落后，力量比较单薄，而且发展很不平衡，但是具有许多经济和政治上的共同利益。面对不断变化的全球环境，发展中国家应该加强合作、共同发展，努力提高在世界经济中的比重，发挥经济潜力，争取在未来的世界经济中占据更加重要的地位。

2. 贸易格局中的三大主要贸易板块

（1）欧洲板块

在多极化的世界中，欧洲是一支非常重要的力量。1991年欧盟签署《马斯特里赫特条约》以后，欧洲一体化进程加速；经过2007年的扩大后，欧盟现在已经有27个成员国，经济实力超过北美自由贸易区，成为世界第一大经济贸易实体。欧盟还是世界经济一体化程度最高的地区性集团，不仅已经实现了商品、劳动力、资本和劳务可以自由流通的统一大市场，而且建立了欧洲统一的中央银行，实行了欧洲统一货币欧元。欧盟对于欧洲国家的联合自强、促进其内外贸易、平衡国际贸易地理格局等具有深远而重要的战略意义。

（2）美洲板块

作为世界上最大的贸易国家的美国，1992年8月12日与加拿大、墨西哥三国宣布成立一个横跨北美洲的自由贸易区，并于1994年1月1日起施行。1994年12月美国发起召开美洲国家首脑会议时，又提出建立一个包括34个美洲国家，涵盖8亿多人口，区域内经济总量接近10万亿美元的全球最大美洲自由贸易区的倡议。但由于委内瑞拉、巴西等国与美国在建立自由贸易区的问题上存在较大分歧，谈判进度受到遏制。美洲自由贸易区的建立可以为西半球地区提供更多自由贸易的机会，但美国无疑是最大的受益国。一方面，美国要保住西半球市场，增加西半球国家对美国的依赖，进而强化美国在世界经济中的主导地位；另一方面，拉美国家意识到只有实现南美国家的联合才能在谈判中表达发展中国家的意愿，因此谈判进程受阻。

（3）亚洲板块

东亚地区整体经济保持了40年的持续高速发展，在全球的贸易地位迅速上升，已经成为了世界新的经济增长中心。特别是中国近年来发展极快，近期内连续赶超了日、德、英、法等几个世界经济大国，成为世界第二经济大国和第一贸易大国。"东亚奇迹"向世人展示了一条不同于欧美等西方现代化模式的独特道路，强调依靠集体的力量建设富强的国家。

2010年1月1日中国—东盟自由贸易区正式全面启动，自由贸易区贸易额占到世界贸易总额的13%，成为一个涵盖11个国家、19亿人口，GDP达6万亿美元的巨大经济体，是目前世界人口最多的，也是发展中国家间最大的自由贸易区，其建立对东亚经济一体化进程产生了巨大的推动作用。日本、韩国也分别与东盟建立了自由贸易区，而且在日本和中国的带领下，拟成立"东亚自由贸易区"。但东亚自由贸易区到底应该包括哪些国家，还有很大的分歧，现在主要构想有两个：第一，东盟、日本、韩国以及中国大陆、香港和台湾等15个国家与地区，将形成拥有全球1/3人口、高达20亿人的庞大市场；第二，除了前15个国家和地区外，再加上印度、澳大利亚、新西兰共19个国家及地区参加的东亚经济合作。这不仅会促进亚洲经济的稳定和发展，也将对21世纪上半叶的国际贸易地理格局产生极其深远的影响；而且，东亚自由贸易区将与美洲自由贸易区、欧盟形成三足鼎立之势。

由上述三大板块可以看出,大国在世界经济中的作用呈现减弱的趋势,美、日、欧三极及各大国之间的竞争无不日益借助于区域经济的力量,这既是区域经济一体化的具体表现,同时也是世界经济全球化的一大特点。

第二节 国际贸易的主要运输方式及各类交通基础设施

二战后国际经济与贸易的迅速发展和科学技术的进步,也促进了世界运输业的发展。具体表现在各种交通基础设施不断得到改进;交通运输向高速化、现代化的方向发展;出现了集装箱、大陆桥运输和国际多式联运等新型的运输方式。国际运输,按其使用的运输工具和凭借的运输基础设施不同,可分为铁路运输、公路运输、水路运输、航空运输和管道运输五种方式,每种运输方式和它们的基础设施相辅相成,构成了一个贯通整个世界的交通运输网络。

一 国际海洋运输基础设施

水路运输是指以船舶为装载工具,在水中的航线上航行,使货物达到位移目的地的一种运输方式。水路运输可分为内河运输和海洋运输,其中内河运输主要是在一国内部进行的,海洋运输则是国际贸易的主要运输方式。

1. 国际海洋运输的特点

国际海洋运输主要有以下特点:

运量大。在国际海运中船舶向大型化发展,万吨轮船已很普遍,现在国际贸易海运中的主力是20万—30万吨级的轮船,世界上最大的油轮已经达到60万吨级,集装箱船也向大型化发展。

通过能力强、通达性好。海上运输利用的天然航道四通八达,不像火车、汽车要受轨道和道路的限制,因而其通过能力要超过其他各种运输方式。

成本和运费低廉。海运的航道天然构成,港口设备一般均为政府修建,船舶运量大,节省燃料,且经久耐用,所以货物的单位运输成本相对低廉,中国沿海运输成本只有铁路的40%,美国沿海运输成本只有铁路运输的1/8。据统计,海运运费一般约为铁路运费的1/5,公路汽车运费的1/10,航空运费的1/30，这为低廉大宗货物的运输提供了有力的竞争条件。

对货物的适应性强。海运基本上适应各种货物的运输，如石油井台、火车、机车车辆等超重大货物，用其他运输方式是无法装运的，船舶却可以装运。

运输速度慢。由于商船的体积大，水流的阻力大，加之装卸时间长等各种因素的影响，所以海运的运输速度比其他运输方式慢，较快的班轮航行速度也仅为每小时30海里左右。

风险较大。船舶在海上航行时，受天气、季节等自然条件的影响较大，随时都有遇上狂风、巨浪、暴风、雷电、海啸等人力难以抗拒的自然灾害袭击的可能，所以风险大。

基于上述特点，海运一般适宜于长途、大宗、笨重、廉价、时效性差的货物运输。

2. 国际海洋运输基础设施的发展概况

海运是以船舶为装载工具，以海港为基地，以海洋为活动场所进行的。世界上的海洋连成一体，为国际贸易的海洋运输提供了通途。海洋的通过能力极强，不受道路和轨迹的限制，因此海洋运输是国际贸易中最主要的运输方式。

（1）世界主要海港

港口是海运中船舶的出发点和目的地，是货物装卸、旅客上下和物资供应的基地。港口是一国进出口贸易的门户，是各种交通，包括海运、河运、铁路、公路、航空甚至管道汇集的枢纽；发达国家的港口往往都是大都市。

世界港口概况。世界上共有大小海港3000多个，其中用于国际贸易的港口占80%。位于海运要道、在国际贸易中地位重要、吞吐量超过1亿吨的港口有30个左右，其中，荷兰鹿特丹港的吞吐量过去长期居世界各港之首。鹿特丹港位于莱茵河和马斯河入海的三角洲，濒临世界海运最繁忙的英吉利—多佛尔海峡，是西欧水路交通要塞，是欧盟的货物集散中心，素有"欧洲门户"之称，曾创下过年吞吐量超过5亿吨的纪录。现在世界最大的港口是中国的上海港。2010年全球吞吐量排名前十的港口如表2.4所示。

表 2.4　　　　　　　　2010 年全球吞吐量排名前十港口

排名	港口	国家	年货运量（百万吨）
1	上海	中国	537.0
2	新加坡	新加坡	448.5
3	鹿特丹	荷兰	378.4
4	宁波	中国	309.7
5	广州	中国	302.8
6	天津	中国	257.6
7	香港	中国	238.2
8	青岛	中国	224.2
9	釜山	韩国	217.9
10	名古屋	日本	208.0

世界上的大港 80% 以上集中分布在发达国家，3/4 集中在大西洋沿岸，太平洋沿岸约占 1/6，印度洋沿岸占 1/10。发达国家的港口往往也是大的工业中心和大都市；发展中国家的港口相对较少，大港也相对较少，并以原料输出港居多。但是近年来，一些发展中国家的经济和贸易迅猛发展，也促进了海运业的发展，有很多发展中国家港口的吞吐量急剧上升。如中国在 2010 年已经有 22 个亿吨级大港，分别是上海、宁波—舟山、秦皇岛、大连、深圳、广州、天津、青岛、苏州、南京、日照、南通、营口、烟台、湛江、唐山、连云港、厦门港、江阴、湖州等；世界排名前 20 位的亿吨大港和集装箱大港中，中国分别占 12 个和 9 个；其中上海、宁波—舟山、秦皇岛、大连、深圳、广州、天津、青岛等港口年吞吐量已超过 2 亿吨，有的甚至达到 5 亿吨。2010 年上海港货物和集装箱吞吐量均居世界第一位，其货物吞吐量 5.37 亿吨，连续 4 年蝉联世界第一，集装箱吞吐量 2905 万标箱，首次超过新加坡居世界首位。

（2）世界商船

商船是国际海洋运输中的装载工具。第二次世界大战后，随着世界贸易和海运业的发展，海运量增加，世界船舶拥有量也迅速增加，世界商船船队的规模不断扩大。世界商船已经基本实现了内燃化，并且向大型化、高速化、自动化和专用化方向发展。21 世纪以来，全球商船船队规模已至

12亿载重吨。近年来世界商船发展主要有以下两个趋势：

第一，发达的海运大国的商船吨位在减少，亚洲一些发展中国家的商船吨位在增加。长期以来，世界海运市场一直被少数发达国家和传统海运大国所垄断。但近年来世界航运开始由发达的海运国家向新兴工业化国家和发展中国家转移，如中国（包括台湾省）、韩国、新加坡等国家和地区都在大力扩大港口规模，积极建设和发展自己的船队，努力打破发达国家对国际航运市场的垄断。随着东亚经济的崛起，国际航运市场的中心正向亚太地区转移。目前环太平洋地区已经控制着世界船队主要运力的40%，集装箱吞吐量占世界的43%。2010年吞吐量排名世界前十位的港口中，除了鹿特丹以外的九个都在东亚，世界集装箱吞吐量排名前八位的港口也均在东亚。2010年中国沿海港口完成的货物吞吐量是2005年的1.8倍，港口的货物和集装箱吞吐量连读多年保持世界第一。

第二，油轮的比重在减少，集装箱船的比重在增加。21世纪以来世界集装箱运量持续稳定增长，在2008年世界金融危机爆发前一直以10%以上的速度增长；截至2010年12月1日，全球集装箱船舶运力达4963艘、1406.23万TEU，同比增长9.6%。目前远洋运输集装箱化的进程仍在继续，且集装箱班轮大型化已成潮流。

第三，在金融危机影响下，截至2011年1月1日世界主要船东国家排名的具体情况见表2.5。希腊以2.024亿载重吨位成为全球第一大船东国家，日本退居第二位，德国第三位，中国仍保持第四位。在世界海运市场上，亚洲和欧洲船东国家拥有较强话语权，它们掌握全球商船大约80%的运力，已经控制了大约世界一半的载重吨运力。

表2.5　截至2011年1月1日拥有最大船队（载重吨位）的10个国家和地区

国家或地区	船舶数量（艘）			载重吨位（吨）			外国船籍占总数百分比	2011年1月1日占市场份额估算值
	本国船籍	外国船籍	合计	本国船籍	外国船籍	合计		
希腊	758	2455	3213	64659201	137728951	202388152	68.05	16.17
日本	724	3071	3795	18942573	178287143	197229716	90.4	15.76
德国	442	3356	3798	17149221	97623425	114772646	85.06	9.17
中国	2044	1607	3651	46207468	61762042	107969510	57.2	8.63
韩国	736	453	1189	18135391	29317780	47453171	61.78	3.79

续表

国家或地区	船舶数量（艘）			载重吨位（吨）				
	本国船籍	外国船籍	合计	本国船籍	外国船籍	合计	外国船籍占总数百分比	2011年1月1日占市场份额估算值
美国	971	1001	1972	24363690	22011225	46374915	47.46	3.71
挪威	818	1166	1984	14850693	28127239	42977932	65.45	3.43
中国香港	399	313	712	24102438	13080401	37182839	35.18	2.97
丹麦	383	592	975	13998073	21113253	35111326	60.13	2.81
中国台湾	97	565	662	4096790	28863160	32959950	87.57	2.63

资料来源：联合国贸易和发展会议《2011年海运述评》。

二 国际铁路运输基础设施

1. 国际铁路运输的特点

铁路运输是以机车带动的装货车厢为装载工具，在特设的钢轨上行驶，使货物达到位移目的的一种运输方式，在现代交通运输系统中占据重要地位。铁路运输具有运量大、运速快、成本和运价低、运行平稳安全可靠、运输连续性强和受自然条件影响限制小等特点。由于铁路运输的这些特点，所以适合于大宗货物的长途运输和大量旅客运输。一般每列货车可装2000—3000吨货物，重载列车可装2万多吨货物；运行组织较好的国家，单线单向年最大货物运输能力达4000万吨，复线单向年最大货物运输能力超过1亿吨。铁路运输的时速一般在80—120公里，一般每千吨公里耗标准燃料为公路运输的1/11—1/15，为航空运输的1/174；中国铁路运输成本分别是汽车运输成本的1/11—1/17，民航运输成本的1/97—1/267。

铁路运输在世界各国、各地区之间的经济贸易联系方面起着重要的作用，是许多国家路上运输的主要方式之一；特别是对如中国、美国、加拿大、印度和俄罗斯等面积较大的国家而言，铁路运输在国内运输中起着重要的作用；在国际贸易中，铁路运输也是仅次于海运的重要运输方式。

2. 国际铁路运输基础设施的发展概况

世界铁路运输已有近180年的发展史，1825年世界第一条铁路诞生在英国，标志着近代铁路运输业的开端，陆上交通运输迈入了以蒸汽机为动力的新纪元，从此世界各国开始修建蒸汽机的铁路。19世纪末20世纪初，世界铁路建设达到高潮，1913年全球铁路长度已经超过100万千米，分布在70多个国家。二战后，由于一些发达国家铁路网已经呈现饱和状态，加上航空运输和公路运输的崛起,各国逐渐放慢了铁路建设的步伐,一些欧美国家甚至封闭或拆除了部分铁路,铁路运输自巅峰下滑。如美国铁路运输在20世纪初承担全国货物周转量的77%和旅客周转量的98%,而到20世纪90年代已分别下降到37.5%和2.4%以下。自20世纪40年代以来,美国先后拆除的铁路长达10万多公里,后来环境污染和能源紧缺日益成为全球关注的问题,铁路以其运量大、成本低、占地少、耗能小、污染轻、可全天候运行等优点,竞争力再次被人们发现,日趋衰落的铁路运输终于出现转机;60年代以来,世界各国铁路又出现新的建设高潮。

世界上现有120多万公里长的铁路,美洲铁路约占全世界铁路总长的2/5,欧洲约占1/3,而非洲、澳洲和亚洲的总和还不到1/3。美国是世界铁路最长的国家,其铁路长度达27万多公里,占世界铁路总长度的20%以上;其他铁路长度较长的国家还有中国、俄罗斯、加拿大、印度、澳大利亚和阿根廷等。加拿大是世界上按人口平均计算铁路最长的国家,新加坡是按国土面积平均计算铁路最长的国家。发达国家不管是在铁路的绝对长度还是在相对长度上都具有优势,而且它们的铁路质量比较高,大部分是电气化牵引,并形成了稠密的铁路网,甚至欧洲大陆的国与国之间铁路都相连成网。而广大的发展中国家,铁路的数量和质量上均达不到要求,有的国家的铁路是从沿海港口修到内陆某个矿产地,铁路形不成网络,甚至有的发展中国家至今尚无修建铁路。原来印度是发展中国家中铁路最长的,但印度的铁路大多是在殖民地时期修建的,陈旧落后,而且轨距不一,满足不了现代经济发展的需要。中国的铁路建设近年来发展很快,2010年铁路长度达到9.06万公里,超过俄罗斯居世界第二位。

世界各国的铁路轨距五花八门,各不相同,有610毫米、891毫米、1000毫米、1067毫米、1435毫米、1524毫米、2141毫米,等等。为了解决这一混乱状况,1937年国际铁路协会规定1435毫米的轨距为国际上通用的标准轨距(标轨),1520毫米以上的轨距为宽轨,1067毫米以下的轨距为窄轨;现在标轨铁路占世界铁路总长度的60%。中国大陆上的铁路绝大部分为标轨铁路,但海南、中国台湾和越南等地均为1067毫米的窄轨铁路,而俄罗斯、哈萨克斯坦、蒙古国等国的铁路为1524毫米的宽轨铁路。各国铁路轨距标准不一,造成了国际运输线路的实质中断,在不同轨距的铁路之间运输就需要换装或换轮对,从而给国际铁路货物联运增加了运输成本并带来了不必要的麻烦。

3. 电气化铁路和高速铁路

电气化铁路的牵引动力是电力机车,由接触网向电力机车直接输送电能,机车本身不带能源。电气化铁路因节能环保、动力性能强,被世界各国列为重点发展的绿色交通方式。1879 年世界上有了第一条电气化铁路,20 世纪 60—70 年代是世界电气化铁路发展最快的时期,平均每年修建达 5000 多公里。在工业发达的西欧、日本、苏联以及东欧等国家,运输繁忙的主要铁路干线都已经实现了电气化,而且基本上已经形成了网络;现在这些国家又在集中力量修建时速 200 公里以上的高速电气化铁路。20 世纪 80 年代以后,中国、印度、南非、朝鲜、土耳其、巴西等发展中国家,也出现了一个电气化铁路建设高潮。如印度 1990—1991 年两年就建成了电气化铁路 1557 公里,平均每年建成电气化铁路近 800 公里;中国在"九五"期间电气化铁路营运里程突破 1 万公里,"十五"期间又突破两万公里,创造了世界电气化铁路建设速度的最高纪录,2010 年 1 月中国电气化铁路里程已突破 3.2 万公里,仅次于俄罗斯,成为世界电气化铁路第二长的国家。目前世界电气化铁路总里程已达近 30 万公里,约占世界铁路总营运里程的 1/4,承担世界铁路总运量的 80% 以上。欧洲占世界电气化铁路总长度的 2/3,亚洲占 1/4,非洲占 5%,美洲占 4%。世界上约有 70 个国家和地区修建了电气化铁路,拥有电气化铁路超过 1 万公里的国家有俄罗斯、中国、德国、日本、法国、印度、波兰、南非、意大利等;拥有电气化铁路 5000 公里以上,但是电气化率超过 50% 的国家有瑞士、日本、瑞典、意大利、西班牙、波兰和南非。

高速铁路是指行车速度在每小时 200 公里以上的铁路,目前高速电气化铁路已经成为国家社会经济发展水平和铁路现代化的主要标志之一。早在 1964 年日本就充分利用德、法等国家高速列车试验经验,并依靠本国的技术力量,建成了世界上第一条高速铁路——东海道新干线(东京至新大阪,全长 515.4 公里),并研制了高速列车,列车运行速度达到 210 公里/小时,标志着世界高速铁路由试验阶段跨入了商业运营阶段。20 世纪 90 年代,法国、德国、日本等国家在客运方面高速发展,1989 年 12 月法国研制成功新一代高速火车,时速为 482.4 公里;1990 年又出现了时速 515.3 公里的世界试验最高纪录;2007 年 4 月法国电气机车在行驶试验中时速达到 574.8 公里,打破了 17 年前的纪录。现在世界已进入建设高速电气化铁路的新时期,特别是欧洲已经突破了国界,向路网化、国际化发展。已建成高速电气化铁路的国家有日本、美国、瑞士、意大利、西班牙和比利时等。中国现在已经发展成为世界上高速铁路发展最快、系统技术最全面、集成能力最强、运营里程最长、运营速度最高、在建规模最大的国家,2010年底中国高速铁路运营里程已达8358公里,占全世界高速铁路运营里程的1/3。

4. 世界重要的国际铁路干线

目前,世界上具有国际贸易运输意义的国际铁路干线主要有:

(1) 西伯利亚大铁路

东起俄罗斯在日本海沿岸的重要港口海参崴(符拉迪沃斯托克)、纳霍德卡或东方港,经伯力、赤塔、乌兰乌德、伊尔库茨克、新西伯利亚、鄂木斯克、车里雅宾斯克、古比雪夫,西至莫斯科。该线均为复线,多数是电力机车牵引,全长9300多公里。它是连接亚洲太平洋远东地区和欧洲各国及西亚铁路间的陆上运输大动脉,在其东段和西段,还有一些铁路干线与之相连接。

A 在其东端连接的铁路干线

(a) 海参崴—朝鲜半岛铁路。

(b) 赤塔—满洲里—哈尔滨—大连铁路。

(c) 乌兰乌德—乌兰巴托—二连浩特—北京—广州铁路。

B 其西端连接的铁路干线

(a) 莫斯科—华沙—柏林—科隆—布鲁塞尔—巴黎铁路。

(b) 莫斯科—赫尔辛基—斯德哥尔摩—奥斯陆铁路。

(c) 莫斯科—罗斯托夫—第比利斯—德黑兰铁路。

(2) 新亚欧大铁路

东起中国连云港(或日照、青岛),经陇海、兰新、北疆等铁路由阿拉山口出境,经中国、哈萨克斯坦、俄罗斯、白俄罗斯、波兰、德国、荷兰七国,西至鹿特丹。该铁路1992年正式投入运营,全长10900公里,连接太平洋和大西洋,辐射欧亚两大洲40多个国家和地区,是亚欧最便捷、快速、可靠的陆上运输通道,经济意义重大。在中国境内,横贯新、甘、陕、豫、苏、鲁等省区,长达4100多公里,是中国最长的一条国际陆上交通线。

(3) 北美大陆铁路干线

是北美洲东西海岸主要大港及沿海与内地之间物资运输的重要通道,穿越大陆的铁路干线有多条。

A 在加拿大境内

(a) 鲁珀特港—埃德蒙顿—温尼伯—魁北克铁路(加拿大国家铁路)。

（b）温哥华—卡尔加里—温尼伯—散德贝—蒙特利尔—圣约翰—哈利法克斯铁路（加拿大北太平洋铁路）。

B 在美国境内

（a）西雅图—斯波坎—俾斯麦—圣保罗—芝加哥—底特律铁路（北太平洋铁路）。

（b）旧金山—奥格登—奥马哈—芝加哥—匹兹堡—费城—纽约铁路（联合太平洋铁路）。

（c）洛杉矶—阿尔布开克—堪萨斯城—圣路易斯—辛辛那提—华盛顿—巴尔的摩铁路（圣非铁路）。

（d）洛杉矶—图森—帕索—休斯顿—新奥尔良铁路（南太平洋铁路）。

C 在墨西哥境内

马萨特兰—墨西哥城—维拉克鲁斯铁路。

（4）其他国际铁路干线

A 中东地区的洲际干线

开罗—伊斯梅利亚（埃及）—加沙（巴勒斯坦）—海法（以色列）—贝鲁特（黎巴嫩）—阿勒颇（叙利亚）—摩苏尔—巴格达—巴士拉（伊拉克）铁路。连接亚欧非三洲，在土耳其境内接第二亚欧大陆桥，与远东和欧洲路网相连。

B 拉美和北美洲际干线

把北美自由贸易区的主要工业区连接在一起，主要有两支：

（a）圣萨尔瓦多—萨卡帕（危地马拉）—墨西哥城—新拉雷多（墨西哥）—圣安东尼奥（美国）—堪萨斯城—圣保罗—温尼伯（加拿大）铁路。

（b）墨西哥城—墨西卡利—圣迭戈—洛杉矶—旧金山—西雅图—温哥华铁路。

C 巴格达—巴尔干铁路

巴士拉—巴格达—穆斯林米亚（叙利亚）—阿达纳（土耳其）—于斯屈达尔（博斯普鲁斯海峡东岸）铁路。全长 3184 公里，是中东地区连接欧洲便捷的铁路运输线。此线过海峡，从伊斯坦布尔起，可西接中、西欧铁路网。

D 东南非铁路干线

达累斯萨拉姆—卢萨卡—布拉瓦约—哈博罗内—开普敦铁路。该线途经铜、铬、金等矿产资源丰富的地区，运输繁忙。

E 南美铁路干线

布宜诺斯艾利斯—圣地亚哥—瓦尔帕莱索铁路。该铁路线路虽然不长，但对沟通南美大陆东西两岸的联系，促进过境国之间的国际贸易起着重要作用。

（5）中国通往邻国及地区的铁路线

目前中国共有10条铁路通道与周边邻国或地区相连，发挥着区域间相互过境客货运输、海铁多式联运、洲际大陆桥运输的多项功能。中国铁路口岸运输近年来发展迅猛，自1998年以来，10条口岸运输通道运量每年以29.7%的速度递增。

铁路口岸是中国对外开放的重要窗口，目前中国对外开放的国际铁路联运口岸站有丹东、图们、集安、满洲里、绥芬河、阿拉山口、二连浩特等，其中的满洲里是中国最大的铁路口岸。

A 滨州线

自哈尔滨起向西北至满洲里口岸（对方为俄罗斯的后贝加尔），全长935公里。

B 滨绥线

自哈尔滨起，向东至绥芬河口岸（对方为俄罗斯的格罗迭科沃），全长548公里。

C 集二线

从京包线的集宁站，向西北到二连浩特口岸（对方为蒙古国的扎门乌德），全长364公里。

D 沈丹线

从沈阳到丹东口岸（对方为朝鲜的新义州），全长274公里。

E 长图线

西起吉林长春，东至图们口岸（对方为朝鲜的南阳），全长527公里。

F 梅集线

自梅河口至安口岸（对方为朝鲜满浦），全长245公里。

G 湘桂线

从湖南衡阳起，经广西柳州，南宁到达终点站凭祥口岸（对方是越南的同登），全长1013公里。

H 昆河线

从云南昆明经碧色寨到河口口岸（对方是越南的老街），全长177公里。

I 北疆线

从新建乌鲁木齐向西到达终点站阿拉山口口岸（对方是多斯特科，原名德鲁日巴），于1991年正式运营，1992年开办国际铁路客货联运。

J 内地对香港

内地对香港地区的铁路货运，由内地各车站装车运至深圳，深圳站是中国广九铁路中段的终点站，罗湖桥为深圳通往香港的铁路口岸。

目前，中国对俄罗斯远东地区的国际铁路货物联运走绥芬河口岸，东北三省运往俄罗斯中西部及运往欧洲的货物多走满洲里口岸，由中国内陆各省市自治区运往俄罗斯中西部和欧洲的货物则需走阿拉山口或二连浩特口岸。

三　国际公路运输基础设施

1. 国际公路运输的特点

公路运输是指以汽车或拖车为装载工具在公路上行驶，使货物达到位移目的的一种运输方式。汽车是公路运输的主要交通工具，因而公路运输也就是指汽车运输。公路运输的特点有：机动灵活、运输保障性高，运送、周转速度快，便于实行"门到门"运输，但运量小，成本和运价高。由于公路运输的上述特点，其适合于小批量的短途货物运输。公路的运输能力比铁路运输小得多，每辆普通载重汽车每次只能运送几吨货物，仅相当于一列货运列车的几十分之一；公路运输的成本分别是铁路运输的11—18倍、沿海运输的28—44倍、管道运输的14—22倍。

2. 国际公路基础设施的发展概况

世界上第一辆汽车于1886年问世，从那时起公路运输便开始迅速发展，世界各国相继建成了水平不同的公路网。因公路运输具有的特点，它是许多发展中国家主要的短途运输方式。对干线运输来讲，它起着辅助线的作用；在一些幅员较小的国家或铁路运输仍较落后的国家，其成为综合交通运输网的主干线。二战后随着国际多式联运的发展，公路运输在国际贸易的货物运输中变得越来越重要，在各种运输方式中所占的比重越来越大，成为各国综合运输网络中的后起之秀。

随着汽车日益大型化和高速化的发展，各国原有的公路网已不相适应，促使各个国家在公路建设上大力投资，高速公路、快速公路、能供超重车辆行驶的公路等相继在发达国家和一些发展中国家（地区）出现。从

1960年起,世界各发达国家都加大了高速公路建设。高速公路的特点是:第一,汽车专用;第二,公路的来向和去向道严格划分开,而且不同速度的车道也严格分开,同速车在规定车道上顺序行驶,不得任意超停;第三,不同道路交叉时采用立交形式,互相跨越;第四,道路路基坚固、路面平整、坡缓、无急弯。在这样的公路上行驶速度快(时速100—120公里)又安全。高速公路占地多、投资高,但承担的运量大、周转快、经济效益高。世界上高速铁路建设发展很快,1960年世界各国有高速公路3万公里,1970年为7万公里,1980年为11万公里,目前已达23万多公里。公路运输的发展远远超过铁路,跃居各种运输方式的首位,成为一些国家客、货运输的主力。欧、美、日各国公路货运量比重目前均达80%以上,公路的旅客周转量比重也达50%以上,有的甚至超过90%。因受公路特点和地理环境结构的影响,公路运输在国际贸易运输中的地位不及海运,也不及铁路运输,但在边境贸易中,公路运输占有重要地位,在国际公路干线网络密集的欧洲国家间,公路运输在国际贸易货运中的地位尤为突出。

3. 分布现状

目前世界各国的公路总长度约2000万公里,有80多个国家和地区修建了高速公路,建成通车的高速公路已达23万多公里。世界公路和高速公路主要集中在北美、西欧、南亚和东亚地区,以西欧密度最高。其中美国、德国、英国、法国、意大利、日本、加拿大和澳大利亚等主要经济发达国家公路里程约占世界公路总里程的55%,高速公路里程占世界高速公路里程的80%以上。美国现有公路里程和高速公路里程均是世界最长的,分别占世界公路总里程和高速公路里程的30%以上和近50%。西欧各国和日本,由于国土面积小,公路网基础好,高速公路也逐步形成网络,公路运输一直为内陆运输的主力。相比之下,俄罗斯和印度、巴西等发展中大国公路里程较少,道路质量差,公路铺面率低,汽车运输在整个交通运输体系中的地位和作用远低于美、日及西欧诸国。中国的高速公路建设近年来发展很快,已经突破了3万公里,成为世界高速公路第二长的国家,比排名世界第三的加拿大多出一倍。

许多国家的高速公路已不再是互不连接的分散的线路,而是向高速公路网的方向发展,欧洲正将各国主要高速公路连接起来,逐步形成国际高速公路网。当今世界公路运输发展趋势是发达国家以完善、维护和提高现有路网及通行能力为主,发展中国家则是普及和提高相结合,在增加公路通车里程的同时,大力提高干线公路的技术水平。

世界上的国际公路很多,最长的国际公路应属纵贯美洲大陆的泛美公路。泛美公路沿太平洋海岸线,从智利的蒙特港一直到阿拉斯加,系统全长 4.75 公里,把北美洲和南美洲连接起来。

4. 中国对外贸易公路运输口岸

A 对独联体公路运输口岸

(a)新疆:吐尔戈特、霍尔果斯、巴克图、吉木乃、艾买力、塔克什肯。

(b)东北地区:长岭子(珲春)/卡拉斯基诺、东宁(岔口)/波尔塔夫卡、绥芬河/波格拉尼契内、室韦(吉拉林)/奥洛契、黑山头/旧楚鲁海图、满洲里/后贝加尔斯克、漠河/加林达。

B 对朝鲜公路运输口岸

中朝之间原先仅中国丹东与朝鲜新义州间偶有少量公路出口货物运输,后来吉林省开办珲春、图们江与朝鲜崴镜北道的地方贸易货物的公路运输,外运总公司也与朝鲜签订了由吉林省的三合、沙坨子口岸经朝鲜津港转运货物的协议。

C 对巴基斯坦公路运输口岸

新疆的红其拉甫和喀什市。

D 对印度、尼泊尔、不丹的公路运输口岸

主要有西藏南部的亚东、帕里、樟木等。

E 对越南地方贸易的主要公路口岸

主要有云南省红河哈尼族彝族自治州的河口和金水河口岸。

F 对缅甸公路运输口岸

云南省德宏傣族景颇族自治州的畹町口岸是中国对缅甸贸易的主要出口陆运口岸,还可以通过该口岸和缅甸公路转运部分与印度的进出口贸易货物。

G 对香港、澳门的公路运输口岸

深圳市的文锦渡和香港新界相接,通往香港的还有位于深圳市东部的沙头角及皇岗。对澳门公路运输口岸是位于珠海市南端的拱北。

四 国际航空运输基础设施

1. 国际航空运输的特点

航空运输是指以飞机为装载工具在空中的航线上航行,使货物达到位移目的的一种运输方式。航空运输的主要特点是：运输速度快，直线运距短，可以跨越自然障碍，运量小，成本高。由于上述特点，航空运输在世界上主要是用于客运和小批量、高时效、贵重的货运运输。飞机是世界上运输速度最快的一种运输工具，近年来，由于飞机性能的改进，各地面航空设施的增加，使航空运输成为现代运输业中最重要的形式之一，对进行国际贸易具有重要意义。

当今国际市场商品的竞争异常激烈，行情瞬息万变，有时为了争取商机以获得较高的经济效益，必须把货物尽快运到急需的市场，这时就必须依赖于航空运输才有可能形成商品在国际市场上的竞争力。航空运输最适合鲜活易腐产品和季节性强的商品运送，这些商品由于性质特殊，对时间要求极为敏感，采用航空运输为这类商品的运输和销售争取了时间，提供了可能，并有利于开辟运输距离较远的市场，这是其他运输方式所无法比拟的。

2. 国际航空基础设施的发展概况

世界航空运输起步较晚，但发展十分迅速，在整个国际贸易运输中所占的地位日益显著，航空货物运输量亦在逐步增大。世界上第一架飞机是1903年由美国人怀特兄弟发明的；1909年法国最先创办了商业航空运输；飞机制造于1920年起转为民航使用；航空运输作为一种国际贸易的货物运输方式，是在第二次世界大战以后才开始的。近几十年来随着科学技术的发展，飞机样式不断更新换代，航空运输在快捷、舒适、安全及运载能力方面迅速提高，成为世界上集中运输方式中发展最快的一种。目前航空运输在客运方面迅速提高，成为世界上几种运输方式中发展最快的一种。目前航空运输在客运方面成为人们现代生活的主要旅行工具，特别是在国际和跨洋旅行方面已占世界客运总量的90%以上。同时在货运方面也有了很大的发展，尤其是在国际贸易中贵重、鲜活等商品的运输上占有重要地位，如美国电子计算机的出口主要是用航空运输。

目前全球有1000多家航空公司、30000多个民用机场、6000多架民用喷气式飞机，货运量日渐增多，航线四通八达，遍及全球各大港口和城市。美国是世界上航空运输最发达的国家，客、货运量均占世界航空运输总量的50%左右，遥遥领先于世界其他国家。此外，英国、俄罗斯、日本、德国、法国、意大利、加拿大和澳大利亚等国的航空运输均占重要地位，但航空运输发展最为迅速的是东亚新兴工业化国家和地区。

3. 主要国际机场及航线

A 世界重要国际航空港

世界上不少国家的首都和重要城市都建有国际航空港。目前世界重要国际航空港主要有：

亚洲的北京、上海、香港、东京、首尔、马尼拉、新加坡、仰光、曼谷、雅加达、德里、加尔各答、卡拉奇、德黑兰、贝鲁特、吉达、迪拜等。

非洲的开罗、喀什穆、阿尔及尔、内罗毕、达喀尔、拉各斯、约翰内斯堡、布拉柴维尔等。

欧洲的伦敦、巴黎、布鲁塞尔、阿姆斯特丹、法兰克福、柏林、维也纳、苏黎世、华沙、莫斯科、罗马、雅典、布加勒斯特、马德里、哥本哈根、斯德哥尔摩等。

北美的纽约、华盛顿、芝加哥、亚特兰大、洛杉矶、旧金山、孟菲斯、迈阿密、西雅图、达沃斯—沃斯堡、休斯顿、蒙特利尔、多伦多、温哥华等。

拉丁美洲的布宜诺斯艾里斯、里约热内卢、圣保罗、利马、圣地亚哥、加拉加斯、墨西哥城、圣胡安等。

大洋洲的悉尼、奥克兰、火奴鲁鲁、楠迪、帕皮提等。

B 世界主要的货运机场

世界上著名的货运机场有：法国的戴高乐机场，德国的法兰克福机场，荷兰的希普霍尔机场，英国的希斯罗机场，美国的孟菲斯机场、芝加哥机场和洛杉矶机场，日本的成田机场，中国的香港机场等。

美国的孟菲斯国际机场是世界航空物流最大运营商联邦快递的世界基地，机场95%的吞吐量依赖于联邦快递的业务，自1993年至2009年连续17年成为全球排名第一的最大货运机场。

得益于全球大范围的经济回暖，2010年世界航空货运量整体同比增长15.2%；中国的香港国际机场的货物吞吐量417万吨，比上年增长23.2%，首次超过美国的孟菲斯国际机场，成为全球最大的航空货运枢纽机场；排在世界第三位的是中国上海浦东国际机场，增长率为27.1%，增幅超过香港。2010年世界航空客运量增长6.3%，客运量排名世界前三位的是美国亚特兰大机场、中国北京首都国际机场、美国芝加哥机场。

C 国际主要航线

（a）西欧—北美间的北大西洋航线。该航线连接西欧、北美两大经济重心区,是世界最繁忙的航线,主要往返于西欧的巴黎、伦敦、法兰克福和北美的纽约、芝加哥、蒙特利尔等机场之间。

(b)西欧—中东—远东航线。该航线连接西欧各主要机场至远东香港、北京、东京、首尔等重要机场,并途经雅典、开罗、德黑兰、卡拉奇、新德里、曼谷、新加坡等重要航空站,为西欧与远东两大经济重心区之间的往来航线。

(c)远东—北美间的北太平洋航线。该航线连接远东和北美两大经济重心区,是世界又一重要航线。它由香港、东京和北京等重要国际机场经北太平洋上空到达北美西海岸的温哥华、西雅图、旧金山、洛杉矶等重要国际机场,再接北美大陆其他航空中心。太平洋上的火奴鲁鲁(檀香山)、阿拉斯加的安克雷奇等国际机场是该航线上的重要中间加油站。

除以上三条最繁忙的国际航线以外,重要的航线还有:远东—澳新航线、北美—澳新航线、西欧—东南亚—澳新航线、北美—南美航线、西欧—南美航线、西欧—非洲航线等。

五 国际管道运输基础设施

1. 国际管道运输的特点

管道运输是一种运输通道和装载工具合二为一的特殊运输方式,其运输通道与运输工具都是管道。管道运输是货物在管道内借高压气泵的压力向目的地输送的一种运输方式。在管道运输中管道是固定不动的,只是货物本身在管道内移动,为了增加运量,加速周转,管道的管径和气压泵功率都有很大增加,而且管道里程越来越长,最长可达数千公里;国际管道运输正向着远距离、大管径、高浓度方向发展。

管道运输的主要特点有:输送能力强、能耗少、成本低,运输安全可靠、输送产品损失少、易于自动化控制,但适用范围小、专用性强、机动灵活性差等。在管道运输中,一条直径720毫米的输煤管道,一年可输送煤炭2000万吨,相当于一条单线铁路的单方向输送能力;管道运输的能耗在各种运输方式中是最低的;管道运输所运的货物和运输的路线是固定不变的。管道运输最适于气体和液体货物的运输,现在普遍用于石油和天然气的运输,并开始用于煤炭、矿石、建材和粮食等固体货物的运输。

2. 世界管道运输基础设施的发展和分布

自1861年美国建成世界上第一条输油管道至今,管道运输业已有140

多年历史。二战后随着石油和天然气工业的迅速发展，管道运输的发展速度很快，甚至超过了公路运输的发展。现在管道运输主要用于能源输送，以及石油和天然气的运输。

管道运输在世界各国各地区的油田、油港和炼油中心之间起着纽带作用，在原油和油品的进出口贸易中，是与油轮相辅相成的重要运输方式。但世界管道运输网分布很不均匀，主要集中在北美和欧洲。世界上以美国的管道运输最为发达，其管道总长度约80万公里，又分石油管道和天然气管道两种；管道技术也以美国最为先进，1977年，美国在高纬度严寒地区修建的横贯阿拉斯加的原油管道正式输油。

除美国外，独联体、加拿大、西欧、中东等国家和地区的管道网也比较发达；加拿大的输油管道把落基山东麓产油区与消费区连接起来，并和美国的管道网相连；西欧的北海油田近年新建了一批高压大口径的管道（直径1016毫米），管道长度现已超过1万公里，成为世界上油气管道建设的热点地区之一；中东地区的输油管道最初主要为自伊拉克、沙特至叙利亚和黎巴嫩地中海港口的管线，后来比较重要的有伊拉克的以土耳其杰伊汉港为终点的石油管线和沙特的自波斯湾横越国土中部至红海岸延布港的输油系统。

在全球180多万公里管道中，输油管道占近40%，输气管道占50%，化工和其他管道约占10%，煤、磷灰石、铁矿石、铜矿石等固体散装物料的管道输送也正在被开发。固体物质的管道输送是将颗粒状的固体物质与液体输送介质混合，采用泵送的方法运输，并在目的地将其分离出来，输送介质通常采用清水。目前全世界已有20多个国家使用管道输送固体物料，输送的固体物料品种达25种之多，包括泥浆、砂、石、煤、精矿砂、焦炭和各种尾矿渣等，年输送量、输送管径以及输送距离等都有很大的发展。如美国的黑密萨煤浆输送管道总长438公里，管道直径456毫米，每年从亚利桑那州的煤矿运输460万吨煤到内华达州的发电厂，该管道系统从1970年一直成功运行到现在。又如巴西的里约热内卢东北部，从塔皮拉磷灰石矿至乌比拉巴的磷矿石管道，输送长度120公里，年输送200万吨。

第三节 部分世界主要贸易国家和地区物流基础设施水平的因子分析

一 因子分析介绍

因子分析的基本思想是根据指标变量相关性的大小把变量分组,使得同组内的变量之间相关性较高,不同组内的变量之间相关性较低。每组变量组成的基本结构称为公共因子。公共因子和特殊因子之和能够描述原来观测的每一变量。因子分析要求原始指标数据间具有相关性,指标间的完全相关或者完全不相关都不适用于因子分析。

因子分析的基本原理就是构造一个因子模型,确定模型中的参数,然后根据分析结果进行因子解释,并对样本分类,做进一步分析。

运用因子分析法进行多指标综合评价一般包括九个步骤:将原始变量数据进行标准化,求解标准化变量的相关矩阵,求解相关矩阵 R 的特征根、特征向量和贡献率,确定公共因子个数,求解初始因子负荷矩阵,对初始因子负荷矩阵作旋转处理,说明因子的社会经济含义,估计因子得分,求综合评价 F 值,即总因子分数估计值。完成对单个样本综合评价所需的工作后,对每个样本按此步骤循环,分别得到各个样本的 F 值。最后,依据 F 的大小对样本排序。

二 部分世界主要贸易国家和地区物流基础设施水平的因子分析

为了衡量贸易国家的物流基础设施水平,本书选取了以下各类与物流有关的基础设施指标。其中,交通基础设施指标包括:公路密度(每公里/每百平方公里表面积)、离港航班数、铁路密度(每公里/每百平方公里表面积)、港口集装箱吞吐量(20 尺标准集装箱)、公路线路长度(公里)、等级公路比重(%)、铁路线路长度(公里)、航空货运量(百万吨公里)、航空客运量;电信和网络类基础设施指标包括:电力消费(人均千瓦时)、(每百人)固定线路和移动手机订制人数、(每百人)互联网用户人数、(每百人)互联网宽带用户人数。所选取的样本国家和地区有 27 个,分别是:美国、加拿大、德国、西班牙、法国、英国、爱尔兰、荷兰、意大利、奥地利、比利时、瑞士、瑞典、澳大利亚、日本、沙特阿拉伯、巴西、墨西哥、中国、韩国、印度尼西亚、马来西亚、泰国、印度、波兰、俄罗斯、土耳其。表 2.6 显示的是在 Eviews 软件中得出的未经旋转的因子分析结果及因子特征值、贡献率及累计贡献率。表 2.7 所示的是方差最大化旋转后的因子分析结果。从结果中可以看出，方差最大化旋转后的公共因子所代表的信息非常明显：因子 1 包括离港航班数、航空货运量、航空客运量、港口集装箱吞吐量、铁路线路长度、公路线路长度，可代表交通基础设施的规模；因子 2 包括等级公路比重、铁路密度、公路密度，可代表交通基础设施的质量；因子 3 包括互联网宽带使用人数、人均电力消费、互联网用户人数、固定线路和移动手机订制人数，可代表电信和网络基础设施的水平。然后，再利用综合因子得分计算出样本国家的物流基础设施综合指数，如表 2.8 所示。从因子分析的一系列结果可以得出，交通基础设施的规模和质量是衡量一个国家综合物流水平的重要因素。从因子得分的综合绩效排名中可以看出，美国的物流基础设施水平排名世界第一位，远高于其他国家的物流基础设施水平。由于我国近年来大力发展交通基础设施，因此物流综合水平有显著提高，在世界主要贸易国家中的排名仅次于美国、德国、英国、荷兰、日本和瑞士，排名第七位。

表 2.6　　　　　　　　　未经旋转的因子分析结果

	因子 1	因子 2	因子 3	公因子方差	特殊方差
离港航班数	0.973712	0.18829	0.036499	0.984901	0.015099
航空货运量	0.902522	0.275317	0.09504	0.899379	0.100621
航空客运量	0.979179	0.194304	0.040434	0.99818	0.00182
互联网宽带使用人数	-0.033664	0.857411	0.009227	0.736372	0.263628
港口集装箱吞吐量	0.513861	-0.018047	2.16E-05	0.264378	0.735622
人均电力消费	0.191656	0.723832	-0.145057	0.581706	0.418295
互联网宽带使用人数	-2.48E-16	1	9.71E-15	1	0
铁路密度	-0.205671	0.453546	0.862939	0.992668	0.007332
公路密度	-1.82E-01	0.409325	0.724079	0.724804	0.275202
固定线路和移动手机订制人数	-1.61E-01	0.705242	0.113143	0.536107	0.463894
铁路线路长度	0.880866	-0.015598	0.004823	0.776192	0.223808
公路线路长度	0.868641	-0.062709	-0.037088	0.759845	0.240155

续表

	因子1	因子2	因子3	公因子方差	特殊方差
等级公路比重	-0.065532	0.221235	0.51985	0.323483	0.67652
Factor	方差	累计方差	差异	贡献率	累计贡献率
因子1	4.659333	4.659333	1.327176	0.486461	0.486461
因子2	3.332157	7.99149	1.745632	0.347896	0.834358
因子3	1.586525	9.578014	—	0.165642	1
Total	9.578014	22.22884		1	

表 2.7　　　　　极大似然法（旋转后）的因子分析结果

物流基础设施指标	因子1	因子2	因子3
离港航班数	0.986047	0.107343	-0.03301
航空货运量	0.929261	0.181989	0.052268
航空客运量	0.992404	0.111827	-0.028426
港口集装箱吞吐量	0.507537	-0.052199	-0.06372
铁路线路长度	0.87192	-0.075817	-0.100988
公路线路长度	0.851374	-0.110291	-0.151137
等级公路比重	0.005655	0.091076	0.561388
铁路密度	-0.078553	0.241203	0.963493
公路密度	-0.072131	0.230815	0.816287
互联网宽带使用人数	0.047756	0.829287	0.215348
人均电力消费	0.243735	0.722648	0.008862
互联网用户人数	0.093573	0.96718	0.236234
固定线路和移动手机订制人数	-0.082752	0.665272	0.294401
累计贡献率	0.486461	0.834358	1

表 2.8　　2009 年的世界 27 个国家物流基础设施的主因子得分及综合绩效得分

国家	F1	F2	F3	综合绩效得分
美国	4.962608	0.721391	-0.11069	2.64675
德国	0.256015	1.082215	1.61233	0.768109
英国	0.158535	1.490561	0.602451	0.695473
荷兰	-0.41422	1.674894	1.114744	0.565836

续表

国家	F1	F2	F3	综合绩效得分
日本	0.046991	1.341489	0.294418	0.538326
瑞士	-0.4806	1.260444	1.259574	0.413348
中国	1.339114	-0.45907	-0.66251	0.381977
比利时	-0.43159	0.551173	2.385274	0.376902
法国	-0.10404	0.965433	0.550155	0.376386
韩国	-0.40267	1.656869	-0.46434	0.303618
加拿大	-0.28168	1.901076	-1.41653	0.289715
爱尔兰	-0.0535	1.1253	-0.51032	0.280929
瑞典	-0.72456	2.269265	-0.97993	0.274678
奥地利	-0.529	1.13936	0.720937	0.25846
澳大利亚	-0.33744	1.690613	-1.51585	0.172917
西班牙	-0.22093	0.93376	-0.40923	0.14959
波兰	-0.49804	0.575059	0.698971	0.073561
意大利	-0.23202	0.165372	0.616481	0.04678
马来西亚	-0.44329	0.904493	-1.19159	-0.09835
巴西	-0.00341	0.169241	-1.04906	-0.11655
土耳其	-0.27691	0.017531	-0.77334	-0.25684
沙特	-0.41268	0.191276	-1.17417	-0.3287
俄罗斯	-0.20032	-0.24259	-0.8972	-0.33046
墨西哥	-0.3353	-0.41207	-0.61748	-0.40875
印度	0.110904	-1.42152	-0.08797	-0.45516
泰国	-0.29163	-0.64523	-0.6878	-0.48027
印度尼西亚	-0.18124	-1.08047	-0.79096	-0.59507

第四节 本章小结

本章对当今国际商品贸易的发展状况和地理格局、国际贸易中的各种主要运输方式以及相关交通基础设施进行了概述，最后通过因子分析的方法对世界部分主要贸易国家物流基础设施水平进行一定的排名分析并发现，交通基础设施是一个国家物流水平的重要体现，近年来发展中国家和新兴经济体国家逐渐改善了交通基础设施的状况，使得国家物流水平总体有所提高，为国家增强国际竞争力提供了坚实的基础，本章的分析有助于后文对交通基础设施网络效应实证检验的结果进行理解和阐述。

第三章

交通基础设施网络效应的实证分析：以世界主要贸易国家和地区的贸易引力模型为例

第一节 引言

二战以来，减少贸易障碍、推进贸易自由化一直是国际社会的主流思潮，降低贸易成本成为众多国家经济改革的重要领域。狭义的贸易成本一般指为完成进出口交易所产生的额外支出。广义的贸易成本则包括将商品送达国外最终用户过程中产生的所有支出，以及各类隐性成本，如交通运输成本、关税和非关税壁垒、信息成本、契约执行成本、货币兑换成本、法律和监督管理成本以及批发和当地批发、零售的配送成本等（Anderson&van Wincoop，2004）。贸易成本的水平随交易各国基础设施服务的完善程度不同而差异巨大。上述贸易成本当中，与国际运输服务相关的运输成本、在途时间成本、供应链管理成本和额外存货成本由于突出影响力受到了广泛的重视，电信、港口、海运、公路、铁路、民航等基础设施被认为是影响一国物流成本，进而推高贸易成本的重要因素（《世界银行物流绩效指数报告》，2007）。Limão和Venables（2001）的研究进一步表明，落后的运输服务不利于主体国家更多介入全球供应链，运输成本每增加10%，贸易量将减少20%。Anderson和van Wincoop（2004）则更是将降低贸易成本的努力指向交通运输等基础设施领域。他们的研究显示在以关贸总协定、世界贸易组织为代表的国际组织多年努力下，目前多数国家关税壁垒已经降到合理水平，发达国家平均（贸易加权或算术平均）关税水平低于5%；发展中国家平均关税水平在10%—20%。一方面，全球关税水平的总体下降推动全球贸易快速增长；但另一方面，某些发展中国家不完善的交通基础设施，导致交通基础设施的网络效应不能发挥，进一步使得贸易成本居高不下，事实上遏制了进出口交易的顺利实现，从而错失了从国际贸易中获得巨大利益的机会，严重削弱了国内相关产业的国际贸易竞争力。

因此，本章基于贸易引力模型，通过分析交通基础设施对世界部分主要贸易国家和地区双边贸易流量的影响，来对交通基础设施的网络效应进行实证检验，以期能够促使政策制定者改善交通基础设施网络，发挥交通基础设施的网络效应，最大程度降低国内和国际贸易成本，提高国际贸易竞争力。

第二节　贸易引力模型回顾

引力模型起源于1678年牛顿在物理学中提出的万有引力定律，即两个物体之间的引力与它们各自的质量成正比，与两个物体之间的距离成反比。最早将万有引力定律引入国际贸易领域的学者是荷兰经济学家Tinbergen和德国经济学家Royhonen。他们指出贸易引力模型的最初表现形式为：

$$trade_{ij} = A \frac{(GDP_i GDP_j)^{b_1}}{(dist_{ij})^{b_2}} \quad (3-1)$$

其中，$trade_{ij}$表示国家i和国家j之间的双边贸易流量，GDP_i和GDP_j分别代表这两个国家的经济规模，$dist_{ij}$用来测量两国的距离，A为比例常数（proportionality constant）。他们指出两国的双边贸易流量与各自的经济总量规模成正比，与它们之间的空间距离成反比。其中，出口国的经济总量反映了潜在的供给能力，进口国的经济总量反映了潜在的需求能力，双方的距离以运输成本加以体现则构成了两国之间贸易的阻碍因素。为了得到引力模型的估计方程，对（3-1）式取自然对数，并添加随机误差项，得到

$$\ln(trade_{ij}) = A + b_1 \ln(GDP_i GDP_j) + b_2 \ln(dist_{ij}) + \varepsilon_{ij} \quad (3-2)$$

其中，A、b_1和b_2都是待估计的系数。由于两国各自的经济规模越大，它们之间的双边贸易量越大；两国之间的距离越远，它们之间的双边贸易量越小。因此，b_1的预期符号为正，b_2的预期符号为负。随机误差项ε_{ij}包含其他一切可能影响两国双边贸易流量的因素。

尽管引力模型的基本形式比较简单，但是自20世纪60年代以来，引力模型已经在国际贸易领域的研究中获得了相当的成功，它被广泛应用于测算贸易潜力、鉴别贸易集团的效果、分析贸易模式以及估计贸易成本等领域，并较好地解释了在现实中观察到的一些经济现象。传统引力模型将双边贸易流量表述为双边经济规模与贸易成本的函数。此后，与引力模型

相关的研究主要沿着两个方向发展：一是扩展引力模型的解释变量，即加入运输成本等更多因素，考察它们对贸易流量的影响，这也是本章的思路；二是新近发展的方向，即扩展引力模型的被解释变量，如贸易的集约边际和扩展边际等。

在众多对扩展的引力模型的研究中，Nordås 和 Piermartini（2004）[①] 运用 2000 年 138 个国家双边贸易流量的截面数据，证明公路、航空、港口和电信等基础设施指标对不同部门的出口存在显著影响，其中港口效率在所有基础设施指标中对贸易的影响最大。De（2006）[②] 运用 1991—2004 年中日韩三国双边贸易流量的面板数据，通过对各类基础设施指标进行主成分分析的方法构造了贸易流动性指数，研究结果表明基础设施对中日韩三国的双边贸易具有显著的促进作用。Edwards 和 Odendaal（2008）[③] 选取 2005 年 117 个国家双边贸易流量的截面数据，通过构建双边贸易伙伴基础设施质量的最大值和最小值指标，说明国家间基础设施的差异通过运输成本对贸易流量产生影响，而贸易伙伴间最低水平的基础设施对运输成本和贸易的影响最大。在国内，彭支伟和白雪飞（2010）[④] 运用了东亚经济体 1992—2006 年的双边贸易流量的面板数据，参照 Limão 和 Venables（1999）[⑤] 的做法，使用人均道路里数、人均公路线长度、人均铁路线长度、人均电话主线长度和百人网民数的算术平均值的倒数作为综合基础设施指数，考察了其对东亚零部件和产成品贸易的影响。综上研究表明，运用贸易引力模型来对交通基础设施的网络效应进行实证检验是一个非常可行的研究方法。

第三节　交通基础设施网络效应的实证分析

虽然国内外学者对交通基础设施对进出口贸易流量的影响有一定的关

[①] Nordås H. K., Piermartini R., *Infrastructure and Trade*, ERSD Working Paper, 2004.

[②] De P., *Regional Trade in Northeast Asia: Why Do Trade Costs Matter?* CESifo Working Paper, No. 1809, 2006.

[③] Edwards, L., Odendaal, M., *Infrastructure, Transport Costs and Trade: A New Approach*, TIPS Small Grant Scheme Research Paper Series, 2008.

[④] 彭支伟、白雪飞：《服务联系成本、基础设施建设和东亚垂直分工：1992—2006》，《世界经济研究》2010 年第 6 期，第 75—80 页。

[⑤] Limão N., Venables A. J., "Infrastructure, Geographical Disadvantage and Transport Costs", *The World Bank Economic Review*, Vol.15（3）, 2001, pp.451-479.

注,但现有研究在广度和数据、变量选取方面仍留有很多缺憾,本书力图弥补现有研究的不足,选取了1990—2008年全球31个主要贸易国家双边贸易流量的面板数据,运用扩展的引力模型对交通基础设施对进出口贸易流量的影响进行分析,进而对交通基础设施的网络效应进行了实证检验。实证研究的主要贡献在于:(1)面板数据时间跨度比较大,进出口数据涵盖世界主要贸易国家,具有较好的说服力和代表性;(2)本章不仅仅选取了各类交通基础设施指标,同时还通过运用因子分析方法,在13个各类基础设施指标的基础上构建了物流基础设施综合指数;(3)本章将各类交通基础设施指标和物流基础设施综合指数逐个纳入扩展的引力模型,不仅得出各类交通基础设施指标对进出口贸易流量的影响,还进一步得出贸易国家物流网络总体水平对进出口贸易流量的影响。

一 变量和数据说明

1. 变量说明

在标准贸易引力模型的基础上,根据上文对所研究问题的设置,通过引入新的解释变量得到如下的扩展引力模型:

$$\ln T_{ijt} = \alpha_{ij} + \beta_1 \ln GDP_{it} + \beta_2 \ln GDP_{jt} + \beta_3 \ln GDPPC_{it} + \beta_4 \ln GDPPC_{jt}$$
$$+ \beta_5 \ln INFRA_{it} + \beta_6 \ln INFRA_{jt} + \beta_7 Landlocked_i + \beta_8 Landlocked_j$$
$$+ \beta_9 \ln DIS_{ij} + \beta_{10} ADJ_{ij} + \beta_{11} LAN_{ij} + \beta_{12} COL_{ij} + \beta_{13} RTA_{ijt} + \varepsilon_{ijt}$$

基于引力模型的经验研究,上式中除虚拟变量以外,其他变量均采取自然对数的形式。上式中被解释变量T_{ijt}为t时期贸易国i和伙伴国j之间的贸易流量[①],α_{ij}为常数项,β_1—β_{13}为各个解释变量的系数,ε_{ijt}为随机扰动项。各个解释变量的含义及理论预测如表3.1所示。

表 3.1　　　　扩展的引力模型中各个解释变量的含义及理论预测

解释变量	含义	理论预测
GDP	贸易国i和伙伴国j的国内生产总值	反映贸易双方的供给和需求能力,规模越大供给和需求能力越大,因此两国的贸易流量与两国的规模成正比

[①] 所选取的贸易流量数据为双边贸易金额数据,当被解释变量为出口/进口数据时,贸易国i为出口/进口国家,伙伴国j为进口/出口国家。

续表

解释变量	含义	理论预测
GDPPC	贸易国 i 和伙伴国 j 的人均国内生产总值	两国的贸易流量与两国的人均收入水平的关系待定
INFRA	贸易国 i 和伙伴国 j 的物流基础设施	运输成本代理变量，交通基础设施水平越高，运输成本越低，因此两国的贸易流量与两国的基础设施水平成正比
Landloclced	贸易国 i 和伙伴国 j 是否为内陆国家的虚拟变量	运输成本代理变量，鉴于迄今为止国际贸易主要借助海运完成，当两国为内陆国家时，运输成本增加，因此两国的贸易流量受到阻碍
DIS	贸易国 i 和伙伴国 j 之间的加权距离[①]	运输成本代理变量，距离远，运输成本增加，因此两国的贸易流量与两国的距离成反比
ADJ	贸易国 i 和伙伴国 j 是否相邻的虚拟变量	运输成本代理变量，当两国相邻时，运输成本降低，因此促进两国的贸易流量
LAN	贸易国 i 和伙伴国 j 是否拥有共同语言的虚拟变量	当两国使用共同语言时，促进两国的贸易流量
COL	贸易国 i 和伙伴国 j 是否曾经/现在具有殖民关系的虚拟变量	当两国曾经具有殖民关系时，促进两国的贸易流量
RTA	贸易国 i 和伙伴国 j 是否签署区域贸易协定的虚拟变量	当两国签署区域贸易协定时，促进两国的贸易流量

本章所使用的各类交通基础设施指标包括：①公路密度（每公里/每百平方公里表面积）。②离港航班数。③铁路密度（每公里/每百平方公里表面积）。④港口集装箱吞吐量（20尺标准集装箱）。

为了衡量贸易国家的综合物流网络水平，本章通过13个基础设施指标的因子分析构造了综合物流基础设施指数。除了上述4个交通基础设施指标外的其他9个指标是：人均电力消费（千瓦时）、（每百人）固定线路和移动手机订制人数、（每百人）互联网用户人数、（每百人）互联网宽带使用人数、公路线路长度（公里）、等级公路比重（%）、铁路线路长度（公里）、航空货运量（百万吨公里）、航空客运量。因子分析的结果如表3.2所示，方差最大化旋转后的公共因子所代表的信息非常明显：因子1可代表

[①] 许多文献选取国家首都之间的简单地理距离作为国家间的距离，这种做法忽略了国家本身的内部距离，将会对模型的估计结果产生偏差，本章所选取的加权距离是国家间主要城市的地理距离加权，权数主要是通过城市在国家内部的集聚程度而确定的，这种做法考虑了国家本身的内部距离，使得实证结果更加准确（Mayer&Zignago，2005）。

交通基础设施的规模；因子 2 可代表交通基础设施的质量；因子 3 可代表电信和网络基础设施的水平。然后，再利用综合因子得分计算出样本国家的物流基础设施综合指数。

表 3.2　　极大似然法（旋转后）的因子分析结果

物流基础设施指标	因子 1	因子 2	因子 3
离港航班数	0.986047	0.107343	-0.03301
航空货运量	0.929261	0.181989	0.052268
航空客运量	0.992404	0.111827	-0.028426
港口集装箱吞吐量	0.507537	-0.052199	-0.06372
铁路线路长度	0.87192	-0.075817	-0.100988
公路线路长度	0.851374	-0.110291	-0.151137
等级公路比重	0.005655	0.091076	0.561388
铁路密度	-0.078553	0.241203	0.963493
公路密度	-0.072131	0.230815	0.816287
互联网宽带使用人数	0.047756	0.829287	0.215348
人均电力消费	0.243735	0.722648	0.008862
互联网用户人数	0.093573	0.96718	0.236234
固定线路和移动手机订制人数	-0.082752	0.665272	0.294401
累计贡献率	0.486461	0.834358	1

2. 数据说明

本章选取了 1990—2008 年全球 31 个主要贸易国家[①]双边进出口流量的面板数据分别进行实证研究，国家的选取主要基于如下考虑：首先，所选取的 31 个国家进出口贸易总量的排名为世界前四十位，并且这些国家在 2007 年的进出口贸易总量占世界贸易进出口总量的 80% 以上，使得样本非常具有代表性和典型性。其次，选择的 31 个国家和地区中包括了中国近年

---

① 31 个国家和地区包括美国、加拿大、德国、西班牙、法国、英国、爱尔兰、荷兰、意大利、奥地利、比利时、瑞士、瑞典、澳大利亚、日本、阿联酋、沙特阿拉伯、巴西、墨西哥、中国、中国香港、韩国、印度尼西亚、马来西亚、新加坡、泰国、印度、捷克、波兰、俄罗斯、土耳其。

来最主要的 15 大贸易伙伴[①],这也有利于对中国所面临的国际贸易形势进行分析。双边进出口流量数据来自世行(World Bank)的 COMTRADE 数据库;各国的 GDP 和人均 GDP 及各类物流基础设施指标来自世行的 WDI(World Development Indicators)数据库;各国之间的加权距离、是否内陆国家、是否地理位置相邻、是否使用共同的语言、是否曾经具有殖民关系来自法国 CEPII 的 Geography 数据库;各国是否签署区域贸易协定来自 WTO 的区域贸易协定(RTA)数据库。

二 模型估计结果

本研究的实证结果如表 3.3 和表 3.4 所示。模型(1)—(4)为各类交通基础设施指标对贸易影响的实证结果,(5)为物流基础设施综合指数对贸易影响的实证结果;各解释变量系数的估计结果分为两列,左列为混合模型的估计结果,右列为面板数据固定效应模型的估计结果。由于混合模型与固定效应模型的调整比较接近,并且对于不随时间变化的解释变量不出现在固定效应模型当中,因此本研究主要通过混合模型分析不随时间变化的解释变量的估计结果,通过固定效应模型分析随时间变化的解释变量的估计结果。

表 3.3　　　　　　　交通基础设施对出口贸易影响的实证结果

	(1)	(2)	(3)	(4)	(5)
ADJ	0.77***	0.52***	0.73***	0.39***	0.75***
	(0.05)	(0.05)	(0.05)	(0.06)	(0.06)
LAN	0.72***	0.63***	0.12**	0.46***	0.02
	(0.03)	(0.04)	(0.04)	(0.04)	(0.05)
COL	-0.023	-0.006	0.25***	0.17**	0.126
	(0.05)	(0.05)	(0.05)	(0.06)	(0.07)
DIS	-0.62***	-0.79***	-0.70***	-0.7***	-0.6***
	(0.01)	(0.01)	(0.01)	(0.02)	(0.02)

① 包括美国、日本、中国香港、韩国、德国、澳大利亚、俄罗斯、马来西亚、新加坡、印度、荷兰、巴西、英国、沙特阿拉伯等国家和地区。排名根据海关数据库的中国进出口贸易国别数据整理而得,各年份略有差异。

续表

	(1)		(2)		(3)		(4)		(5)	
Landlock exporter	−0.62***		−0.36***		−0.44***		1.09***		−0.4***	
	(0.03)		(0.04)		(0.04)		(0.06)		(0.05)	
Landlock importer	−1.00***		−0.94***		−0.62***		0.31***		−0.7***	
	(0.04)		(0.04)		(0.04)		(0.06)		(0.05)	
RTA	0.065*	0.16***	0.05	0.14***	0.19***	0.18***	0.40***	0.09***	0.34***	0.1***
	(0.03)	(0.02)	(0.03)	(0.02)	(0.03)	(0.02)	(0.04)	(0.02)	(0.04)	(0.02)
lnGDP exporter	0.7***	2.7***	0.40***	2.5***	0.75***	2.4***	0.49***	0.66***	0.44***	0.198
	(0.01)	(0.18)	(0.02)	(0.17)	(0.01)	(0.18)	(0.01)	(0.14)	(0.02)	(0.46)
lnGDP importer	0.608***	0.80***	0.49***	0.67***	0.75***	0.61***	0.47***	0.68***	0.62***	0.124
	(0.01)	(0.06)	(0.02)	(0.06)	(0.01)	(0.11)	(0.01)	(0.08)	(0.02)	(0.21)
lnGDPPC exporter	0***	−2.2***	0.09***	−2.1***	0.04***	−1.9***	−0.02*	−0.339*	−0.32***	0.340
	(0.01)	(0.19)	(0.01)	(0.18)	(0.01)	(0.19)	(0.01)	(0.15)	(0.02)	(0.47)
lnGDPPC importer	0.16***	−0.104	0.18***	−0.020	0.1***	0.169	0.10***	−0.139	−0.1***	0.64**
	(0.01)	(0.06)	(0.01)	(0.07)	(0.01)	(0.12)	(0.01)	(0.09)	(0.02)	(0.21)
lnroad exporter	0.32***	0.17***								
	(0.01)	(0.03)								
lnroad importer	0.08***	0.05*								
	(0.01)	(0.02)								
lnair exporter			0.42***	0.15***						
			(0.02)	(0.02)						
lnair importer			0.18***	0.11***						
			(0.02)	(0.02)						
lnrail exporter					0.05***	−0.024				
					(0.01)	(0.02)				
lnrail importer					−0.02**	0.2***				
					(0.01)	(0.03)				
lncont exporter							0.43***	0.29***		
							(0.01)	(0.03)		
lncont importer							0.38***	0.19***		
							(0.01)	(0.03)		

续表

	(1)		(2)		(3)		(4)		(5)	
lnINFRA exporter									1.22***	0.16*
									(0.05)	(0.07)
lnINFRA importer									0.62***	-0.03
									(0.05)	(0.06)
_cons	-18.7***	-59***	-13.2***	-55***	-21.9***	-52***	-19***	-24***	-4.3***	-3.598
	(0.31)	(2.65)	(0.40)	(2.51)	(0.34)	(2.92)	(0.41)	(2.54)	(0.74)	(8.25)
N	15495	15495	15495	15495	12663	12663	7726	7726	6229	6229
adj.R^2	0.66	0.64	0.64	0.64	0.71	0.66	0.70	0.68	0.71	0.68

注：1. * $p<0.05$，** $p<0.01$，*** $p<0.001$。2. 括号内为稳健标准差。3. 观测值个数的说明：铁路数据缺阿联酋、中国香港、新加坡；集装箱数据年份为2000—2008年，缺捷克。

表 3.4　　　　　　　　交通基础设施对进口贸易影响的实证结果

	(1)		(2)		(3)		(4)		(5)	
ADJ	0.68***		0.52***		0.68***		0.38***		0.7***	
	(0.04)		(0.04)		(0.04)		(0.05)		(0.06)	
LAN	0.6***		0.5***		0.08*		0.34***		0.029	
	(0.03)		(0.03)		(0.04)		(0.04)		(0.05)	
COL	0.024		0.039		0.22***		0.16**		0.024	
	(0.05)		(0.05)		(0.05)		(0.06)		(0.07)	
DIS	-0.6***		-0.7***		-0.66***		-0.66***		-0.6***	
	(0.01)		(0.01)		(0.01)		(0.02)		(0.02)	
Landlock exporter	-0.9***		-0.8***		-0.51***		0.46***		-0.7***	
	(0.03)		(0.03)		(0.03)		(0.06)		(0.05)	
Landlock importer	-0.5***		-0.4***		-0.31***		0.91***		-0.4***	
	(0.03)		(0.03)		(0.03)		(0.06)		(0.05)	
RTA	0.11***	0.15***	0.1***	0.13***	0.18***	0.19***	0.4***	0.02	0.3***	0.06**
	(0.03)	(0.02)	(0.03)	(0.02)	(0.03)	(0.02)	(0.03)	(0.02)	(0.04)	(0.02)
lnGDP exporter	0.62***	1.5***	0.52***	1.32***	0.75***	0.75***	0.47***	0.75***	0.62***	0.273
	(0.01)	(0.07)	(0.02)	(0.07)	(0.01)	(0.11)	(0.01)	(0.08)	(0.02)	(0.19)

续表

	(1)		(2)		(3)		(4)		(5)	
lnGDP importer	0.72***	1.03***	0.45***	0.92***	0.76***	1.63***	0.546***	0.69***	0.5***	-0.142
	(0.01)	(0.08)	(0.02)	(0.08)	(0.01)	(0.13)	(0.01)	(0.12)	(0.02)	(0.24)
lnGDPPC exporter	0.09***	-0.7***	0.14***	-0.58***	0.062***	0.124	0.078***	-0.143	-0.1***	0.59**
	(0.01)	(0.08)	(0.01)	(0.08)	(0.01)	(0.11)	(0.01)	(0.09)	(0.02)	(0.19)
lnGDPPC importer	0.002	-0.5***	0.05***	-0.44***	0.046***	-1.1***	-0.1***	-0.35**	-0.3***	0.58*
	(0.01)	(0.09)	(0.01)	(0.09)	(0.01)	(0.14)	(0.01)	(0.12)	(0.02)	(0.24)
lnroad exporter	0.12***	0.010								
	(0.01)	(0.02)								
lnroad importer	0.13***	0.25***								
	(0.01)	(0.03)								
lnair exporter			0.15***	0.17***						
			(0.02)	(0.01)						
lnair importer			0.36***	0.1***						
			(0.02)	(0.02)						
lnrail exporter					-0.02*	0.21***				
					(0.01)	(0.02)				
lnrail importer					-0.05***	-0.028				
					(0.01)	(0.02)				
lncont exporter							0.40***	0.24***		
							(0.01)	(0.02)		
lncont importer							0.35***	0.2***		
							(0.01)	(0.02)		
lnINFRA exporter									0.66***	-0.07
									(0.04)	(0.05)
lnINFRA importer									0.94***	0.3***
									(0.04)	(0.05)
_cons	-19***	-43***	-14***	-40***	-22***	-41***	-19***	-26***	-6.51***	-0.042
	(0.28)	(1.59)	(0.35)	(1.64)	(0.31)	(2.46)	(0.37)	(2.27)	(0.69)	(5.00)
N	15629	15629	15629	15629	12776	12776	7824	7824	6315	6315

续表

	(1)		(2)		(3)		(4)		(5)	
adj.R^2	0.68	0.69	0.68	0.69	0.72	0.71	0.72	0.76	0.72	0.78

注释：1. * $p<0.05$，** $p<0.01$，*** $p<0.001$。2. 括号内为稳健标准差。3. 观测值个数的说明：铁路数据缺阿联酋、中国香港、新加坡；集装箱数据年份为 2000—2008 年，缺捷克。

表 3.3 和表 3.4 的结果显示，共同语言、殖民关系和区域贸易协定对双边贸易流量有直接影响（同预期一致并通过了显著性检验），且在不同基础设施指标进入模型时均表现比较稳健；其中，共同语言对双边贸易流量的影响最大，区域贸易协定次之，殖民关系最小。共同语言往往是形成相近文化的基础，是双方贸易、交往的强劲动力。贸易协定则代表两国政府间推进贸易的制度安排，是贸易的强有力保障。而殖民关系所代表的宗主国与前殖民地千丝万缕的历史纽带，必然转化为贸易商决策的重要依据。贸易双方的经济规模，即出口国的供给能力及进口国的需求能力对贸易流量的影响均为正，且比较稳健；但人均收入对贸易流量的影响却不确定。可能原因是，人均收入一方面代表国家的经济发展水平，可以促进对外贸易；另一方面又被视为劳动力成本的代表，而劳动力成本上升必然导致出口产品竞争力下降，出口受阻，因此人均收入对贸易流量的影响是上述两个因素共同作用的结果。在运输成本方面，当两国相邻时，对贸易流量具有正向的促进作用；当两国为内陆国家时，对贸易流量具有阻碍作用；距离变量对贸易流量存在负向的影响。以上结果验证了 Nordås 和 Piermartini（2004）、De（2006）等绝大多数学者运用引力模型得出的结果。

在本书关注点，交通基础设施的网络效应 —— 交通基础设施对双边进出口贸易流量的影响方面，较为复杂。出口国和进口国的公路密度对双边进出口贸易流量均具有正向影响，但出口国的影响显然相对更大一些；在铁路基础设施方面，出口国铁路密度的影响没有通过显著性检验，但进口国铁路密度对双边进出口贸易流量均具有正向影响；民航方面，出口国和进口国的离港航班数对进出口量均有正向影响；港口方面，出口国和进口国的港口集装箱吞吐量与进出口流量正相关，以上结果反映了国际贸易对不同运输方式的依赖程度。本研究基于因子分析结果构筑物流基础设施综合指数，计算各国物流基础设施综合指数并代入引力模型。表 3.3 和表 3.4 的结果显示出口国的物流设施综合指数对贸易流量显著为正，但进口国物流基础设施综合指数的影响没有通过显著性检验。这样的结果证实物流基础设施总体水平对该国消除贸易障碍，增强企业出口贸易竞争力，具有显著的促进作用。

三　交通基础设施网络效应的国际比较

样本的 31 个国家和地区当中，属于东盟国家的有 4 个，分别是印度尼西亚、马来西亚、新加坡、泰国；属于金砖国家的有 4 个，分别是巴西、俄罗斯、印度和中国；剩下的国家大部分是发达国家。因此，本节将样本中的 31 个国家和地区分为三类进行交通基础设施网络效应的国际比较，三类国家分别是东盟国家、金砖国家和发达国家。

1. 东盟国家交通基础设施的网络效应

表 3.5 和表 3.6 为样本内的 4 个东盟国家即印度尼西亚、马来西亚、新加坡和泰国的交通基础设施网络效应的估计结果。与前文的结果类似，共同语言、殖民关系和区域贸易协定对双边贸易流量有直接影响，且在不同基础设施指标进入模型时均表现比较稳健；贸易双方的经济规模对贸易流量的影响均为正，且比较稳健；在人均收入方面，东盟国家的人均收入对出口贸易流量的影响为负，对进口贸易流量的影响为正；在运输成本方面，与前文结果不同的是，当两国相邻时，对贸易流量具有负向的促进作用；当两国为内陆国家时，对贸易流量具有阻碍作用；距离变量对贸易流量存在负向的影响。相比较总体样本而言，在样本中的 4 个东盟国家的贸易中，转口、加工贸易占据了很大的比重，因此人均收入主要变现为东盟国家的劳动力成本的代表，人均收入的上升代表了劳动力成本的上升，必然导致出口产品竞争力的下降，出口贸易流量的减少。由于东盟国家的要素禀赋相近，而相邻变量对贸易流量具有负向的促进作用，这说明相对于基于规模经济和产品差异化的产业间贸易而言，东盟国家的贸易更多地表现为基于要素禀赋差异的产业间贸易。

在交通基础设施的网络效应——交通基础设施对双边进出口贸易的影响方面，较为复杂。对这些东盟国家自身而言，公路基础设施和铁路基础设施对贸易流量的影响均为正；而对于这些东盟国家的贸易对象国来说，公路基础设施、铁路基础设施和海运基础设施对进出口流量的影响均为正。以上结果也反映了这些国家对不同运输方式的依赖程度以及其国家贸易的现实情况。在本研究基于因子分析结果构筑的物流基础设施综合指数方面，表 3.5 和表 3.6 的结果显示东盟国家的物流设施综合指数对贸易流量的影响显著为正,但其对象国的物流基础设施综合指数对出口贸易流量的影响不显著。出现这种结果的一个可能的原因是,东盟国家在国际贸易中的竞争力主要体现为其物流基础设施所带来的贸易成本方面的竞争力,也证实了物流基础设施总体水平对东盟消除贸易障碍,增强企业出口贸易竞争力,具有显著的促进作用。

表 3.5　　　　　东盟国家交通基础设施对出口贸易影响的实证结果

	(1)		(2)		(3)		(4)		(5)	
ADJ	-1.00***		-1.20***		-0.23		-0.59***		-0.34	
	-0.10		-0.11		-0.14		-0.13		-0.17	
LAN	0.58***		0.48***		0.59**		0.40***		0.13	
	-0.06		-0.06		-0.19		-0.08		-0.24	
COL	0.64***		0.63***		0.97***		0.47***		0.60***	
	-0.11		-0.11		-0.13		-0.14		-0.16	
DIS	-1.46***		-1.50***		-1.40***		-1.00***		-1.34***	
	-0.03		-0.03		-0.05		-0.05		-0.07	
Landlock importer	-1.0***		-1.0***		-0.88***		0.21		-1.10***	
	-0.06		-0.06		-0.08		-0.12		-0.11	
RTA	0.50***	0.15***	0.45***	0.20***	0.50***	0.20***	0.63***	0.22***	0.61***	0.23***
	-0.07	-0.04	-0.07	-0.05	-0.10	-0.06	-0.08	-0.03	-0.11	-0.04
lnGDP exporter	0.13***	1.13***	0.14***	1.27***	0.146**	1.68***	-0.11	-0.71	-0.19**	-3.10***
	-0.04	-0.15	-0.04	-0.16	-0.05	-0.20	-0.06	-0.42	-0.06	-0.94
lnGDP importer	0.81***	1.14***	0.61***	1.30***	0.91***	3.00***	0.51***	0.80***	0.74***	1.62**
	-0.02	-0.13	-0.03	-0.14	-0.02	-0.38	-0.03	-0.14	-0.04	-0.50
lnGDPPC exporter	0.12***	-1.00***	0.2***	-1.03***	0.18***	-1.50***	0.165**	0.92*	0.20	3.20***
	-0.03	-0.17	-0.02	-0.17	-0.04	-0.22	-0.06	-0.44	-0.15	-0.95
lnGDPPC importer	0.37***	-0.34*	0.36***	-0.38*	0.34***	-2.15***	0.21***	-0.05	0.07	-0.48
	-0.02	-0.15	-0.01	-0.16	-0.02	-0.40	-0.02	-0.14	-0.04	-0.49
lnroad exporter	0.05	0.346***								
	-0.03	-0.04								

续表

	(1)		(2)		(3)		(4)		(5)	
lnroad importer	-0.02 -0.01	0.255*** -0.07								
lnair exporter			0.01 -0.04	-0.18*** -0.05						
lnair importer			0.25*** -0.03	0.06 -0.04						
lnrail exporter					0.03 -0.05	0.86*** -0.14				
lnrail importer					-0.02 -0.02	0.19* -0.09				
lncont exporter							-0.12 -0.09	0.04 -0.07		
lncont importer							0.46*** -0.03	0.30*** -0.05		
lnINFRA exporter									-0.22 -0.26	0.50* -0.21
lnINFRA importer									0.74*** -0.11	-0.06 -0.14
_cons	-3.28** -1.00	-37.3*** -2.30	-1.30 -1.03	-41.00*** -2.47	-7.00*** -1.29	-79.00*** -5.16	2.88 -1.54	-1.68 -6.51	8.25*** -2.47	30.29 -17.81
N	2211	2211	2211	2211	1497	1497	1041	1041	702	702
adj.R^2	0.79	0.69	0.80	0.68	0.79	0.73	0.82	0.77	0.79	0.77

注：1.* $p<0.05$，** $p<0.01$，*** $p<0.001$。2.括号内为稳健标准差。3.观测值个数的说明：集装箱数据年份为2000—2008年。

表3.6　　　　　东盟国家交通基础设施对进口贸易影响的实证结果

	(1)	(2)	(3)	(4)	(5)
ADJ	-0.90*** -0.11	-1.00*** -0.11	-0.70*** -0.13	-0.60*** -0.16	-0.80*** -0.20

续表

	(1)		(2)		(3)		(4)		(5)	
LAN	0.04		-0.10		0.573**		-0.06		0.607*	
	-0.07		-0.07		-0.18		-0.10		-0.28	
COL	0.44***		0.31**		0.62***		0.07		0.07	
	-0.11		-0.11		-0.12		-0.16		-0.19	
DIS	-1.60***		-1.60***		-1.90***		-1.30***		-1.90***	
	-0.04		-0.04		-0.05		-0.06		-0.08	
Landlock exporter	-0.02		-0.128*		0.10		0.71***		-0.16	
	-0.06		-0.06		-0.07		-0.14		-0.12	
RTA	0.39***	0.16***	0.35***	0.21***	0.16	0.35***	0.59***	0.089*	0.48***	0.16***
	-0.07	-0.05	-0.07	-0.05	-0.09	-0.07	-0.09	—0.04	-0.13	-0.04
lnGDP importer	-0.07	-0.25	0.04	-0.19	-0.05	-0.479*	-0.09	0.53	-0.20**	-4.70***
	-0.04	-0.15	-0.04	-0.16	-0.04	-0.20	-0.07	—0.52	-0.07	-0.96
lnGDP exporter	0.97***	2.23***	0.61***	2.29***	0.96***	3.29***	0.71***	1.29***	0.84***	2.33***
	-0.02	-0.21	-0.03	-0.20	-0.02	-0.29	-0.03	—0.26	-0.04	-0.55
lnGDPPC importer	0.19***	0.96***	0.26***	0.85***	0.06	1.35***	0.46***	0.04	0.36*	5.28***
	-0.03	-0.17	-0.02	-0.18	-0.03	-0.22	-0.07	-0.55	-0.17	-0.97
lnGDPPC exporter	0.38***	-1.85***	0.32***	-1.84***	0.48***	-2.98***	0.26***	-0.74**	0.4***	-1.7**
	-0.02	-0.22	-0.01	-0.22	-0.02	-0.32	-0.02	-0.26	-0.05	-0.55
lnroad importer	0.067*	0.04								
	-0.03	-0.04								
lnroad exporter	-0.2***	0.34***								
	-0.02	-0.08								
lnair importer			-0.2***	0.09						
			-0.05	-0.05						
lnair exporter			0.4***	-0.01						
			-0.04	-0.04						
lnrail importer					0.07	0.911***				
					-0.05	-0.16				

续表

	(1)		(2)		(3)		(4)		(5)	
lnrail exporter					-0.2***	-0.122*				
					-0.01	-0.05				
lncont importer							-0.32**	-0.178*		
							-0.11	-0.07		
lncont exporter							0.3***	0.253***		
							-0.03	-0.06		
lnINFRA importer									-0.39	0.591*
									-0.31	-0.27
lnINFRA exporter									0.20	0.29
									-0.12	-0.18
_cons	-1.14	-32.00***	1.82	-34.00***	0.74	-45.00***	2.75	-29.00***	6.00*	47.00*
	-1.04	-3.23	-1.07	-3.12	-1.23	-4.50	-1.84	-8.52	-2.88	-19.34
N	2211	2211	2211	2211	1497	1497	1041	1041	702	702
adj.R²	0.774	0.625	0.777	0.617	0.802	0.599	0.746	0.72	0.745	0.719

注释：1.* $p < 0.05$，** $p < 0.01$，*** $p < 0.001$。2.括号内为稳健标准差。3.观测值个数的说明：集装箱数据年份为2000—2008年。

2. 金砖国家交通基础设施的网络效应

表3.7和表3.8为样本内的4个金砖国家即巴西、俄罗斯、印度和中国的交通基础设施网络效应的估计结果。与前文的结果类似，共同语言、殖民关系和区域贸易协定对双边贸易流量有直接影响，且在不同基础设施指标进入模型时均表现比较稳健；贸易双方的经济规模对贸易流量的影响均为正，且比较稳健；在人均收入方面，金砖国家的人均收入对贸易流量的影响为负，对象国家的人均收入对贸易流量的影响大部分都不太显著；在运输成本方面，当两国相邻时，对贸易流量具有正向的促进作用；当两国为内陆国家时，对贸易流量具有阻碍作用；距离变量对贸易流量存在负向的影响。相比较总体样本而言，在样本的4个金砖国家中，中国和印度是人口的第一、二大国，因此人均收入主要表现为劳动力成本的代表，人均收入的上升代表了劳动力成本的上升，必然导致国际贸易竞争力下降，带来贸易流量减少。

在交通基础设施的网络效应——交通基础设施对双边进出口贸易的影响方面，较为复杂。对于这些金砖国家自身而言，公路基础设施和空运基础设施对进出口流量的影响均为正；而对于这些东盟国家的贸易对象国来说，铁路基础设施和海运基础设施对贸易流量的影响均为正。由于这四个国家的要素禀赋差异很大，因此以上结果只能部分反映这些国家对不同运输方式的依赖程度以及其国家贸易的现实情况。在本研究基于因子分析结果构筑的物流基础设施综合指数方面，表3.7和表3.8的结果显示金砖国家和其对象国的物流设施综合指数对贸易流量的影响都显著为正，这表明物流基础设施总体水平对国家之间消除贸易障碍，增强企业贸易竞争力，具有显著的促进作用。

表 3.7　金砖国家交通基础设施对出口贸易影响的实证结果

	(1)		(2)		(3)		(4)		(5)	
ADJ	0.307**		0.235*		-0.03		0.246*		0.11	
	-0.11		-0.10		-0.11		-0.12		-0.15	
LAN	0.635***		0.68***		0.45***		0.4***		0.02	
	-0.08		-0.08		-0.10		-0.11		-0.14	
COL	-0.12		-0.05		0.07		0.11		0.18	
	-0.22		-0.21		-0.22		-0.28		-0.31	
DIS	-1.05***		-1.21***		-1.3***		-1.2***		-1.1***	
	-0.04		-0.03		-0.04		-0.04		-0.05	
Landlock importer	-0.84***		-0.7***		-0.57***		0.26*		-0.6***	
	-0.07		-0.07		-0.08		-0.13		-0.12	
RTA	0.56**	-0.14*	0.19	0.11*	0.42	0.4***	0.21	0.27***	0.20	0.04
	-0.20	-0.07	-0.19	-0.05	-0.26	-0.07	-0.19	-0.05	-0.27	-0.05
lnGDP exporter	1.24***	0.53*	0.5***	0.06	1.26***	1.56***	-0.5***	2.76***	0.23	0.58
	-0.04	-0.23	-0.05	-0.25	-0.04	-0.29	-0.11	-0.50	-0.14	-0.57
lnGDP importer	0.67***	1.44***	0.63***	1.41***	0.8***	1.7***	0.6***	0.76**	0.67***	1.76***
	-0.02	-0.16	-0.04	-0.17	-0.02	-0.37	-0.03	-0.26	-0.04	-0.53
lnGDPPC exporter	-0.1***	-0.07	-0.15***	0.32	-0.22***	-0.87**	0.38***	-2.14***	-0.21***	-0.39
	-0.03	-0.23	-0.02	-0.25	-0.03	-0.30	-0.04	-0.50	-0.04	-0.56

续表

	(1)		(2)		(3)		(4)		(5)	
lnGDPPC importer	0.064**	-0.58**	0.1***	-0.53**	-0.03	-0.87*	0.06*	-0.07	-0.2***	-1.02
	-0.02	-0.18	-0.02	-0.19	-0.02	-0.39	-0.02	-0.27	-0.04	-0.55
lnroad exporter	-0.2***	0.84***								
	-0.03	-0.05								
lnroad importer	0.1***	0.21***								
	-0.02	-0.06								
lnair exporter			0.98***	0.56***						
			-0.06	-0.05						
lnair importer			0.09*	0.07						
			-0.04	-0.05						
lnrail exporter					-0.33***	-0.03				
					-0.03	-0.03				
lnrail importer					0.07***	0.47***				
					-0.02	-0.07				
lncont exporter							0.75***	-0.04		
							-0.05	-0.06		
lncont importer							0.3***	0.17*		
							-0.02	-0.08		
lnINFRA exporter									2.15***	1.04***
									-0.32	-0.14
lnINFRA importer									0.64***	-0.17
									-0.11	-0.17
_cons	-28***	-37***	-20***	-31***	-30***	-60***	1.56	-67***	4.70	-36**
	-0.96	-3.45	-1.03	-4.09	-0.96	-5.28	-2.17	-9.42	-4.49	-11.62
N	1998	1998	1998	1998	1794	1794	1044	1044	936	936
adj. R^2	0.738	0.812	0.756	0.803	0.757	0.792	0.782	0.794	0.729	0.813

注：1.* $p<0.05$，** $p<0.01$，*** $p<0.001$。2.括号内为稳健标准差。3.观测值个数的说明：集装箱数据年份为2000—2008年。

表 3.8　　　　　　金砖国家交通基础设施对进口贸易影响的实证结果

	(1)		(2)		(3)		(4)		(5)	
ADJ	0.298*		0.22		0.368**		0.06		0.28	
	-0.13		-0.12		-0.13		-0.16		-0.17	
LAN	0.62***		0.5***		0.345**		0.57***		0.10	
	-0.10		-0.10		-0.11		-0.14		-0.16	
COL	-0.12		0.01		0.42		-0.01		0.16	
	-0.26		-0.25		-0.25		-0.36		-0.36	
DIS	-0.8***		-0.9***		-1.1***		-0.8***		-0.7***	
	-0.04		-0.04		-0.05		-0.06		-0.06	
Landlock exporter	-0.12		-0.04		0.15		1.23***		0.04	
	-0.09		-0.08		-0.09		-0.17		-0.13	
RTA	0.623**	-0.3**	0.43	-0.21	1.04***	0.05	0.24	-0.19**	0.917**	-0.04
	-0.24	-0.12	-0.23	-0.12	-0.29	-0.12	-0.24	-0.07	-0.31	-0.07
lnGDP importer	1.27***	1.99***	0.95***	1.74***	1.33***	1.84***	0.25	2.75***	1.17***	3.14***
	-0.04	-0.26	-0.07	-0.30	-0.04	-0.28	-0.14	-0.59	-0.16	-0.60
lnGDP exporter	0.77***	1.22***	0.47***	1.25***	0.86***	3.0***	0.69***	1.53***	0.52***	2.28**
	-0.02	-0.24	-0.04	-0.25	-0.02	-0.44	-0.03	-0.42	-0.04	-0.73
lnGDPPC importer	-0.2***	-1.2***	-0.3***	-1.0***	-0.4***	-0.98**	0.07	-1.85**	-0.2***	-2.0***
	-0.03	-0.26	-0.03	-0.29	-0.04	-0.30	-0.05	-0.58	-0.05	-0.57
lnGDPPC exporter	0.03	-0.665*	0.06*	-0.63*	0.11***	-2.5***	-0.1**	-1.28**	-0.4***	-2.0**
	-0.02	-0.26	-0.02	-0.27	-0.03	-0.46	-0.03	-0.42	-0.05	-0.72
lnroad importer	-0.03	0.12								
	-0.03	-0.06								
lnroad exporter	0.03	0.57***								
	-0.02	-0.14								
lnair importer			0.51***	0.2***						
			-0.08	-0.06						
lnair exporter			0.4***	0.04						
			-0.05	-0.05						

续表

	(1)		(2)		(3)		(4)		(5)	
lnrail importer					-0.3***	0.02				
					-0.03	-0.04				
lnrail exporter					-0.1***	-0.02				
					-0.02	-0.09				
lncont importer							0.5***	0.08		
							-0.06	-0.07		
lncont exporter							0.28***	0.2*		
							-0.03	-0.08		
lnINFRA importer									0.22	-0.8***
									-0.36	-0.14
lnINFRA exporter									1.14***	0.72***
									-0.12	-0.18
_cons	-34***	-62***	-27***	-57***	-35***	-87***	-16***	-81***	-20***	-100***
	-1.15	-5.38	-1.24	-6.07	-1.11	-8.18	-2.82	-10.59	-5.10	-17.90
N	1998	1998	1998	1998	1794	1794	1044	1044	936	936
adj.R^2	0.65	0.751	0.67	0.742	0.687	0.762	0.667	0.823	0.655	0.85

注：1. * $p<0.05$，** $p<0.01$，*** $p<0.001$。2. 括号内为稳健标准差。3. 观测值个数的说明：集装箱数据年份为2000—2008年。

3. 主要发达国家交通基础设施的网络效应

表3.9和表3.10为样本内的20个发达国家[①]的交通基础设施网络效应的估计结果。与前文的结果类似，共同语言、殖民关系和区域贸易协定对双边贸易流量有直接影响，且在不同基础设施指标进入模型时均表现比较稳健；贸易双方的经济规模对贸易流量的影响均为正，且比较稳健；但人均收入对贸易流量的影响却不确定；在运输成本方面，当两国相邻时，对贸易流量具有正向的促进作用；当两国为内陆国家时，对贸易流量具有阻碍作用；距离变量对贸易流量存在负向的影响。相比较总体样本而言，发

---

① 本书样本内的20个发达国家包括：美国、加拿大、德国、西班牙、法国、英国、爱尔兰、荷兰、意大利、奥地利、比利时、瑞士、瑞典、澳大利亚、日本、阿联酋、韩国、新加坡、捷克、波兰。

达国家的人均收入对贸易流量的影响虽然不确定，但是大部分时候表现为正，这说明相对于基于要素禀赋差异的产业间贸易而言，发达国家的贸易更多地表现为基于规模经济和产品差异化的产业间贸易。

在交通基础设施的网络效应——交通基础设施对双边进出口贸易的影响方面，较为复杂。对于这些发达国家自身而言，民航基础设施和海运基础设施对进出口流量的影响均为正向的；而对于发达国家的贸易对象国来说，公路基础设施、铁路基础设施、民航基础设施和海运基础设施对进出口流量均具有正向的影响。由于样本中的发达国家主要是欧美国家，因此以上结果也反映了这些国家对不同运输方式的依赖程度以及其国家贸易的现实情况，也就是说发达国家更多依赖空运和海运来完成国际贸易。在本研究基于因子分析结果构筑的物流基础设施综合指数方面，表3.9和表3.10的结果显示发达国家的物流设施综合指数对贸易流量的影响不显著，但其对象国的物流基础设施综合指数对出口贸易流量的影响显著为正。出现这种结果的一个可能的原因是，发达国家在国际贸易中的竞争力一方面体现为其产品本身的高技术以及高质量所带来的优势；另一方面也证实了物流基础设施总体水平对消除贸易障碍、增强企业出口贸易竞争力具有显著的促进作用。

表 3.9　　　主要发达国家交通基础设施对出口贸易影响的实证结果

	(1)	(2)	(3)	(4)	(5)
ADJ	0.67***	0.52***	0.74***	0.35***	0.78***
	(0.05)	(0.06)	(0.04)	(0.07)	(0.06)
LAN	0.71***	0.55***	0.09**	0.52***	0.03
	(0.03)	(0.04)	(0.03)	(0.05)	(0.05)
COL	0.04	0.05	0.20***	0.10	0.12
	(0.05)	(0.05)	(0.04)	(0.07)	(0.06)
DIS	-0.50***	-0.6***	-0.62***	-0.57***	-0.52***
	(0.01)	(0.02)	(0.01)	(0.02)	(0.02)
Landlock exporter	-0.44***	-0.3***	-0.48***	0.76***	-0.43***
	(0.03)	(0.03)	(0.03)	(0.07)	(0.05)
Landlock importer	-0.85***	-0.8***	-0.51***	0.236**	-0.65***
	(0.04)	(0.04)	(0.04)	(0.07)	(0.05)

续表

	(1)		(2)		(3)		(4)		(5)	
RTA	0.22***	0.21***	0.32***	0.20***	0.25***	0.2***	0.75***	0.09***	0.53***	0.1***
	(0.03)	(0.02)	(0.04)	(0.02)	(0.03)	(0.02)	(0.04)	(0.02)	(0.04)	(0.02)
lnGDP exporter	0.75***	2.62***	0.71***	2.41***	0.73***	0.32	0.65***	0.52***	0.61***	-3.4***
	(0.01)	(0.23)	(0.02)	(0.23)	(0.01)	(0.18)	(0.01)	(0.14)	(0.02)	(0.31)
lnGDP importer	0.53***	0.76***	0.39***	0.54***	0.65***	0.4***	0.43***	0.73***	0.55***	0.31
	(0.01)	(0.07)	(0.02)	(0.07)	(0.01)	(0.10)	(0.01)	(0.09)	(0.02)	(0.19)
lnGDPPC exporter	0.18***	-2.1***	0.12***	-2.0***	0.32***	1.0***	-0.12***	0.28	0.15***	4.2***
	(0.02)	(0.25)	(0.02)	(0.24)	(0.02)	(0.19)	(0.03)	(0.15)	(0.03)	(0.32)
lnGDPPC importer	0.12***	0.06	0.14***	0.08	0.08***	0.4***	0.08***	0.17	-0.1***	1.1***
	(0.01)	(0.07)	(0.01)	(0.08)	(0.01)	(0.11)	(0.01)	(0.09)	(0.02)	(0.19)
lnroad exporter	0.4***	-0.1***								
	(0.01)	(0.02)								
lnroad importer	0.08***	0.02								
	(0.01)	(0.02)								
lnair exporter			0.11***	0.13***						
			(0.02)	(0.02)						
lnair importer			0.19***	0.13***						
			(0.02)	(0.02)						
lnrail exporter					0.09***	-0.1***				
					(0.01)	(0.03)				
lnrail importer					-0.03***	0.1***				
					(0.01)	(0.02)				
lncont exporter							0.3***	0.36***		
							(0.01)	(0.04)		
lncont importer							0.35***	0.15***		
							(0.01)	(0.02)		
lnINFRA exporter									0.48***	0.10
									(0.06)	(0.06)
lnINFRA importer									0.54***	0.07
									(0.05)	(0.05)

续表

	(1)		(2)		(3)		(4)		(5)	
_cons	-21***	-54***	-17***	-50***	-22***	-1.618	-20***	-23***	-13***	64***
	-0.34	-3.54	-0.47	-3.43	-0.31	-2.74	-0.5	-2.63	-0.8	-5.94
N	9873	9873	9873	9873	8040	8040	4954	4954	3976	3976
adj.R^2	0.742	0.661	0.693	0.665	0.806	0.751	0.728	0.746	0.774	0.802

注：1.* $p<0.05$，** $p<0.01$，*** $p<0.001$。2.括号内为稳健标准差。3.观测值个数的说明：铁路数据缺阿联酋、新加坡；集装箱数据年份为2000—2008年，缺捷克。

表3.10　　　　主要发达国家交通基础设施对进口贸易影响的实证结果

	(1)		(2)		(3)		(4)		(5)	
ADJ	0.76***		0.68***		0.66***		0.52***		0.75***	
	-0.05		-0.05		-0.05		-0.06		-0.07	
LAN	0.5***		0.4***		0.14***		0.33***		0.08	
	-0.04		-0.04		-0.04		-0.04		-0.05	
COL	0.1*		0.1*		0.12*		0.14*		-0.05	
	-0.05		-0.05		-0.05		-0.06		-0.07	
DIS	-0.47***		-0.57***		-0.6***		-0.61***		-0.6***	
	-0.01		-0.01		-0.02		-0.02		-0.02	
Landlock importer	-0.7***		-0.66***		-0.3***		0.7***		-0.5***	
	-0.03		-0.03		-0.03		-0.06		-0.05	
Landlock exporter	-0.56***		-0.41***		-0.5***		0.71***		-0.6***	
	-0.04		-0.04		-0.04		-0.07		-0.06	
RTA	0.17***	0.18***	0.23***	0.16***	0.23***	0.19***	0.45***	0.06***	0.31***	0.11***
	-0.03	-0.02	-0.03	-0.02	-0.03	-0.02	-0.04	-0.02	-0.04	-0.02
lnGDP importer	0.68***	1.74***	0.66***	1.55***	0.88***	1.07***	0.51***	0.78***	0.74***	-1.1***
	-0.01	-0.08	-0.02	-0.09	-0.01	-0.19	-0.01	-0.09	-0.02	-0.33
lnGDP exporter	0.67***	0.75***	0.41***	0.56***	0.71***	0.82***	0.53***	0.52***	0.46***	-0.45
	-0.01	-0.09	-0.02	-0.09	-0.01	-0.13	-0.01	-0.14	-0.02	-0.29
lnGDPPC importer	0.1***	-1.07***	0.066**	-0.9***	-0.1***	-0.32	-0.21***	-0.5***	-0.3***	1.8***
	-0.02	-0.09	-0.02	-0.09	-0.02	-0.21	-0.03	-0.10	-0.03	-0.34

续表

	(1)		(2)		(3)		(4)		(5)	
lnGDPPC exporter	-0.03***	-0.16	0.03***	-0.01	0.00	-0.18	-0.1***	-0.07	-0.3***	1.03***
	-0.01	-0.10	-0.01	-0.10	-0.01	-0.13	-0.01	-0.15	-0.02	-0.30
lnroad importer	0.13***	-0.06**								
	-0.01	-0.02								
lnroad exporter	0.17***	0.14***								
	-0.01	-0.02								
lnair importer			0.057**	0.13***						
			-0.02	-0.02						
lnair exporter			0.36***	0.14***						
			-0.02	-0.02						
lnrail importer					-0.02*	-0.06				
					-0.01	-0.03				
lnrail exporter					0.00	0.02				
					-0.01	-0.02				
lncont importer							0.44***	0.34***		
							-0.01	-0.04		
lncont exporter							0.34***	0.21***		
							-0.01	-0.03		
lnINFRA importer									0.58***	-0.15**
									-0.06	-0.06
lnINFRA exporter									0.94***	0.3***
									-0.05	-0.06
_cons	-20***	-41***	-16***	-36***	-23***	-32***	-18***	-23***	-8***	29***
	-0.34	-1.79	-0.45	-1.87	-0.36	-2.91	-0.46	-2.67	-0.87	-6.54
N	9879	9879	9879	9879	8040	8040	4954	4954	3976	3976
adj.R²	0.709	0.725	0.702	0.729	0.757	0.749	0.748	0.751	0.746	0.779

注：1. * $p<0.05$, ** $p<0.01$, *** $p<0.001$。2. 括号内为稳健标准差。3. 观测值个数的说明：铁路数据缺阿联酋、中国香港、新加坡；集装箱数据年份为 2000—2008 年，缺捷克。

四 主要结论

英国 Lloyd's MIU（劳氏信息集团）2009 年在 IMSF（国际海运统计论坛）发布的报告显示：海运是首选的国际贸易运输方式，全球贸易量的 75% 由海运完成，约占贸易额的 60%。半个多世纪以来，集装箱革命的不断推进使得多数工业制成品运输依赖集装箱完成，集装箱港口规模与贸易承载能力之间的联系不言而喻。不仅如此，轮辐式服务网络模式的建立使得现代港口不仅仅是运输中转的节点，更借助自由港等多种模式成为带动进出口贸易的关键，而大型港口设施的完善、干线服务的配合则直接推进腹地进出口贸易便利化，促进贸易增长。劳氏报告同时显示：航空运输虽然仅完成贸易量的 0.03%，但相当于贸易额总量的 10%，高价值的特征异常明显。全球范围内，至今民航服务仍以客运为主，航空货物多数借助客货混用飞机搭载客运航班完成服务，而本研究所用的进出口贸易额、空运基础设施代理变量（离港航班数指标）能较好反映当前航空货运的现实情况，其正向促进作用反映出航空运输对推动双边进出口贸易的贡献。公路基础设施对贸易的影响则体现在多个侧面，作为唯一真正实现"门到门"服务的运输方式，公路运输以便利性、普遍性成为国际物流中不可或缺的重要组成部分。无论是从出口商工厂到港口/机场，还是从港口/机场到进口商仓库，公路运输的全面服务对进出口贸易的最终完成起着重要支撑作用。特别是 20 世纪 90 年代以来，全球供应链管理的加强，使公路运输更是通过强化快速、可靠的服务为进出口商降低运输成本、加快库存周转做出独特贡献。而公路运输基础设施的改善则是上述一切的基石，因此公路基础设施对贸易的促进作用非常明显。与此形成鲜明差异的是铁路运输，虽然铁路至今仍作为众多大宗原材料的主要运输方式，但在以制成品为主的进出口运输市场份额较低。不仅如此，联合国贸易和发展会议《2010 海运述评报告》显示：全球铁路的地域集中度非常高，虽然全球约 100 万公里铁路线分布于 120 多个国家，但多数运营活动集中在少数地区，其中铁路运输排名前四位的北美（含美国、加拿大）、中国、俄罗斯和印度实现的运输周转量占世界总吨公里数的 82%。种种原因导致铁路基础设施对于国际贸易的支撑作用并不明显。

第四节 本章小结

本章选取了 1990—2008 年全球 31 个主要贸易国家和地区双边贸易流量的面板数据，将各类交通基础设施指标和通过因子分析构建的物流基础设施综合指数分别纳入扩展的引力模型进行实证分析，除进一步证实贸易双方的经济规模、相邻、具有共同语言、殖民关系和签署区域贸易协定对双边贸易流量具有显著的正向影响，以及代表运输成本的距离和内陆国家变量对双边贸易流量具有显著的负向影响外，还证明无论是各类交通基础设施指标，还是物流基础设施综合指数都对双边贸易流向产生显著影响。其中，电信和网络基础设施能够促进国际物流中信息的传递，降低交易成本，促进双边贸易流量的增长；由于在国际贸易中的地位和本身的特点，港口、航空和公路基础设施指标对进出口贸易流量的促进作用比较显著；而铁路运输由于其运营特点，作用较为微弱。同时，代表国家物流基础设施综合水平的物流设施综合指数对消除贸易障碍、增强出口贸易竞争力具有显著的促进作用。在对各类国家的交通基础设施网络效应的比较中发现，由于各国交通基础设施的水平以及本身贸易结构和资源禀赋的不同，交通基础设施的网络效应也略有不同，但总体来说，发达国家的交通基础设施网络效应好于发展中国家。

鉴于此，可以得出初步结论，交通基础设施的网络效应在国际贸易中发挥着重要作用，但是仍然具有进一步提升的空间。在全球国际贸易竞争更为激烈的背景下，各国应该着手通过消除交通基础设施障碍，提高交通基础设施的网络效应，来降低国内和国际物流成本，提供有效的国际物流服务，这对于类似中国的发展中国家获取自由贸易红利，提升本国产业的国际竞争力尤为重要。同时，也应该注意到，在今天，由互相依存的国际物流网络所主宰的世界经济中，高效的物流系统不仅包括国与国之间的海、空通路，还延伸至内陆运输网络，它们对确保将货物从产地运往装载港，进而送达国外最终消费者，发挥着关键作用。低效率的内陆运输基础设施和服务可能会严重损害一个国家的连通性和进入全球市场的通道，并对其贸易竞争力产生不利影响。因此，各国在着手各类交通基础设施建设的同时，也应该注重整个交通运输网络系统的平衡与和谐发展。

第四章

中国交通基础设施的发展趋势与空间格局分析

在对交通基础设施的溢出效应进行实证检验之前,先对我国交通基础设施的发展趋势以及各地区交通基础设施分布的空间格局进行一定的统计分析和空间分析,以便于更好地阐述、理解第五章交通基础设施溢出效应实证检验的结果。

第一节 中国交通基础设施的发展状况

一 中国交通基础设施的发展

中华人民共和国成立后,经过60多年的发展,交通基础设施建设取得了长足的进步,粗具规模的综合交通运输体系逐步形成,公路、铁路、民航、水路及管道建设快速发展。

1. 公路基础设施建设

中华人民共和国成立初期,全国公路通车里程仅为8.07万公里,公路密度仅为0.8公里每百平方公里。但国家开始逐步对公路基础设施进行恢复性建设:1960年代,在继续大力兴建公路的同时,加强了公路技术改造,有路面道路的里程及高级、次高级路面道路的比重显著提高;1970年代中期,开始对青藏公路实施技术改造,1980年代全面完工,建成了世界上海拔最高的沥青路面公路。随着公路事业的发展,公路桥梁建设也得到促进,建成了一批具有中国特色的石拱桥、双曲拱桥、钢筋混凝土拱桥以及各式混凝土和预应力梁式桥。在1949—1978年的30年间,尽管国民经济发展曲折,但全国公路里程仍基本保持持续增长,到1978年底达到89万公里,平均每年增加约3万公里,公路密度达到9.3公里每百平方公里。

改革开放后，国民经济高速发展，公路运输需求强劲增长，公路基础设施建设开始发生了历史性转变，主要表现在：公路建设得到了中央和地方各级政府的重视，公路建设的重要性逐步为全社会所认识；在统一规划的基础上，开始了有计划地在全国进行公路基础设施建设，1980年代初和1980年代末国家干线公路网和国道主干线系统规划先后制定并实施，使公路建设有了明确的总体目标和阶段性目标；公路建设在继续扩大总体规模的同时，重点提高了质量水平，高速公路及其他高等级公路的迅速发展，改变了我国公路事业的落后面貌；公路建设筹资渠道走向多元化，逐步扭转了公路建设资金短缺的情况，尤其是1984年底，国务院出台了提高养路费征收标准、开征车辆购置附加费、允许高等级公路收费还贷等政策，1985年起又陆续颁布了有关法规，使公路建设有了稳定的资金来源。从统计数字看，到2011年，全国公路里程达到了410.64万公里，为1978年的4.61倍，公路密度达到了42.8公里每百平方公里。二级以上公路占全国公路总里程的比重由1979年的1.3%提高到2011年的11.5%，主要城市之间的公路交通条件显著改善，公路交通紧张状况初步得到缓解。如今，一个干支衔接、布局合理、四通八达的全国公路网已初步形成。如图4.1所示。

改革开放后，我国公路的运行质量也得到大幅提升。1992年交通部提出"五纵七横"的国道主干线规划，总长约3.5万公里，由12条国道主干线和公路主枢纽及信息系统构成，是全国公路网的主骨架，主要路线均采用高速公路技术标准。经过近20年的集中力量优先实施，全国公路主骨架"五纵七横"已于2007年年底基本贯通。如表4.1所示。

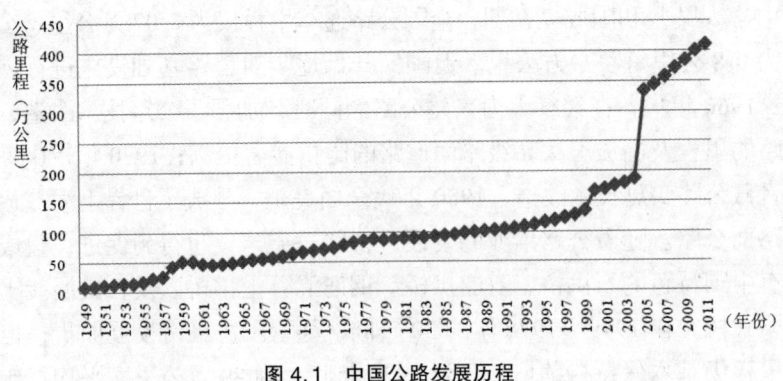

图4.1 中国公路发展历程

资料来源：各年《中国统计年鉴》。

表 4.1　　　　　　　　　　　　我国公路"五纵七横"一览

类别	线路名称	走向	里程（公里）
五纵	同江—三亚	同江—哈尔滨（含珲春—长春支线）—长春—沈阳—大连—烟台—青岛—连云港—上海—宁波—福州—深圳—广州—湛江—海安—海口—三亚	5700
	北京—福州	北京—天津（含天津—塘沽支线）—济南—徐州（含泰安—淮阴支线）—合肥—南昌—福州	2540
	北京—珠海	北京—石家庄—郑州—武汉—长沙—广州—珠海	2310
	二连浩特—河口	二连浩特—集宁—大同—太原—西安—成都—昆明—河口	3610
	重庆—湛江	重庆—贵阳—南宁—湛江	1430
七横	绥芬河—满洲里	绥芬河—哈尔滨—满洲里	1280
	丹东—拉萨	丹东—沈阳—唐山（含唐山—天津支线）—北京—集宁—呼和浩特—银川—兰州—拉萨	4590
	青岛—银川	青岛—济南—石家庄—太原—银川	1610
	连云港—霍尔果斯	连云港—徐州—郑州—西安—兰州—乌鲁木齐—霍尔果斯	3980
	上海—成都	上海—南京—合肥—武汉—重庆—成都（含万县—南充—成都支线）	2970
	上海—瑞丽	上海—杭州（含宁波—杭州—南京支线）—南昌—贵阳—昆明—瑞丽	4090
	衡阳—昆明	衡阳—南宁（含南宁—友谊关支线）—昆明	1980

高速公路不仅是交通运输现代化的重要标志，也是一个国家现代化的重要标志。在"五纵七横"国道主干线系统规划的指导下，我国高速公路从无到有，总体上实现了持续、快速和有序的发展。特别是 1998 年以来，国家实施积极的财政政策，加大了包括公路在内的基础设施建设的投资力度，高速公路建设进入了快速发展时期，年均通车里程超过 4000 公里。2011 年，我国高速公路里程为 8.49 万公里，继续保持世界第二位，仅次于美国。覆盖了除西藏外的其他所有省、市、自治区，2010 年底有 25 个省区的高速公路通车里程超过了 1000 公里。长江三角洲、珠江三角洲、环渤海等经济发达地区的高速公路网络正在加快建设。高速公路的快速发展，极大提高了我国公路网的整体技术水平，优化了交通运输结构，对缓解交通运输的"瓶颈"制约发挥了重要作用，有力促进了我国经济发展和社会进步。2005 年，国务院通过了《国家高速公路网布局方案》，预计用 30 年时间，建成完善的高速公路网络体系。国家高速公路网采用放射线与纵横网

络相结合的布局方案,由 7 条首都放射线、9 条南北纵线和 18 条东西横线组成,简称为"7918"网,总规模约 8.5 万公里,其中主线 6.8 万公里,地区环线、联络线等其他路线约 1.7 万公里。到 2010 年末,实现了"东网、中联、西通"的目标,建成 5 万—5.5 万公里,完成西部开发八条公路干线中的高速公路,基本贯通"7918"网。

2. 铁路基础设施建设

中华人民共和国成立 60 年来,全国修建的铁路干线、支线累计里程不断增长,如图 4.2 所示,到 2011 年年底,全国铁路(包括地方铁路和合资铁路)的营业里程总延长已达 9.32 万公里,比中华人民共和国成立初期增长 3 倍以上。其中,仅双线以上地段就达 2.99 万公里,电气化铁路 3.4 万公里以上,复线里程从中华人民共和国成立初期不足营业线总长度的 4% 发展到占营业线总长的 1/3;电气化铁路从空白发展到占营业线总长度的 36.8%。而今,中国内地各省、自治区、直辖市的首府,都有铁路与首都北京相通,形成横跨东西、纵贯南北的大能力区域通道网,对未来我国东部、中部、西部和东北等区域之间客、货运输能力的提高起到重要促进作用,为国家实施东部率先发展、西部大开发、东北老工业基地振兴和中部崛起等区域发展战略提供了有力的支持。

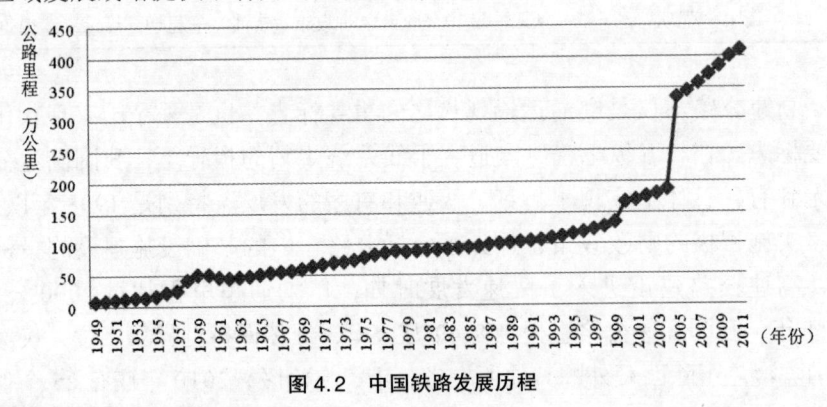

图 4.2 中国铁路发展历程

资料来源:各年《中国统计年鉴》。

改革开放后,我国国家铁路运营质量快速提升,其中复线里程由 1978 年的 7360 公里提高到 2011 年的 29884 公里,比重也由 1978 年的 15.7% 提高到 45.2%;自动闭塞里程由 1978 年的 5981 公里提高到 2011 年的 34175 公里,比重也由 1978 年的 12.3% 提高到 51.7%。如表 4.2 所示。

表 4.2　　　　　　　　　　铁路运行质量

指标＼年份	1978	1990	1995	2000	2005	2010	2011
国家铁路营业里程（公里）	48618	53378	54616	58656	62200	66239	66050
复线里程（公里）	7630	13024	16909	21408	24497	29684	29884
复线里程比重（%）	15.7	24.4	31.0	36.5	39.4	44.8	45.2
自动闭塞里程（公里）	5981	10370	12910	18318	24149	37500	34175
自动闭塞里程比重（%）	12.3	19.4	23.6	31.2	38.8	56.6	51.7

资料来源：各年《中国统计年鉴》。

3. 民航基础设施建设

如图 4.3 所示，我国民航建设在 1949—1973 年发展缓慢，24 年间只增加了 3.4 万公里，年均增长 1400 多公里；1973—1990 年，我国民航建设的速度加快，在此期间民航线路由 4.35 万公里增加到 50.68 万公里，年均增长 2.57 万公里；1991—2011 年，民航线路建设呈飞速发展的态势，在此期间，民航里程由 55.91 万公里增加到 349.06 万公里，年均增长 13.96 万公里。截至 2011 年底，定期航班国内通航城市 175 个（不含香港、澳门、台湾），定期航班通航香港的内地城市 45 个，通航澳门的内地城市 14 个，通航台湾的大陆城市 37 个。

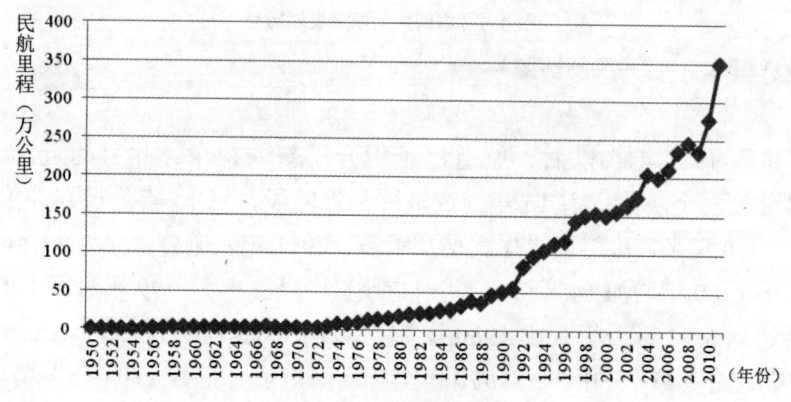

图 4.3　中国民航发展历程

资料来源：各年《中国统计年鉴》。

4. 水路基础设施建设

内河建设的情况比较复杂。中华人民共和国成立初期，交通运输十分落后，基础设施数量少、质量差、能力低、布局偏。水路运输因其可利用天然航道、投资省、见效快的优势而受到重视。航道是航运发展的基础，整个1950年代，国家对航道建设实行恢复与整治并重政策，内河航道建设也掀起第一次高潮，航道里程迅速增长。到1957年，全国内河航道里程达到了14.41万公里，比1949年的7.36万公里增加了近1倍。1960年又进一步发展到17.39万公里，达到历史最高水平。进入1960年以后，由于航道建设资金投入不足、对水资源综合利用重视不够等原因，内河航道在相当长的时间内严重失养，加之碍航闸坝不断增多，致使通航里程逐年减少，至1970年缩短到14.84万公里，1980年缩短到10.85万公里，1960—1980年年均递减2.3%，与1949—1960年年均递增8.1%形成鲜明对比。

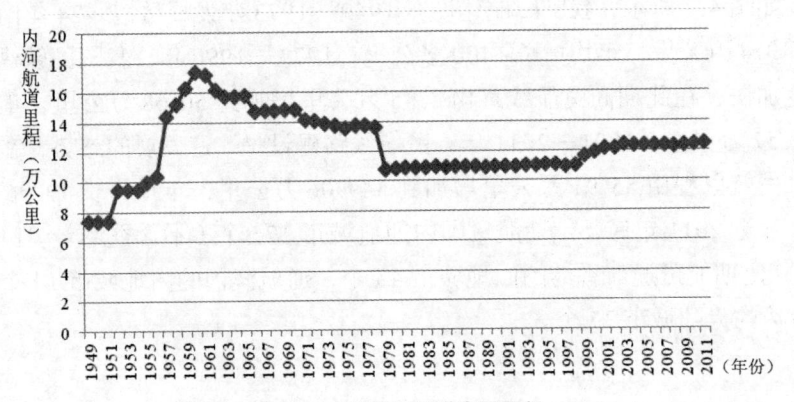

图 4.4　中国内河航道发展历程

资料来源：各年《中国统计年鉴》。

进入1980年代以后，航道建设揭开了新的篇章，此后的近30年大体可分为两个阶段：前15年为恢复性治理阶段，后15年为规划性治理阶段。近30年来，虽然航道里程增加不多，2011年航道总里程为12.46万公里，比1980年增加14.8%。但是航道质量明显提高，1999年水深1米以上航道达到6.02万公里，比1980增加11.6%。另据统计，1998年千吨级以上航道已达8411公里，比1979年全国内河航道普查数2704公里增加2.1倍，航道等级结构明显改善。由此，我国内河航道建设步入以提高航道等级为主的新时期。如表4.3所示。截至2011年底，全国内河航道通航里程

12.46万公里，比上年末增加 370 公里。等级航道 6.26 万公里，占总里程的 50.2%，比上年末提高 0.1 个百分点。其中，三级及以上航道 9460 公里，五级及以上航道 2.60 万公里，分别占总里程的 7.6% 和 20.9%，比上年末分别提高 0.1 个和 0.6 个百分点。各等级内河航道通航里程分别为：一级航道 1392 公里，二级航道 3021 公里，三级航道 5047 公里，四级航道 8291 公里，五级航道 8201 公里，六级航道 18506 公里，七级航道 18190 公里。

表 4.3 全国等级航道变化情况

通航船舶等级 年份	一级 3000 吨以上	二级 2000—3000 吨	三级 1000—2000 吨	四级 500—1000 吨	五级 300—500 吨	六级 100—300 吨	七级 50—100 吨	等外 50 吨以下	总计
1979	NA	2704	NA	3412	3367	8195	16641	73482	107801
1991	1043	162	4450	4452	6556	17872	17817	56954	109306
1995	1083	605	5027	4829	7073	17650	20356	53957	110580
1998	1601	2060	4750	3626	7981	21437	19665	54874	115994
2003	1346	2512	4195	7003	7784	19228	18797	63099	123964
2011	1392	3021	5047	8291	8201	18506	18190	61952	124600

资料来源：各年《公路水路交通行业发展统计公报》。

注：NA 表示数据缺失。

同时，我国港口布局规划工作全面推进，港口码头泊位大型化、专业化程度进一步提升。2011 年底，全国港口拥有生产用码头泊位 31968 个，比上年末增加 334 个。其中，沿海港口生产用码头泊位 5532 个，比上年末增加 79 个；内河港口生产用码头泊位 26436 个，比上年末增加 255 个。全国港口拥有万吨级及以上泊位 1762 个，比上年末增加 101 个。其中，沿海港口万吨级及以上泊位 1422 个，比上年末增加 79 个；内河港口万吨级及以上泊位 340 个，比上年末增加 22 个。全国万吨级及以上泊位中，专业化泊位 942 个，通用散货泊位 338 个，通用杂货泊位 322 个，比上年末分别增加 39 个、39 个和 12 个。

5. 管道基础设施建设

管道建设与我国油气田的开发紧密相关。我国的管道建设起步于 1958 年，1958 年冬修建了第一条现代输油管道，从新疆的克拉玛依到乌苏独山子，全长 147 公里。同年我国在四川永川县修建了国内第一条天然气管道。1970 年代前，中国管道大部分分布在西部地区，随着大庆、胜利、华北、辽河等一批大中型油田的相继开发，东部地区也形成了管道建设的高潮，经过 10 年的建设，到 1980 年，我国油气管道总长 8700 公里，东部原油管道初步形成。1980 年代到 1990 年代中期，我国管道建设继续稳步推进，此时管道建设主要是提高现有管道的运输能力，新建正在发展中的油田的外输管线。1996 年到现在，我国的管道建设进入了又一个高潮期，由于积极财政政策的实施，国家和地方政府加大了对基础设施的投入，西气东输工程加快，各种管道建设迅速发展，管道线路也从 1996 年的 1.93 万公里增加到 2011 年的 8.33 万公里，年均增加 4000 公里，增幅超过了 4 倍，如图 4.5 所示。

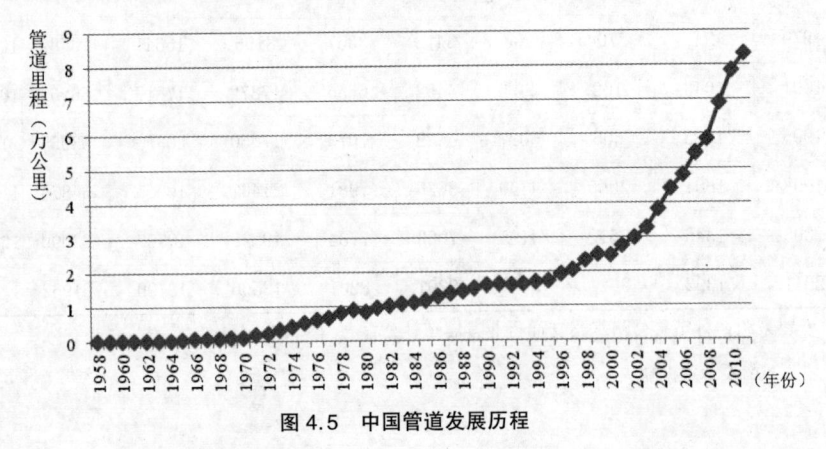

图 4.5 中国管道发展历程

资料来源：各年《中国统计年鉴》。

二 中国交通基础设施运输能力的发展

交通基础设施的运输能力主要是以交通运输业的发展状况来衡量的。与各种交通基础设施的运输里程大幅增长类似，中华人民共和国成立后，特别是改革开放以来，我国交通运输客运量、货运量与客运周转量、货运周转量也迅速增长。

1. 总运量的发展状况

货运量与货运周转量反映了国民经济运行情况。中华人民共和国成立后，经过三年恢复时期与两个"五年计划"建设，国民经济迅速发展，货运量也在 1949—1960 年稳步上升，但随着国民经济动荡的出现，从 1961 年开始，货运量与货运周转量均有所下降，货运量直到 1972 年才恢复到

1960年的水平。改革开放以后，货运量与货运周转量迅速增长，到2011年，货运量比1978年增长了14.9倍，货运周转量也增长了16.2倍。具体情况如图4.6、图4.7所示。

图4.6 中国客运量与货运量的发展情况

资料来源：各年《中国统计年鉴》。

客运量与客运周转量反映了人们出行情况的变化，随着经济的发展和人们生活水平的提高，客运量与客运周转量会相应提高。中华人民共和国成立后，客运量与客运周转量稳步增长，但1961年前后客运量与客运周转量出现下降，其中客运周转量直到1971年才恢复到1961年的水平。改革开放后，我国客运量快速提高，到2011年，客运量比1978年增加了13.9倍，客运周转量增长了17.8倍。具体情况如图4.6、图4.7所示。

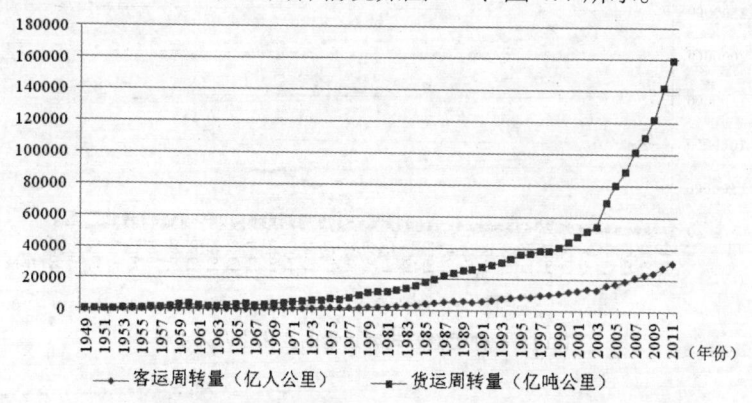

图4.7 中国客运周转量与货运周转量的发展情况

资料来源：各年《中国统计年鉴》。

2. 各种运输方式运量的发展状况

从各种运输方式完成的客运量来看，铁路在1970年代之前的客运服务中占主导地位，但是1970年代以后，我国大力发展公路建设，公路运输在交通体系中逐渐占据主导地位。中华人民共和国成立后，公路客运一直稳步上升，公路客运在整个客运量中的比例也逐年上升，由1949年的13.2%提高到2011年的93.2%，2011年公路客运量比1949年增长了1800多倍，比1970年增长了53倍多。铁路客运量的发展一波三折，1949—1961年铁路运输稳步提升，但随后也有所下降，直到1966年，铁路客运量才又开始逐步上升，1988年达到最高水平，此后就一直在10亿人这一水平徘徊，直到2005年以后开始稳步上升。总的来说，铁路客运量占整个客运量的比例由1949年的75.2%下降到2011年的5.3%。中华人民共和国成立初期，水路客运与公路客运的水平相差不大，但与铁路运输类似，水路运输在1962年开始下降，直到1966年才恢复增长，1987年达到最高水平，此后水路客运量逐年下降，水路运输在整个客运运输中的作用不断减小，水路客运量在总客运量中的比重由1949年的11.4%下降到2011年的0.7%。航空运输在客运体系中所占比例一直很小，但是中华人民共和国成立后，航空运输一直保持着上升的趋势，特别是改革开放以来，航空客运量增幅加快，每年增长440万人次，在总客运量中的比重逐年上升，已经由1949年的0.1%上升到2011年的0.8%。

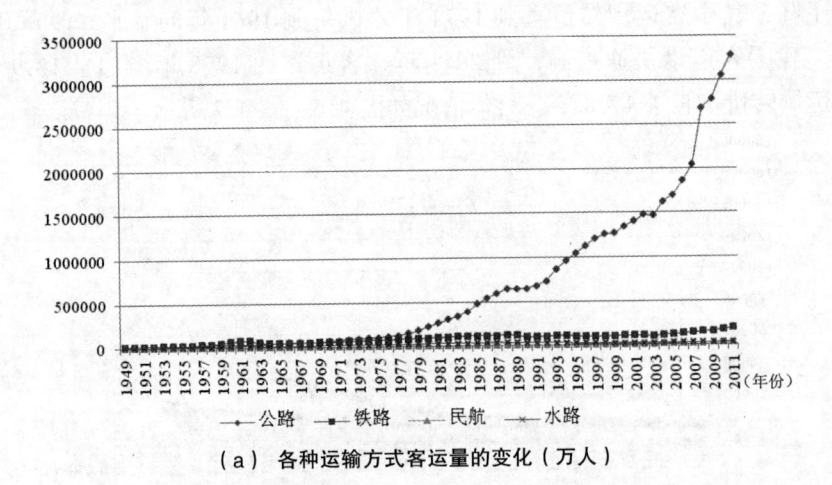

(a) 各种运输方式客运量的变化（万人）

(b) 各种运输方式货运量的变化（万吨）

(c) 各种运输方式客运周转量的变化（亿人公里）

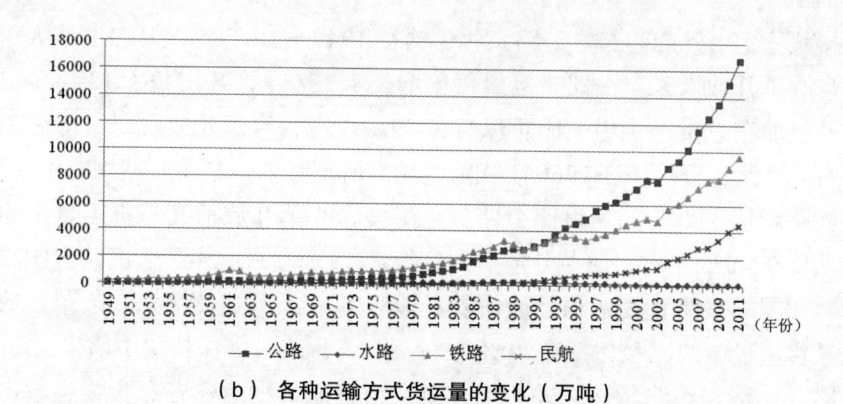

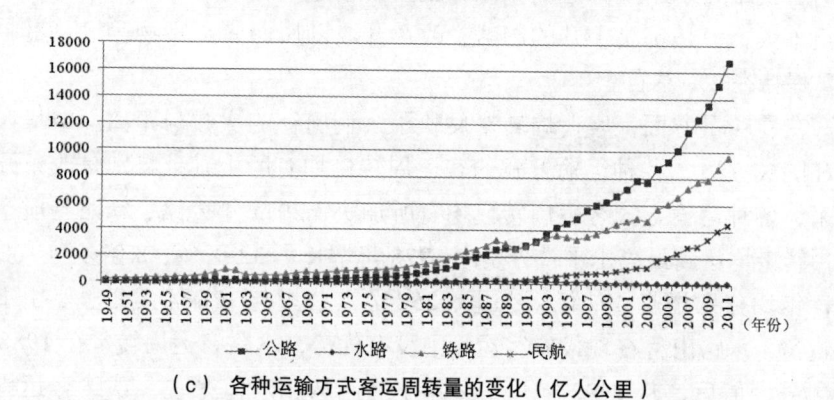

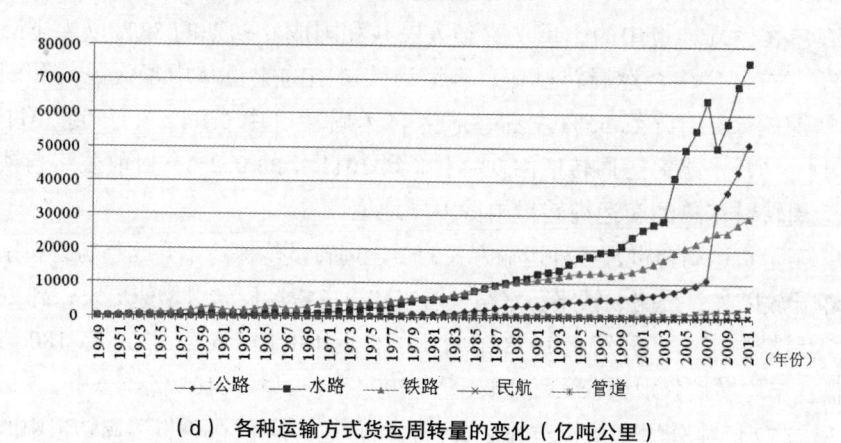

(d) 各种运输方式货运周转量的变化（亿吨公里）

图 4.8　各种运输方式的客运（周转）量与货运（周转）量发展情况

资料来源：各年《中国统计年鉴》。

与客运运输不同，中华人民共和国成立后，各种交通货运量大多保持着持续稳定上升的趋势。公路货物运输在 1949—1977 年上升幅度不大，但是自改革开放以来，公路货运量每年增长 4.3 亿吨，共增长了 13 倍多，改革开放前在总货运量中的比重保持在 40% 左右，改革开放后则保持在 75% 左右。铁路运输除了在 1960 年代前半期有所下降外，其余时期均有所上升，但铁路货运量上升的速度比公路货运量慢，改革开放前在总货运量中的比重保持在 40% 左右，改革开放后则保持在 15% 左右。中华人民共和国成立后，我国的水路货物运输迅速恢复，1985 年后上升速度更快，改革开放前在总货运量中的比重保持在 20% 左右，改革开放后则保持在 10% 左右。与公路、铁路和水路货物运输相比，航空与管道货物运输在总货物运输中的比重不大，但是都呈上升的趋势，改革开放以后两者在货物运输总量中的比重保持在 2% 左右。

在周转量方面，客运周转量反映了人们出行的次数与距离。中华人民共和国成立后，各种运输方式的客运周转量均有所上升，特别是改革开放以来，各种运输方式客运周转量均有所加快，2011 年公路、铁路与航空客运周转量均达到最高水平，分别比 1978 年增长了 32 倍多、8 倍多与 162 倍多，年均分别增长 492 亿人公里、258 亿人公里与 136 亿人公里。由于耗时较长，水路出行在现代旅客运输中没有优势，水路客运周转量在 1988 年达到最大值后，从 1992 年开始逐年下降。从相对值来说，铁路客运周转量在总客运周转量中的比重从中华人民共和国成立初期的 83% 以上下降到 30% 左右，公路客运周转量在总客运周转量中的比重从中华人民共和国成立初期的 5% 上升到 55% 左右，航空客运周转量由 0.04% 上升到 2011 年的 14.6%，水路客运周转量由 9% 下降到 2011 年的 0.2%，目前公路与铁路客运周转量在总的客运周转量中占主导地位。

至于货运周转量，各种运输方式的货运周转量均保持上升的趋势，特别是改革开放以来，公路、铁路、水路、航空和管道货运周转量增速更快，到 2011 年达到最高水平，分别比 1978 年增长了将近 188 倍、6 倍、20 倍、180 倍与 7 倍；年均增长分别为 1503 亿吨公里、709 亿吨公里、2107 亿吨公里、5 亿吨公里与 72 亿吨公里。从相对数来看，公路货运周转量在总货运周转量中的比重从中华人民共和国成立初期的 3% 上升到 30% 左右，铁路货运周转量在总货运周转量的比重从中华人民共和国成立初期的 72% 下降到 20% 左右，水路货运周转量由 25% 上升到 2011 年的 47%，航空货运周转量由 0.08% 上升到 2011 年的 0.1%，管道货运周转量由 0.17% 上升到 2011 年的 1.8%，目前水路与公路货运周转量在总的货运周转量中占主导地位。

三 中国交通基础设施建设投资的变化

中华人民共和国成立后，经过三年的恢复期，我国开始了大规模的基本建设，交通运输投资业稳中有升，交通运输保持超前发展，"一五"时期，交通运输业基本建设投资占全国基本建设投资的比重在15%左右，由于"二五"时期后两年交通运输业基本建设投资出现了大幅下降，交通运输出现了紧张局面，交通运输业投资在全国基本建设投资中的比重维持在13%左右，但下一个五年时期交通运输业投资有所回升，"三五"时期达到15.37%，比重有所提高，但是交通运输业投资总量却比"二五"时期少了13亿多元，而在这一时期，国民经济持续发展，故运输供求矛盾更加突出。

"四五"时期，交通运输业基本建设投资在全国基本建设投资中的比重达到了18%，这是以前各时期从未达到过的水平，交通投资力度加大，比"三五"时期翻了一番。"五五"时期，无论是交通运输业投资总量还是投资比重，都较前一期有所下降，特别是水路运输与港口建设，包括内河与沿海港口在内的各种交通运输方式的运输能力越来越不适应国民经济发展的需要。改革开放以后的前六年，中国的交通运输业无论是投资额，还是投资额占全国总投资的比重，较"四五"与"五五"时期都没有上升。这与改革开放后中国经济的快速发展非常不适应，交通运输出现全面紧张。1980年代中后期，我国交通运输投资绝对值有所提高，国家加大了对公路的基本建设投资，但是交通运输投资比重并没有提高，交通运输业成了国民经济发展的"瓶颈"行业。

1990年代以来，国家逐年加大了对交通运输业的投资，无论是投资额，还是投资额在全国基本建设总投资中的比重，均有较大的提高。以"九五"时期为例，我国交通运输基本建设投资达1.15万亿元，占全国基本建设总投资的20.5%，超过了中华人民共和国成立以来任何一个时期。这五年的投资额是前43年（从1953年开始）总和的1.96倍，是改革开放18年来投资总和的2.31倍。从"九五"时期以来，我国实施积极的财政政策，继续加大对交通运输业基本建设的投资，以拉动经济增长。在1996年到2011年间，我国交通运输业基本建设投资超过了3万亿元，占全国固定资产总投资的10%左右。具体情况见表4.4所示。

图4.9说明了自1975年以来经济增长率与交通运输投资增长率的变化

情况。自 1993 年起，交通运输基本建设投资额的增长速度超过了国内生产总值的增长速度，2011 年交通运输基本投资比 1975 年增长了 400 多倍，而国内生产总值增长不到 160 倍。交通运输业投资占国内生产总值的比重由 1953 年的不足 1.3% 上升到近年来的 6% 左右，交通运输业投资占全部公共基础设施投资的比例也由 1953 年的 20% 上升到近年来的 35% 左右，表明国家加大了对基础设施特别是交通运输业的投资，一定程度上缓解了交通运输对经济增长的"瓶颈"作用；但是交通运输投资占国内生产总值的比重仍然较低，随着中国经济的快速发展和人民生活水平的提高，货物运输需求与人们对安全便捷出行的需求大大增加，交通运输对经济增长仍然有很大的制约作用。

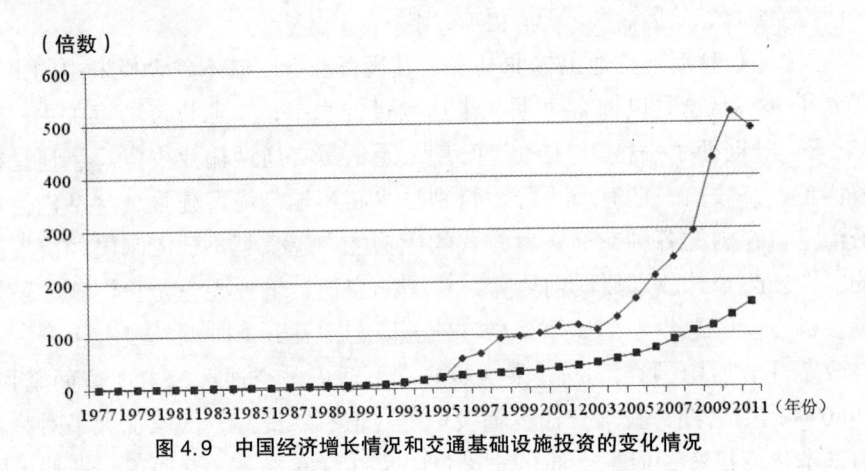

图 4.9　中国经济增长情况和交通基础设施投资的变化情况

资料来源：各年《中国统计年鉴》。

表 4.4　中国交通运输业固定资产投资额及其占固定资产投资的比重　　单位：亿元，%

年份	全国	交通运输业	比重	年份	全国	交通运输业	比重
1954	99.07	14.98	15.12	1987	1343.10	195.39	14.55
1955	100.36	17.66	17.60	1988	1574.31	216.69	13.76
1956	155.28	26.12	16.82	1989	1551.74	170.03	10.96
1957	143.32	20.69	14.44	1990	1703.81	211.01	12.38
1958	269.00	33.99	12.64	1991	2115.80	340.18	16.08
1959	349.72	53.24	15.22	1992	3012.65	457.58	15.19
1960	388.69	56.03	14.42	1993	4615.50	554.51	12.01

续表

年份	全国	交通运输业	比重	年份	全国	交通运输业	比重
1961	127.42	14.96	11.74	1994	6436.74	910.09	14.14
1962	71.26	5.08	7.13	1995	7403.62	1106.42	14.94
1963	98.16	7.80	7.95	1996	22913.50	3197.20	13.95
1964	144.12	15.47	10.73	1997	24941.10	3753.40	15.05
1965	179.61	30.51	16.99	1998	28406.20	5422.29	19.09
"三五"	976.03	150.01	15.37	1999	29854.70	5587.56	18.72
"四五"	1763.95	317.59	18.00	2000	32917.70	5898.61	17.92
1976	376.44	57.75	15.34	2001	37213.50	6631.54	17.82
1977	382.37	50.23	13.14	2002	43499.90	6818.78	15.68
1978	500.99	68.04	13.58	2003	55566.61	6289.40	11.32
1979	523.48	64.09	12.24	2004	70477.40	7646.20	10.85
1980	558.89	62.34	11.15	2005	88773.60	9614.00	10.83
1981	442.91	40.47	9.14	2006	109998.20	12138.10	11.03
1982	555.53	57.21	10.30	2007	137323.90	14154.00	10.31
1983	594.13	78.04	13.14	2008	172828.40	17024.40	9.85
1984	743.15	108.46	14.59	2009	224598.80	24974.70	11.12
1985	1074.37	178.10	16.58	2010	278121.90	30074.50	10.81
1986	1176.11	188.11	15.99	2011	311485.10	28291.70	9.08

注：由于《中国统计年鉴》1996年以后才有分行业的固定资产投资数据，因此，1996年以前的数据来自《中国固定资产投资统计年鉴1950—1995》。

在交通运输业内部，公路、铁路、水路、航空与管道等基本建设投资也发生了许多变化。其中，2003年铁路、公路、水路、航空与管道等基本建设投资分别比1975年增长了25倍、587倍、22倍、228倍与174倍，公路与管道运输基本建设投资增长得最快，特别是1993年以来，2003年的公路运输投资比1993年增长了3000多亿元，管道运输增长了139亿元，分别是1993年的20倍与450倍。1990年代以前，铁路运输投资在交通运输总投资中的比重一般在50%左右，1993年以后逐年下降，2003年降到了27%；公路运输所占比重1993年以后逐年上升，2003年已经超过了60%；水路运输投资额的增长最为缓慢，在个别年份甚至出现下降，在总投资中的比重1993年前还保持在17%—

35%，但在 1993 年后逐年下降，2002 年不足 2%，水路建设严重滞后，长江等黄金水道的作用远远没有得到发挥。

近年来，自金融危机爆发后，国家出台扩大内需、促进经济平稳较快增长的政策，大规模的基础建设投资扭转了投资趋缓的趋势。2011 年，全国完成公路、水路交通固定资产投资 14464.21 亿元，比上年增长 9.5%，占全社会固定资产投资的 4.7%。分地区看，西部地区全年完成交通固定资产投资 5206.23 亿元，所占比重为 36.0%，比上年提高 2 个百分点；东、中部地区分别完成投资 5547.67 亿元、3710.32 亿元，所占比重分别为 38.4% 和 25.7%。全年完成公路建设投资 12596.36 亿元，比上年增长 9.7%。高速公路建设完成投资 7424.14 亿元，比上年增长 8.2%。农村公路建设完成投资 2010.13 亿元，比上年增长 4.5%，新改建农村公路 18.75 万公里。全年内河及沿海建设完成投资 1404.88 亿元，比上年增长 19.9%。其中，内河建设完成投资 397.89 亿元，增长 18.9%。沿海建设完成投资 1006.99 亿元，增长 20.3%[①]。

通过铁路系统和地方政府有关部门共同努力，铁路建设投资"十二五"平稳开局。2011 年，全国铁路固定资产投资（含基本建设、更新改造和机车车辆购置）完成 5906.09 亿元。在基本建设方面，全国铁路共完成投资 4610.84 亿元，国家铁路和合资铁路完成投资 4597.32 亿元。路网大中型项目 310 个，完成投资 4594.12 亿元。其中，新建铁路完成投资 3899.05 亿元，既有线扩能改造完成投资 695.07 亿元，分别占 84.9% 和 15.1%。地方铁路完成投资 13.52 亿元。在新线建设方面，新建铁路完成投资 3899.05 亿元。在既有线改造方面，既有线增建复线和电气化改造完成投资 392.55 亿元。西格、嘉红、京九等电气化改造项目部分投产。在枢纽建设方面，枢纽及客站建设完成投资 302.52 亿元。在更新改造方面，国家铁路更新改造完成投资 245.76 亿元。国家铁路完成投资中，运输设备更新改造完成投资 199.94 亿元，部管项目完成 39.40 亿元，局管项目完成 160.53 亿元，生产性投资占 95.7%。

不仅如此，近年来高速铁路客运专线投资飞速增长。从 2004 年开始，铁路部门全面展开了高速客运专线和城际铁路建设。目前，胶济、合宁、京津、石太、合武、甬台温、温福、武广 8 条高速铁路客运专线相继开通运

---

① 本段数据来源：《2011 年公路水路交通运输业发展统计公报》。

营，标志着环渤海地区、长三角地区、珠三角地区以及中部的湖北、湖南、和山西省都进入了高速铁路时代。2008年4月，世界建设规模最大、一次性建成里程最长的高速铁路——京沪高速铁路全线开工建设，总投资额达到2209.4亿元；沪杭客运专线也于2009年年初开工建设，全长160公里，每小时速度可以达到350公里，投资总额约为280亿元。按照铁道部提出的最新规划，未来三年客运专线新线投产将达到9200公里，按照每公里1亿元的造价计算，未来三年高速铁路的投资额将达到9000亿元以上，年均投资额将超过3000亿元。到2012年底，我国客运专线和城际铁路的营业里程将达到1.3万公里，超越日本和德国等高铁起步较早的国家，成为全球高铁运营里程最长的国家。

2011年，民航基本建设和技术改造投资687.7亿元，比上年增长6.4%。2011年，机场系统完成固定资产投资总额495.4亿元，比上年增长12.2%。重点建设项目19个，其中，竣工项目有南昌昌北机场扩建工程、长沙黄花机场扩建工程、昆明新机场等工程；续建项目有合肥新机场、杭州萧山机场扩建工程、深圳宝安机场扩建工程、成都双流机场扩建工程、贵阳龙洞堡机场扩建工程、拉萨贡嘎机场扩建工程、西安咸阳机场扩建工程、西宁曹家堡机场扩建工程等；新开工项目有沈阳桃仙机场航站区扩建工程、浦东机场飞行区扩建工程、南京禄口机场扩建工程、南宁机场扩建工程等。2011年，空管系统完成固定资产投资18亿元，比上年减少5.3%。重点建设项目6个，其中，续建项目有成都区域管制中心、西安区域管制中心等；新开工项目有乌鲁木齐区域管制中心等。2011年，民航其他系统完成固定资产投资总额174.3亿元，比上年减少6.3%。其中，民航信息系统建设投资7.5亿元，民航科研、教育系统投资24.3亿元，民航安全保卫系统投资2.2亿元，民航油料系统投资9.3亿元，民航机务维修系统投资9亿元，运输服务系统投资56.2亿元，公共设施系统投资13.3亿元，其他系统投资52.5亿元[1]。

四 中国经济增长与交通基础设施发展的国际比较

交通基础设施投资与交通运输在一个国家的经济社会发展中具有非常重要的作用。世界银行的一项报告显示，一个国家运输业的增加值通

---

[1] 本段数据来源：《2011年民航业发展统计公报》。

常占其 GDP 的 3%—5%。表 4.5 显示了部分学者运用生产函数法估计的交通基础设施投资对经济增长的产出弹性，大部分结果都表明，交通基础设施投资对经济增长具有重要作用，交通基础设施的产出弹性在 0.02—1。

表 4.5　　　　　　　交通基础设施投资对经济增长的产出弹性

作者	样本空间	模型选择与数据	基础设施的产出弹性
Ashauer（1989）	美国	C—D 生产函数；1948—1987 年	0.39
Munnell（1990）	美国	C—D 生产函数；48 个州 1948—1987 年	0.34
Moonaw,Wiliams（1991）	美国	TFP 增长；48 个州 1959—1976 年	0.17
Carlino, Voith（1992）	美国	CES 生产函数；48 个州 1969—1983 年	0.22—1
Christodoulakis（1993）	希腊	C—D 生产函数；制造业 1963—1990 年	0.27—0.42
Picci（1995）	意大利	C—D 生产函数；20 个地区 1970—1991 年	0.08—0.43
Wylie（1995）	加拿大	超越对数生产函数；1946—1991 年	0.517
Prud'homme（1996）	法国	C—D 生产函数；20 个地区 1970—1990 年	0.08
Denny, Kevin（1997）	爱尔兰	C—D 生产函数；制造业 1951—1994 年	0.92
Bonaglia, Ferrara（2000）	意大利	C—D 生产函数；各地区 1970—1994 年	0.071
Canning（2000）	国际	C—D 生产函数；57 个国家 1960—1990 年	0.028—0.114
Everaert,Heylen（2001）	比利时	C—D 生产函数；1953—1996 年	0.29

表 4.6 显示了 1996 年部分国家交通基础设施客货运需求与经济增长的关系。由于各国的自然地理条件、经济社会发展水平以及交通基础设施发展道路及发展水平各不相同，加上各国交通运输量统计口径也存在很大差异，各国的交通运输在很大程度上不具有可比性，但是这种比较仍具有一定的参考价值。

表 4.6　部分国家交通基础设施客货需求与经济增长关系对比（1996 年）

国别	客运周转量（亿人公里）	货物周转量（亿吨公里）	总人口（百万人）	GNP 产值（万美元）	人均旅行里程（公里）	每万美元 GNP 的客运运输量（人公里/万美元）	每万美元 GNP 的货运运输量（吨公里/万美元）
中国	9165	18365	1224	8164.90	748.77	11224.88	22492.62
德国	9302	3656	82	17309.27	11343.90	5374.00	2112.16
法国	8537	2150	59	12691.59	14469.49	6726.50	1694.03
西班牙	3057	2328	39	5963.60	7838.46	5126.10	3903.68
英国	8768	2344	59	11776.24	14861.02	7445.50	1990.45
意大利	7924	2882	57	11337.98	13901.75	6988.90	2541.90
荷兰	2370	1257	16	2384.70	14821.50	9938.35	5271.10
日本	13880	5556	126	29508.68	11015.87	4703.70	1882.84
美国	70989	60156	266	75093.62	26687.59	9453.40	8010.80
俄罗斯	5277	34000	147	6159.32	3589.80	8567.50	55200.87

在表 4.6 中，我们运用旅客（货物）周转量作为交通基础设施客货运需求的指标，从中可以得出几点结论：（1）从人均旅行里程与部分发达国家的对比中可以看出，我国人口流动性较差。近年来，虽然我国的客运周转量增长很快，但是人均旅行里程偏少，人口流动性较差。早在 1996 年，发达国家人均年旅行千米数就普遍达到了 1 万公里以上，人员流动性较大，其中美国的人均旅行里程数最多，超过了 2.5 万公里。改革开放初期，我国人均旅行里程只有 181 公里，到 2011 年我国的人均旅行里程提高到了 2300 公里，远远落后于西方发达国家的水平。（2）中国每万美元 GDP 的客运运输量较高，这与中国人口众多而 GDP 相对较少有关，如果消除人口因素，这一数据可能会大大降低。（3）中国货物运输强度相对较高，每万美元 GDP 的货运运输量大大高于世界平均水平。这一方面是由我国的经济发展引起的——近年来，中国经济快速发展，经济活动日益频繁，货物运输迅速增加；另一方面，这一指标过高也反映了目前中国经济活动的区域分布较为分散，产业聚集程度不高。中国幅员辽阔，东中西部企业的经济联系增加了运输里程和周转量，但是如果单位 GDP 所需的物流量过大，则说明企业布局过于分散，因为企业聚集和产业聚集可以大大降低周转量。

第二节 中国各地区交通基础设施的空间布局分析*

从上节可以看出，在不同时期，交通基础设施的规模与投资有很大变化。改革开放以来，中国的运输需求增加，交通基础设施投资的力度也有所加大。我国幅员辽阔，不同地区交通基础设施的规模与投资数量也有很大的区别，由于经济发展水平不一样，各地交通基础设施的运量差别很大，本节将研究中国各地区交通基础设施的分布情况。

一 中国各地区交通基础设施的规模差异

1. 中国各省区市的客运需求

表4.7显示了1985—2011年中国各地区交通基础设施的客运需求变化。客运需求可以用客运量与客运周转量两个指标来衡量，能够反映人民生活水平的变化。从客运量来看，全国的客运总量在这一时期增长了5倍多，各省区市客运量增长得也快。2011年客运量最大的10个省区市分别为广东、四川、山东、江苏、浙江、河南、安徽、湖南、重庆、北京，排名前五位的省区市客运量总额占全国的42.5%。2011年客运量最小的省区市分别是西藏、上海、青海、宁夏、天津、内蒙古、新疆、山西、云南、海南，客运量只占全国的7.3%。

表4.7　　　　　中国各省区市交通基础设施的客运需求变化

地区	客运量（百万人）					客运周转量（亿人公里）				
	1985年	1990年	2000年	2005年	2011年	1985年	1990年	1995年	2000年	2005年	2011年
北京	72	74	176	80	1397	119	120	208	118	137	412
天津	30	22	35	45	249	NA	NA	79	92	118	285
河北	165	257	656	809	995	278	358	494	796	990	1307
山西	106	160	318	400	392	93	126	175	219	289	416
内蒙古	67	105	233	318	260	83	99	174	200	287	410
辽宁	396	445	517	601	986	322	369	452	496	600	956

---

* 本节所称中国各省区市不包括中国台湾省。

续表

地区	客运量（百万人）					客运周转量（亿人公里）				
	1985 年	1990 年	2000 年	2005 年	2011 年	1985 年	1990 年	1995 年	2000 年	2005 年	2011 年
吉林	172	187	240	276	682	135	148	177	207	245	516
黑龙江	203	228	498	554	505	163	184	229	377	432	542
上海	34	38	52	80	100	NA	NA	NA	74	128	171
江苏	539	483	1072	1451	2469	274	325	631	763	1194	1710
浙江	528	603	1245	1611	2308	201	257	483	610	849	1296
安徽	272	395	620	727	1856	182	253	383	519	782	1627
福建	340	395	673	551	795	130	175	298	404	397	535
江西	247	249	355	416	789	137	170	239	419	592	941
山东	198	298	659	985	2512	204	301	351	549	828	1740
河南	366	536	839	979	1933	324	423	574	759	998	1989
湖北	282	321	628	705	1124	185	226	285	513	663	1236
湖南	487	542	875	1161	1714	255	340	555	715	1012	1565
广东	498	780	1085	1499	5107	270	453	936	937	1448	2600
广西	200	263	422	514	831	128	175	298	452	558	973
海南	61	159	200	268	462	24	57	94	61	90	171
重庆	NA	NA	567	633	1404	NA	NA	NA	243	280	536
四川	557	602	1237	1685	2588	NA	NA	NA	497	682	1198
贵州	108	170	531	645	724	76	105	182	238	312	553
云南	96	107	333	408	450	74	88	138	206	291	522
西藏	0	2	1	4	38	2	4	5	4	18	33
陕西	156	202	285	387	1070	157	191	273	331	486	869
甘肃	64	90	129	178	609	103	117	151	226	303	630
青海	13	18	36	49	119	13	15	19	30	43	105
宁夏	13	28	55	71	151	12	19	28	52	62	114
新疆	37	96	146	243	351	1	1	2	187	306	489

资料来源：各年《中国统计年鉴》。

注：NA 表示数据缺失。

从客运周转量来看，20多年间全国的客运周转量增长了将近7倍，2011年客运周转量最大的10个省区市分别为广东、河南、山东、江苏、安徽、湖南、河北、浙江、湖北、四川，排名前五位的省市客运周转量总额占全国的31.2%。2011年客运周转量最小的省区市是西藏、青海、宁夏、上海、海南、天津、内蒙古、北京、山西、新疆，客运周转量总额只占全国的8.4%。

影响交通基础设施客运需求的因素有很多，包括居民的收入水平和消费结构，而人口因素对客运量和客运周转量的影响也很大。一般地，收入水平的提高促使人们出行更远的距离或者在交通上花费更多。浙江、广东、江苏、山东等省份城镇可支配收入均排名在前十位之内，但是上海、北京、天津、重庆等城镇可支配收入排在全国前十位之内的直辖市客运量与客运周转量并不大，天津、上海、北京等城市甚至排在最后十位，这与直辖市人口较少有关，人口越多的省份，客运需求也越高，河南、山东、四川、广东、江苏、河北、湖南、安徽、湖北、广西等省份人口数就排在全国前十位，其中有九个省份的客运需求也排在全国前十位。

从我国1985年到2011年省份客运需求的排名来看，20多年来，我国客运需求主要集中在东中部地区，特别是东部发达地区，这与我国东中部地区经济相对发达、人均可支配收入较高、人口相对稠密有密切的关系，西部地区交通基础设施客运需求较少。

2. 中国各省区市的货运需求

我国各地区交通基础设施货运需求差别也很大。货运需求可以用货运量与货运周转量来衡量，货运周转量是将所有不同始发到达地点之间通过不同运输方式运输的不同批量和不同品类的货物加总在一起，可以综合反映运输业生产的总成果。表4.8显示了1985—2011年中国各地区交通基础设施货运需求的变化。从货运量来看，2011年全国的货运总量是1985年的近5倍，各省区市货运量增长得也很快。2011年货运量最大的10个省区分别为山东、安徽、河南、广东、江苏、河北、浙江、辽宁、湖南、内蒙古，排名前五位的省份货运量总额占全国的34%。2011年货运量最小的省区市分别是西藏、青海、北京、海南、甘肃、宁夏、天津、贵州、吉林、新疆、云南，货运量总额只占全国的8.8%。

表 4.8　　　　　　中国各省区市交通基础设施的货运需求变化

地区	货运量（百万吨）						货运周转量（亿吨公里）					
	1985年	1990年	1995年	2000年	2005年	2011年	1985年	1990年	1995年	2000年	2005年	2011年
北京	85	264	322	307	321	247	472	269	374	363	582	1000
天津	182	159	223	260	392	436	765	1139	343	4622	12593	10337
河北	509	582	725	756	883	1898	1726	1546	2033	2324	5068	9630
山西	292	501	658	864	1337	1344	361	595	717	866	1691	3063
内蒙古	116	267	327	444	692	1683	443	622	782	943	1437	5422
辽宁	685	763	841	807	956	1850	1408	1063	1371	1746	3351	10405
吉林	117	231	267	295	342	475	343	435	497	492	606	1453
黑龙江	230	401	335	536	618	632	634	833	825	918	1167	1968
上海	242	268	300	468	686	930	2015	3358	207	6287	12128	20310
江苏	468	494	747	863	1112	2025	576	730	1026	1459	2993	6958
浙江	224	335	583	753	1269	1864	294	401	754	1200	3417	8635
安徽	128	446	408	439	671	2684	361	662	908	1051	1566	8446
福建	133	203	292	361	412	752	162	273	609	929	1573	3397
江西	191	177	223	235	340	1119	234	299	412	645	885	2985
山东	274	414	748	925	1447	3184	484	778	1197	4033	5551	12684
河南	356	381	535	609	787	2410	838	1169	1574	1554	2353	8531
湖北	111	109	367	390	468	1069	508	671	849	1081	1416	3799
湖南	329	377	498	510	775	1685	512	775	1012	1066	1629	3370
广东	587	858	934	846	1193	2244	1768	2599	657	3277	3860	6905
广西	129	199	261	296	382	1361	276	428	556	707	1098	3478
海南	35	48	86	67	102	251	13	17	232	310	449	1369
重庆	NA	NA	NA	267	393	968	NA	NA	NA	289	626	2529
四川	147	400	901	515	674	1553	NA	NA	902	623	917	2016
贵州	57	95	117	156	218	449	156	229	301	404	647	1061
云南	202	383	386	520	620	602	154	263	310	482	681	1024
西藏	1	1	4	1	4	10	6	8	4	14	41	40
陕西	175	216	289	292	416	1209	336	412	501	573	1029	2825
甘肃	101	166	205	231	267	353	255	343	507	640	983	2037

续表

地区	货运量（百万吨）						货运周转量（亿吨公里）					
	1985年	1990年	1995年	2000年	2005年	2011年	1985年	1990年	1995年	2000年	2005年	2011年
青海	11	24	34	47	68	126	18	49	62	87	147	486
宁夏	36	39	50	65	85	369	62	75	122	205	255	933
新疆	107	139	193	231	300	533	2	3	339	457	807	1475

资料来源：各年《中国统计年鉴》。

注：NA表示数据缺失。

从货运周转量来看，20多年间全国的货运周转量增长了近9倍，2011年货运周转量最大的10个省区市分别为上海、山东、辽宁、天津、河北、浙江、河南、安徽、江苏、广东，东部沿海省份占了其中的7个，排名前五位的省份货运周转量总额也占到全国的40%。2011年货运周转量最小的省区市分别是西藏、青海、宁夏、北京、云南、贵州、海南、吉林、新疆、黑龙江、四川，货运周转量总额只占全国的6.8%。

可以看出，货运需求更能反映出经济发展的水平。东部沿海相对发达地区的货运量与货运周转量相对较大；河北、河南、湖南地处中部，承东启西的地理区位优势突出，货运量也相对较大；经济相对落后的中西部地区货运量相对较少，特别是西部地区，在货运量最小的10个省区市中占了7个。与货运量相比，货运周转量更能体现各地区的经济发展状况，货运周转量最大的省份主要集中在环渤海、长江三角洲与珠江三角洲等经济发达地区，排名前五位省份货运周转量占全国的40%，货运周转量排名的最后十位中，有7个省区市属于西部地区。

从我国1985年到2011年省份货运需求的排名来看，20多年来，我国货运需求主要集中在东中部地区，特别是东部发达地区，但是与客运需求的省域分布相比，货运需求的省域分布相对分散。这是因为中西部地区由于拥有良好的自然资源禀赋，原材料的货物运输需求较大，弥补了其经济活动比东部发达地区稀少的不足。从货运周转量来看，近年来货运周转量比1985年更集中在东部沿海地区，货运周转量由东至西逐渐减少的趋势也越来越明显。

二　中国各地区交通基础设施的投资差异

改革开放以来，我国各地区交通固定资产投资增长很快，特别是近年来，随着西部大开发战略与中部崛起战略的实施，中央财政逐步加大了对中西部的投入，特别是交通基础设施的投资。同时，1998年，中国政府实施扩大内需政策以应对亚洲金融危机的冲击，交通基础设施被视为主要投资领域，有效扩大了国内需求，对促进经济增长起到了至关重要的作用。2008年，中国政府第二次实施扩大内需政策以应对国际金融危机的冲击，国家4万亿元经济刺激计划中交通基础设施项目投资高达1.5万亿元，掀起新一轮交通基础设施投资建设的浪潮[1]。如表4.9所示，2011年东、中、西部交通固定资产投资分别为1996年的6.5倍、10.3倍和15.2倍，中西部地区的增幅大大超过了东部地区[2]。并且，从绝对数来看，东部地区交通固定资产投资在全国的比例下降比较多，从50.9%下降到37.7%，但是仍然高于中西部地区，并且其综合交通网络体系建设也相对完善，长江三角洲城市群、珠三角城市群、京津冀都市圈都已经初步建立了交通基础设施一体化体系。近年来受益于政府中西部倾斜政策的影响，中部地区的交通固定资产投资在全国的比例基本保持在20%左右，西部地区的交通固定资产投资在全国的比例稳步上升，已经从1996年的15.6%上升到26.7%，排在中部之前，其交通基础设施的状况有了很大的提高。

具体从交通固定资产投资的各省区市分布来看，如表4.10所示，1996—2011年累计交通基础设施投资排名前十位的是：广东、浙江、江苏、山东、四川、河北、福建、辽宁、河南、上海，其中东部地区占8个，广东、浙江、江苏累计交通固定资产投资分别占全国的6.9%、5.0%、5.0%；累计投资最低的5个省区为宁夏、西藏、青海、海南、甘肃，加总也只占全国的3.0%，可见全国各省区市交通固定资产投资非常不平衡。2011年交通固定资产投资排名前十位的省区分别是：四川、广东、山东、河北、江苏、福建、湖南、浙江、湖北、内蒙古，东部地区占6个，其中四川省的情况比较特殊，是地震后重建投资居多，广东、山东、河北的交通固定资产投资分别占全国的5.9%、5.1%、5.1%；投资最低的10个省区市为海南、宁夏、青海、西藏、甘肃、新疆、江西、安徽、吉林、北京，加在一起也只占全国交通固定资产投资额的10.8%，中西部省区市占其中的8个。

---

[1] 数据来源：国家发展改革委员会网站发布。
[2] 本节的东部地区包括北京、天津、河北、辽宁、上海、江苏、浙江、福建、山东、广东、海南11个省市；中部地区包括山西、吉林、黑龙江、安徽、江西、河南、湖北、湖南8个省；西部地区包括四川、重庆、广西、贵州、云南、西藏、陕西、甘肃、青海、宁夏、新疆、内蒙古12个省（区、市）。

表 4.9 中国东、中、西部地区 1996—2011 年的交通固定资产投资　　单位：亿元

年份	全国	东部地区	东部地区占比	中部地区	中部地区占比	西部地区	西部地区占比
1996	3197.2	1627.8	50.9%	574.9	18.0%	498.4	15.6%
1997	3753.4	1908.3	50.8%	712.7	19.0%	652.2	17.4%
1998	5422.3	2547.2	47.0%	1085.8	20.0%	1167.2	21.5%
1999	5587.6	2657.4	47.6%	1112.2	19.9%	1166.7	20.9%
2000	5898.6	2692.8	45.7%	1307.0	22.2%	1297.1	22.0%
2001	6631.5	2929.9	44.2%	1500.4	22.6%	1533.6	23.1%
2002	6818.8	2883.5	42.3%	1553.5	22.8%	1568.7	23.0%
2003	6289.4	2672.0	42.5%	1541.3	24.5%	1444.7	23.0%
2004	7646.2	3335.2	43.6%	1829.4	23.9%	1821.0	23.8%
2005	9614.0	4184.2	43.5%	2182.9	22.7%	2302.3	23.9%
2006	12138.1	5610.9	46.2%	2663.2	21.9%	2705.9	22.3%
2007	14154.0	6481.5	45.8%	2796.3	19.8%	3080.7	21.8%
2008	17024.4	7294.3	42.8%	3161.7	18.6%	3674.2	21.6%
2009	24974.7	9542.2	38.2%	5032.6	20.2%	5641.2	22.6%
2010	30074.5	11257.1	37.4%	6143.2	20.4%	7349.7	24.4%
2011	28291.7	10661.5	37.7%	5942.9	21.0%	7565.0	26.7%

资料来源：各年《中国统计年鉴》。

表 4.10　中国各省区市 1996—2011 年的交通固定资产投资　　单位：亿元

地区	1996 年	2000 年	2005 年	2008 年	2009 年	2010 年	2011 年	1996—2011 年
全国	3197.2	5898.61	9614	17024.4	24974.7	30074.5	28291.7	187516.38
北京	105.16	128.72	240.9	615.2	662.5	694.4	506	4970.58
天津	38.57	64.51	151.7	324	483.7	539.3	506.5	3206.53
河北	136.31	285.05	420.5	624	1026.2	1521.2	1433.1	8431.4
山西	59.01	107.34	217.6	309.9	735.9	895.8	935.8	4657.2
内蒙古	36.52	95.54	362.2	472.6	786.4	1043	988	5564.36
辽宁	89.13	182.2	301.6	804.2	757.6	1080.8	909.4	6675.71
吉林	36.99	78.68	175.1	288.9	423.8	580.9	497.8	3092.57

续表

地区	1996年	2000年	2005年	2008年	2009年	2010年	2011年	1996—2011年
黑龙江	83.02	150.26	182.7	408	651.8	794.9	572.7	4497.06
上海	158.13	141.35	416.2	783.3	882.8	655.2	519.8	6446.33
江苏	205.22	329.04	585.5	730.4	1020.2	1162.1	1225.6	9273.71
浙江	173.03	382.69	723.7	765	1008.7	1068.7	1119.2	9355.37
安徽	45	164.44	246.5	346.1	460.1	477.9	464.8	3893.09
福建	157.56	187.13	270.9	614.5	885.4	1189	1207.6	6900.87
江西	51.44	109.71	310.3	255.1	382	488.4	456.8	3781
山东	146.56	380.64	405.7	797.1	1032.5	1362.3	1456.8	8891.13
河南	96.82	254.81	541.4	501.7	583.8	791.4	812.5	6627.56
湖北	94.64	216.27	292.7	538.6	767.4	935.3	1030.8	6254.27
湖南	107.98	225.53	216.6	513.4	1027.8	1178.6	1171.7	6337.24
广东	393.1	567.84	635	1108.8	1596.2	1820	1677.2	12967.43
广西	91.97	121.35	195.7	432.4	602.3	842.5	791.8	4551.34
海南	25.06	43.64	32.5	127.8	186.4	164.1	100.3	1166.69
重庆	NA	98.11	228.3	449.2	643.4	645.3	714.7	4193.97
四川	111.67	274.11	278	628.5	1250	1576.2	1742.7	8445.05
贵州	26.79	84.52	144.7	258.2	397.2	518.5	588.9	3099.75
云南	69.48	169.74	337.5	375	570.9	977.6	904	5407.12
西藏	9.79	23.41	62.8	73.8	82.4	115.5	146.1	842.42
陕西	62.27	149.98	241.3	448.3	599.5	739.6	809	4847.92
甘肃	23.77	100.06	137.4	115.7	155	208.6	252.5	1815.12
青海	6.21	47.36	58.8	104.2	124.1	146.4	134	1022.68
宁夏	13.62	37.06	44	69.1	90.1	120.9	105.5	818.76
新疆	46.27	95.89	211.6	247.2	339.9	415.6	387.8	2860.23

资料来源：各年《中国统计年鉴》。

注：NA 表示数据缺失。

第三节　我国交通基础设施与经济增长的空间统计分析*

一　中国省际经济增长与交通基础设施空间特征的一般描述

如前所述，改革开放以来，中国经济快速发展，交通基础设施建设与交通运输需求也迅速增长，但是不同地区间经济增长与交通基础设施的发展水平却有很大的差距，那么目前中国各省的经济增长与交通基础设施发展达到了什么样的水平，各地区的发展差距到底有多大，省域经济增长与交通基础设施的分布有什么特征，是否表现出了空间集聚的趋势，这是本小节与下面一小节将要讨论的内容。首先，以2011年为例先对中国省域经济增长与交通基础设施的空间特征进行一般性描述。

表4.11给出了2011年中国内地31个省、市、自治区经济增长与交通基础设施发展的统计数据以及笔者整理后的结果，本小节选取了GDP、人均GDP、每万平方公里的GDP作为经济增长的指标，选取城镇居民平均每人每年可支配收入、城镇居民平均每人每年交通费用支出作为居民生活水平指标，选取公路里程、人均交通固定资产投资、人均旅行里程、每万元GDP的货运周转量、每万平方公里的货运量、每万平方公里的货运周转量、每万平方公里的公路里程、单位公路里程的货运量、单位公路里程的货运周转量作为交通基础设施发展水平的指标。通过对这些指标的分析，可以得出以下结论：

（1）中国的经济增长主要集中在东部地区，经济增长表现出高度的空间集聚特征。国内生产总值排名前四位的是广东、江苏、山东、浙江，全部是东部省份，2011年东部GDP大概占全国总额的62%，而西部地区大概占全国总额的21%，东部地区的GDP是中部地区的2倍以上，是西部地区的4倍以上，说明中国的经济总量大部分是东部地区创造的，经济活动也大部分集中在东部地区，这一点从人均GDP和地区GDP更容易看出。人均GDP排名前十位的省区市分别是天津、上海、北京、江苏、浙江、内蒙古、广东、辽宁、福建、山东，除内蒙古外全部是东部省市，东部地区的人均GDP是中部地区的1.85倍，是西部地区的1.99倍；每万平方公里的GDP

---

* 本节所称中国省域不包括中国台湾省。

表4.11 2011年中国省域交通基础设施与经济增长分析

地区	公路里程	总人口	GDP	人均GDP	城镇居民平均每人可支配收入	城镇居民平均每人每年交通费用支出	人均旅行里程	人均交通固定资产投资	每万元GDP的货运周转量	每万平方公里的GDP	每万平方公里运量	每万平方公里的货运周转量	每万平方公里的公路里程	单位公路里程的货运量	单位公路里程的货运周转量
	万公里	万人	万亿元	万元	元	元	公里	元	吨公里	亿元	万吨	亿吨公里	公里	万吨	万吨公里
全国	410.64	134735	47.31	3.52	21810	2150	2300	2100	3368	493	3851	166	4278	0.69	125.11
东部	111.28	55446	29.36	5.73	25917	2689	1915	2146	4044	6250	27939	4230	10368	1.26	159.49
中部	137.08	42374	12.76	3.09	17891	1500	1989	1517	2569	868	8319	247	8138	0.65	144.06
西部	162.28	36222	10.02	2.88	17551	1597	1792	2307	2483	327	3248	81	2356	0.49	79.86
北京	2.13	2019	1.63	8.17	32903	3521	2042	2506	615	9674	14680	595	12707	1.09	61.98
天津	1.52	1355	1.13	8.52	26921	2700	2104	3738	9142	9486	36578	8672	12721	1.55	175.89
河北	15.70	7241	2.45	3.40	18292	1527	1804	1979	3928	1290	9989	507	8261	1.06	332.51
山西	13.48	3593	1.12	3.14	18124	1488	1157	2605	2725	720	8618	196	8642	0.48	77.67
内蒙古	16.10	2482	1.44	5.80	20408	2004	1654	3981	3776	121	1423	46	1361	0.64	170.04
辽宁	10.40	4383	2.22	5.08	20467	1899	2181	2075	4681	1502	12499	703	7029	1.46	223.84
吉林	9.18	2749	1.06	3.85	17797	1541	1876	1811	1374	565	2537	78	4907	0.43	88.93
黑龙江	15.56	3834	1.26	3.28	15696	1364	1413	1494	1564	268	1348	42	3318	0.29	54.21
上海	1.21	2347	1.92	8.26	36230	3808	728	2215	10580	30866	149481	32657	19431	3.53	234.86
江苏	15.22	7899	4.91	6.23	26341	2262	2164	1552	1417	4787	19740	678	14839	0.92	86.39
浙江	11.18	5463	3.23	5.92	30971	3728	2373	2049	2672	3175	18308	848	10980	0.97	128.36
安徽	14.95	5968	1.53	2.57	18606	1365	2727	779	5520	1097	19251	606	10725	1.47	409.48

续表

省															
福建	9.23	3720	1.76	4.74	24907	2470	1438	3246	1934	1463	6266	283	7694	0.57	71.43
江西	14.66	4488	1.17	2.62	17495	1310	2098	1018	2551	701	6702	179	8786	0.67	140.95
山东	23.32	9637	4.54	4.73	22792	2204	1806	1512	2796	2887	20264	807	14841	1.20	284.08
河南	24.76	9388	2.69	2.87	18195	1574	2119	865	3168	1613	14432	511	14826	0.89	240.28
湖北	21.27	5758	1.96	3.42	18374	1382	2147	1790	1935	1048	5705	203	11353	0.39	60.06
湖南	23.22	6596	1.97	2.99	18844	1976	2373	1776	1713	929	7955	159	10961	0.62	80.91
广东	19.07	10505	5.32	5.08	26897	3631	2475	1597	1298	2879	12143	374	10321	0.87	112.73
广西	10.49	4645	1.17	2.53	18854	2001	2095	1705	2968	495	5751	147	4431	1.08	142.44
海南	2.29	877	0.25	2.89	18369	1831	1949	1144	5425	742	7387	403	6740	0.66	42.37
重庆	11.86	2919	1.00	3.45	20250	1719	1836	2448	2526	1215	11744	307	14389	0.70	65.77
四川	28.33	8050	2.10	2.61	17899	1758	1489	2165	959	431	3183	41	5805	0.49	40.21
贵州	15.78	3469	0.57	1.64	16495	1395	1594	1698	1860	335	2641	62	9284	0.23	22.18
云南	21.45	4631	0.89	1.93	18576	1906	1127	1952	1152	226	1527	26	5445	0.25	28.78
西藏	6.31	303	0.06	2.01	16196	1278	1086	4822	660	5	8	0.3	517	0.02	4.29
陕西	15.20	3743	1.25	3.35	18245	1502	2321	2161	2258	608	5875	137	7385	0.59	96.70
甘肃	12.37	2564	0.50	1.96	14989	1290	2455	985	4058	110	776	45	2722	0.23	52.34
青海	6.43	568	0.17	2.95	15603	1293	1856	2359	2912	23	175	7	892	0.14	40.14
宁夏	2.45	639	0.21	3.30	17579	1638	1782	1651	4438	317	5552	141	3691	1.18	248.14
新疆	15.52	2209	0.66	3.01	15514	1378	2211	1756	2232	40	320	9	932	0.30	47.24

注：全部数据来源于2012年《中国统计年鉴》。2011年客运（周转）量、货运（周转）量在表4.5与表4.6中已经列出，这里省略。各省市居民平均每人每年可支配收入与交通费用支出用城镇居民的数据来代替。单位公路里程的货运量与公路运周转量用单位公路里程的公路货运量与公路货运周转量来代替。

产值排名前十位的分别是上海、北京、天津、江苏、浙江、山东、广东、河南、辽宁、福建,除河南外也全部是东部省市,东部地区的地均GDP是中部地区的3.36倍,是西部地区的8.6倍。

(2)交通基础设施建设与交通运输活动也大部分集中在东部沿海地区。从总量来看,2011年交通基础设施排名前十位的是:四川、广东、山东、河北、江苏、福建、湖南、浙江、湖北、内蒙古,东部地区占6个,其中四川省的情况比较特殊,是地震后重建投资居多,广东、山东、河北的交通固定资产投资分别占全国的5.9%、5.1%、5.1%;从相对量来看,无论是公路密度、货(客)运密度[①],还是单位面积的货物运输量,东部沿海地区都位于前列,并且形成了一个从东往西逐渐减小的梯度,东、中、西部经济增长仍然存在很大差距。

(3)东部地区城镇居民平均每人每年可支配收入与城镇居民平均每人每年交通费用支出明显高于中西部地区,东部沿海地区居民生活水平较高,表明居民生活水平、经济增长与交通基础设施具有某种程度的相关性,经济增长与交通基础设施还具有空间聚集的特征,这在下一小节将得到证实。

二 中国省际经济增长与交通基础设施的空间聚集与分布

中国省域经济增长表现出一定的空间聚集特征,吴玉鸣(2005)、林光平(2005)等运用空间统计与空间经济计量的方法对中国省域经济增长的空间聚集进行过描述,但交通基础设施的空间聚集特征却很少有人分析。本节将运用空间统计与探索性空间数据分析的相关理论与方法,对中国省域经济增长与交通基础设施的空间聚集与分布进行分析,并探讨两者之间的关系。全局空间自相关的Moran指数可以用来判断产业聚集与空间聚集状况,具体计算公式如下(Moran,1950):

$$I = \frac{\sum_{i=1}^{n}\sum_{j\neq 1}^{n}w_{ij}(x_i - \bar{x})(x_j - \bar{x})}{S^2 \sum_{i=1}^{n}\sum_{j\neq 1}^{n}w_{ij}} \tag{4-1}$$

[①] 货(客)运密度是指在一定时期内,某种运输方式在营运线路的某一区段平均每公里线路通过的货运(旅客)运输周转量。该指标可以反映交通运输线路上的货物(旅客)运繁忙程度,也是平衡运输线路运输能力和通过能力,规划线路建设及改造、配备技术设备,研究运输网布局的重要依据。

其中，x_i 为区域 i 的观测值，$(x_i - \bar{x})(x_j - \bar{x})$ 反映了观测值的相似性；$S^2 = \frac{1}{n}\sum_{i=1}^{n}(x_i - \bar{x})^2$，$\bar{x} = \frac{1}{n}\sum_{i=1}^{n}x_i$，$w_{ij}$ 为空间权重矩阵，n 为地区总数。

全局 Moran 指数用向量形式可描述为（Cliff et al., 1981）：

$$I = \frac{n}{S_0} \cdot \frac{z'Wz}{z'z} \qquad (4-2)$$

其中 z 是观测值与均值的离差微量，$z_i = (x_i - \bar{x})$，$z_j = (x_j - \bar{x})$，$z' = [z_1, z_2, \cdots, z_n]$，

W 是标准化的空间权重矩阵，$S_0 = \sum_{i=1}^{n}\sum_{j=1}^{n}w_{ij}$，对应所有权重的和，$n$ 为空间单元的总数。

Moran 指数 I 的取值一般在 -1 到 1 之间，小于 0 表示负相关，等于 0 表示不相关，大于 0 表示正相关。

在 ESDA 分析中，空间权重矩阵 W 的选择与构建非常重要。空间自相关概念源于时间自相关，但比后者复杂。主要是因为时间是一维函数，而空间是多维函数。因此，在度量空间自相关时，还需要解决地理空间结构的数学表达，定义空间对象的相互连接关系。空间计量经济学引入了空间权重矩阵，这是与传统计量经济学的重要区别之一，也是进行探索性空间数据分析的前提和基础。如何科学地选择空间权重矩阵一直以来也是探索性空间数据分析的重点和难点问题。

可以定义一个二元对称空间权重矩阵 $W_{n \times n}$ 来表达 n 个位置的空间邻近关系，可以根据邻近标准或距离标准来度量。矩阵如式（4-3）所示。

$$\begin{pmatrix} W_{11} & W_{12} & \cdots & W_{1n} \\ W_{21} & W_{22} & \cdots & W_{2n} \\ \cdots & \cdots & \cdots & \cdots \\ W_{n1} & W_{n2} & \cdots & W_{nn} \end{pmatrix} \qquad (4-3)$$

空间权重矩阵有多种规则，这里介绍最常用也最简单的二进制连接矩阵，其元素定义形式如下：

$$w_{ij} \begin{cases} 1 & \text{当区域 } i \text{ 和 } j \text{ 相邻近} \\ 0 & i=j \text{ 或不相邻} \end{cases} \qquad (4-4)$$

二进制的邻接性认为只有相邻的空间单元之间才有空间交互作用，这只是对空间模型中的空间单元之间交互程度的一个很有限的表达方式。而且这种邻接性对于许多拓扑转换并不敏感，即一个相同的连接矩阵可以代表许多不同的空间单元的分布方式。

本节利用二进制空间权重矩阵来计算 GDP 与公路水运固定资本存量的 Moran 指数 I，结果如表 4.12 所示。从表 4.12 可以看出，在 1994 年之后，GDP 的 Moran 指数 I 通过了 5% 水平下的显著性检验，且各个 Moran 指数 I 均为正值，说明 1994 年之后 GDP 在空间上存在明显的正相关关系，而且 Moran 指数 I 随着时间推移呈逐渐提高趋势。在 2000 年之后，公路水运固定资本存量的 Moran 指数 I 也通过了 5% 水平下的显著性检验，而且 Moran 指数 I 也随着时间推移呈逐渐提高趋势。由于中国省域经济确实存在着空间的集聚现象，地区差异比较显著。

表 4.12　中国区域经济增长以及公路水运固定资本存量的 Moran I 指数

交通固定资本的 I 值	年份	GDP 的 I 值	交通固定资本的 I 值
−0.020（0.088）	1994	0.224（1.767）*	0.138（1.176）
−0.016（0.119）	1995	0.239（1.871）*	0.132（1.136）
0.000（0.231）	1996	0.255（1.871）*	0.118（1.036）
0.049（0.400）	1997	0.263（2.032）*	0.128（1.109）
0.053（0.592）	1998	0.264（2.041）*	0.171（1.400）
0.081（0.786）	1999	0.272（2.095）*	0.186（1.504）
0.112（0.995）	2000	0.273（2.098）*	0.205（1.632）
0.091（0.851）	2001	0.274（2.105）*	0.232（1.820）*
0.115（1.020）	2002	0.274（2.106）*	0.221（1.743）*
0.146（1.230）	2003	0.272（2.091）*	0.278（2.140）*
0.164（1.357）	2004	0.274（2.105）*	0.300（2.286）*
0.203（1.626）	2005	0.272（2.095）*	0.321（2.430）*
0.214（1.696）*	2006	0.271（2.087）*	0.328（2.479）*
0.227（1.788）*	2007	0.271（2.084）*	0.319（2.415）*

续表

交通固定资本的 I 值	年份	GDP 的 I 值	交通固定资本的 I 值
0.198（1.586）	2008	0.275（2.114）*	0.312（2.295）*
0.137（1.169）			

注：*表示在5%水平下通过了显著性检验，括号内为 Z 统计量。

第四节 本章小结

　　本章从交通基础设施的各种类型出发，介绍了各种类型交通基础设施的发展状况、运输规模及投资变化，并且分析了交通基础设施存量与投资在各地区的空间分布。中国人民共和国成立后经过60多年的发展，以及近年来政府为了应对危机实施扩大内需的财政政策和制定的各类地区发展政策，使得我国交通基础设施建设取得了长足的进步，粗具规模的综合交通运输体系逐步形成，公路、铁路、民航、水路及管道建设快速发展；但是，中国交通基础设施建设也面临着结构不合理、运力不足、各种运输方式的衔接较差和交通基础设施地区分布不平衡等问题。空间统计 ESDA 的分析结果也表明，中国经济增长与经济活动主要聚集在交通基础设施发达的东部沿海地区，中西部地区的交通基础设施相对落后，并且我国经济活动的密集度呈现由东至西逐渐减少的趋势。在对我国交通基础设施的发展趋势以及各区域交通基础设施的空间格局进行一定的统计分析的基础上，下章以中国区域经济增长为例，实证地检验和分析交通基础设施的溢出效应。

第五章

交通基础设施溢出效应的实证分析：
以中国区域经济增长为例

本章在搜集各省面板数据的基础上，应用 Feder 模型将交通基础设施对本地区经济增长的直接效用和间接效用剥离开来，来实证地检验交通基础设施的溢出效应。Feder（1983）[①] 模型的核心在于考察事物的外部性特征，该模型最早用于探讨出口对经济增长的作用，后被广泛应用于军事、FDI 和产业研究等，但目前尚未被用于交通基础设施溢出效应的研究。不仅如此，鉴于交通基础设施长期使用的基本特性，本章节还将交通基础设施的时间滞后效应也纳入模型当中进行分析，以综合考察其影响力。进一步考虑到交通基础设施的空间溢出效应，本研究还将借助空间溢出效用模型来实证地检验交通基础设施的空间溢出效应。

第一节 交通基础设施溢出效应的实证分析：基本模型

一 溢出效应基本模型的构建

为考察交通基础设施投资与经济增长的关系，设定经济中存在两个部门——交通基础设施部门和非交通基础设施部门：

$$T = T(Lt, Kt) \tag{5-1}$$
$$N = N(Ln, Kn, T) \tag{5-2}$$

T 和 N 分别表示交通基础设施部门和非交通基础设施部门的生产函数，其中和 L 和 K 分别代表劳动力和资本要素投入。方程（5-2）表明非交通基

[①] Feder, G., "On Exports and Economic Growth", *Journal of Development Economics*, Vol.12 (1-2), PP 59-73, 1983.

础设施部门产出不仅受本部门所投入的劳动力和资本的影响,而且还受到交通基础设施部门产出的"溢出效应"影响。经济中劳动力 L、资本 K 与经济总产出 Y 分别表达为:

$$L = Lt + Ln \tag{5-3}$$

$$K = Kt + Kn \tag{5-4}$$

$$Y = T + N \tag{5-5}$$

假定交通基础设施部门与非交通基础设施部门的劳动力与资本的边际生产率存在差异,令 δ 表示两个部门间的相对边际生产率的差异,$\delta = 0(>0, <0)$ 意味着交通基础设施部门的相对边际生产率等于(大于或小于)非交通基础设施部门。对方程(5-5)两边同时微分可得:

$$\frac{dY}{Y} = \alpha \frac{dK}{Y} + \beta \frac{dL}{L} + \gamma \frac{dT}{T}\frac{T}{Y} \tag{5-6}$$

其中,α 表示非交通基础设施部门资本的边际产出;β 是非交通基础设施部门产出对劳动投入的弹性;dY/Y、dL/L 和 dT/T 分别是总产出、劳动力和交通基础设施产出的增长率;T/Y 是交通基础设施产出占总产出的比例,或者是交通基础设施部门在经济中的"规模";dK/Y 表示资本存量增量占总产出的比重。

方程(5-6)中 $\gamma = \delta/(1+\delta) + N_T$ 表示交通基础设施对于经济增长的全部作用,具体地,γ 衡量了交通基础设施对经济增长的两种不同渠道的影响:一是交通基础设施对经济增长的直接影响,通过部门之间相对生产率的差异实现;二是交通基础设施对非交通基础设施部门的外溢作用,即交通基础设施的溢出效应,从而间接对经济增长产生影响。

为分离交通基础设施的溢出效应,有必要进一步假定非交通基础设施部门产出对交通基础设施部门产出具有不变的弹性,即

$$\theta = \frac{\partial N/\partial T}{N/T} = \frac{N_T}{N/T} \tag{5-7}$$

其中,θ 为产出弹性系数,也是溢出效应参数。利用方程(5-7),方程(5-6)变换为 $\dfrac{dY}{Y} = \alpha \dfrac{dK}{Y} + \beta \dfrac{dL}{L} + (\dfrac{\delta}{1+\delta} - \theta)\dfrac{dT}{T}\dfrac{T}{Y} + \theta \dfrac{dT}{T}$ (5-8)

方程(5-8)就是本章的基本模型,可以同时衡量交通基础设施对经济增长的溢出效应 θ 和直接影响 $(\dfrac{\delta}{1+\delta} - \theta)$。

二 变量和数据说明

基本模型如下：

$$g_{it} = \beta_0 + \beta_1 ky_{it} + \beta_2 gl_{it} + \beta_3(gt_{it} \times ty_{it}) + \beta_4 gt_{it} + f_i + \varepsilon_{it} \qquad (5-9)$$

其中，i 表示第 i 个省区市，t 表示时间；g 代表 GDP 的年增长率；ky 代表固定资产投资占 GDP 的比重；gl 代表劳动力的年增长率；gt 代表交通基础设施投资的年增长率；ty 代表交通基础设施投资占 GDP 的比重；用 f_i 这个地区固定效应来控制区域条件对经济增长率的影响。相比于理论模型：由于 dK 在统计资料中并不存在，本章选取固定资产投资来代替 dK；另外，选取交通基础设施投资来表示交通基础设施部门的产出。

本章选取 1990—2010 年中国各省份的面板数据进行分析。其中，国民生产总值、固定资产投资均以当期价格计算；劳动力数量用就业人口表示；并且近似地把交通运输、仓储和邮电业固定资产投资看成交通基础设施投资，同样是以当期价格计算。本章使用的全部数据均为公开发表数据，取自历年的《中国统计年鉴》。但由于交通运输、仓储及邮电业的固定资产投资数据在 1996 年以后才开始分省列出，因此 1990—1995 年各地区数据来自各省统计年鉴。考虑到重庆从 1997 年开始才作为直辖市从四川省分离出来，因而本章节的研究不单独考虑重庆市。

三 模型估计结果

基本模型结果[①]如表 5.1 所示，1990—2010 年交通基础设施投资的溢出效应为 0.045，意味着每增加 1 个百分点的交通基础设施投资，非交通基础设施部门的产出将增加 0.045 个百分点。因为本章节的研究将经济部门划分为交通基础设施部门和非交通基础设施部门两类，交通基础设施部门无论规模还是在经济中所占比重相对于非交通基础设施部门都显得较小，溢出效应十分显著。从不同时期看，1990—2000 年（第一时间段）的溢出效应明显高于 2001—2010 年（第二时间段）的十年，说明交通基础设施投资的溢出效应在经济发展低级阶段尤为显著。

[①] 本章使用 Stata 10.0 软件进行估计。由相关检验得知数据存在组内自相关以及组间同期相关和异方差，而长面板数据（n 小 T 大）的动态面板偏差较小，因此本章直接使用 FGLS 估计控制组内自相关以及组间同期相关和异方差。在使用豪斯曼检验后，若是固定效应则加入省份虚拟变量。

表 5.1　　　　　　　　全国基本模型的估计结果

解释变量	1990—2010 年	1990—2000 年	2001—2010 年
_cons	0.133(0.007)***	0.092(0.021)***	0.099(0.010)***
ky	0.073(0.008)***	0.180(0.062)***	0.119(0.020)***
gl	−0.021(0.019)	0.066(0.113)	0.241(0.074)***
gt×ty	−0.400(0.028)***	−0.455(0.104)***	−0.900(0.273)***
gt	0.045(0.003)***	0.059(0.012)***	0.038(0.021)*
	随机效应	随机效应	随机效应

注：括号中的数字是标准差；***、**和*分别表示在1%、5%和10%的显著性水平下通过显著性检验。

考虑到我国地区经济发展的不均衡性，本章分别考察东、中、西部地区①交通基础设施的不同影响，如表 5.2 所示，结果表明三个地区溢出效应呈现出较明显的差异。其中，第一时间段，东部地区交通基础设施的溢出效应最大，中部次之，西部最小；而在第二时间段，中部地区的溢出效应最大，东部次之，西部地区仍为最小。分时段来看西部地区交通基础设施的溢出效应在第一时间段并不显著，但是在第二时间段显著为正；中部地区溢出效应明显，且随时间的推移上升；东部地区虽然溢出效应明显，但呈下降态势。

表 5.2　　　　　东、中、西部地区基本模型的估计结果

东部地区			
解释变量	1990—2010 年	1990—2000 年	2001—2010 年
_cons	0.087(0.016)***	−0.006(0.008)	0.096(0.005)***
ky	0.137(0.027)***	0.402(0.023)***	0.122(0.005)***
gl	0.199(0.050)***	0.582(0.058)***	0.221(0.019)***
gt×ty	−1.136(0.173)***	−1.128(0.104)***	−1.667(0.066)***
gt	0.100(0.010)***	0.139(0.008)***	0.092(0.004)***

---

① 本章对东中西部地区的划分为：东部地区包括北京、天津、河北、辽宁、上海、江苏、浙江、福建、山东、广东、广西、海南12个省（区市）；中部地区包括山西、吉林、黑龙江、安徽、江西、河南、湖北、湖南8个省（区市）；西部地区包括四川（重庆）、广西、贵州、云南、西藏、陕西、甘肃、青海、宁夏、新疆、内蒙古11个省（区市）。

	随机效应	随机效应	随机效应
	续表		
	中部地区		
_cons	0.135(0.019)***	0.150(0.022)***	0.150(0.014)***
ky	0.051(0.038)	-0.053(0.062)	0.086(0.023)***
gl	0.384(0.121)***	0.284(0.152)*	0.705(0.139)***
gt×ty	-1.671(0.243)***	-0.897(0.322)***	-2.576(0.335)***
gt	0.084(0.013)***	0.073(0.014)***	0.119(0.026)***
	随机效应	随机效应	固定效应
	西部地区		
_cons	0.136(0.016)***	0.173(0.008)***	0.170(0.022)***
ky	0.064(0.026)**	-0.032(0.018)*	0.101(0.017)***
gl	-0.188(0.067)***	-0.320(0.025)***	-0.116(0.052)**
gt×ty	-0.088(0.049)*	-0.069(0.011)***	-0.304(0.106)***
gt	-0.005(0.008)	-0.001(0.002)	0.018(0.010)*
	随机效应	随机效应	固定效应

注：括号中的数字是标准差；***、**和*分别表示在1%、5%和10%的显著性水平下通过显著性检验。

四 主要结论

对比各地区交通基础设施存量及经济发展水平，出现这种现象的可能原因是交通基础设施水平与经济发展水平之间的匹配问题。与一般行业不同，交通基础设施建设跨越式发展特征明显。假设最初阶段交通基础设施落后于经济需要，成为发展瓶颈，任何交通基础设施投资都会即刻转化为经济发展助推器，并随着综合运输体系的建成发挥最高效用。随后，新增交通基础设施投资对经济增长的作用将减弱，并在一段时间超前于经济发展需要。具体来看，东部地区为沿海地区，无论交通基础设施投资，还是经济发展的历史起点高，区位优势明显，交通设施溢出效应随经济增长而下降不可避免；中部地区随国家扩大内需政策的出台，交通基础设施投资加快，设施不足的矛盾得以缓解，发展潜力得以释放，溢出效应明显扩大；西部地区虽然交通基础设施更为薄弱，但经济发展同样长期低迷，对设施的有效需求不足，溢出效应微弱，在西部大开发政策的引导下，2000

年以后承接来自东中部的产业转移,交通基础设施的溢出效应才逐步发挥出来。这一结论印证了刘勇(2010)的观点,也与Fernald(1999)[①]对美国高速公路投资和生产率之间关系的研究结论类似,即当高速公路网络建成以后,新增的高速公路投资对生产率的促进作用将远远小于初期投资的促进作用。

另一个有意思的结果是,无论从时间范围还是地域范围看,交通基础设施投资对经济增长的直接影响始终为负,这似乎与一般的理解相左。为此,本章节的研究从交通基础设施对经济增长的直接影响系数 $\beta_3 = \dfrac{\delta}{1+\delta} - \theta$ 和间接影响系数 $\beta_4 = \theta$,推算出各个时期全国各地区交通基础设施部门与非交通基础设施部门的相对边际生产率差异 δ(见表5.3)。数据显示,各地区交通基础设施部门的相对边际生产率在各个时间段均落后于非交通基础设施部门,具体来看,东、中部地区差距较大,西部地区差距较小。这其中一方面是由于交通基础设施投资属于长期性投资,因为回报率偏低多数依赖政府支持,对私人投资具有挤出作用,而其边际生产率(既包括劳动力又包括资本)与私人投资相比又较低,低效率的投资导致其对经济增长产生负面影响;另一方面,相比较西部地区,中东部地区私人资本更加活跃,在经济总量中占比更高,挤出效应相对较弱。这个结论与世行《为发展提供基础设施》报告(1994)中"当用于基础设施建设的公共支出未能被充分而有效地利用时,其他部门更具有生产力的投资可能被挤占"所描述的情况比较一致。

表5.3 各个时期交通基础设施部门与非交通基础设施部门的相对边际生产率差异

δ	1990—2010年	1990—2000年	2001—2010年
全国	-0.262	-0.284	-0.463
东部	-0.509	-0.497	-0.612
中部	-0.613	-0.452	-0.711
西部	-0.085	-0.066	-0.223

① Fernald, J. G., "Roads to Prosperity? Assessing the Link between Public Capital and Productivity", *The American Economic Review*, Vol.89 (3), PP 619-638, 1999.

第二节 交通基础设施溢出效应的实证分析：时间滞后效应模型

一 时间滞后效应模型的构建

由于基本模型暂时无法考虑时间维度，因此假定交通基础设施部门对经济中其他部门的溢出效应发生在同一时期。但交通设施项目长期使用的特性决定了其在相当长的一段时间内为经济运行提供服务，溢出效应也往往在较长时间才能逐步显现出来。因此，本章节使用时间滞后模型来进一步检验交通基础设施对经济增长的影响。

时间滞后模型如下：

$$g_{it} = \beta_0 + \beta_1 ky_{it} + \beta_2 gl_{it} + \beta_3 (gt_{it-n} \times ty_{it-n}) + \beta_4 gt_{it-n} + f_i + \varepsilon_{it} \quad (5-10)$$

由于一般交通基础设施从开工到建成投入使用，有一定的施工期，因此，选取的滞后数 $n=1, \cdots, 5$ 年。

二 模型估计结果

表 5.4 对交通基础设施溢出效应的滞后性给出了结果。数据表明在滞后期为 1—3 年时，交通基础设施对经济增长的溢出效益为正；在滞后期为 4—5 年时，交通基础设施对经济增长的溢出效应开始变得不显著甚至为负[①]。

表 5.4 全国时间滞后模型的估计结果

	滞后期 1 年		
解释变量	1990—2010 年	1990—2000 年	2001—2010 年
_cons	0.129(0.005)***	0.085(0.021)***	0.094(0.015)***
ky	0.057(0.007)***	0.207(0.059)***	0.097(0.022)***
gl	0.191(0.017)***	0.353(0.120)***	0.278(0.086)***
gt×ty	-0.273(0.019)***	-1.196(0.304)***	-0.034(0.101)
gt	0.047(0.003)***	0.089(0.017)***	0.019(0.017)
	随机效应	随机效应	固定效应

---

① 由于滞后期为 1—3 年和 4—5 年的估计结果相近，为避免重复，表中只给出滞后期为 1 年和 5 年的估计结果作为代表。

续表

	滞后期 2 年		
解释变量	1990—2010 年	1990—2000 年	2001—2010 年
_cons	0.140(0.006)***	0.115(0.023)***	0.092(0.016)***
ky	0.040(0.009)***	0.126(0.066)**	0.096(0.022)***
gl	0.275(0.027)***	0.609(0.165)***	0.301(0.088)***
gt×ty	-0.255(0.023)***	-0.821(0.301)***	-0.146(0.103)
gt	0.043(0.003)***	0.069(0.017)***	0.035(0.017)**
	随机效应	随机效应	固定效应
	滞后期 3 年		
解释变量	1990—2010 年	1990—2000 年	2001—2010 年
_cons	0.150(0.009)***	0.134(0.027)***	0.101(0.015)***
ky	0.020(0.009)**	0.110(0.074)	0.106(0.020)***
gl	0.228(0.030)***	0.618(0.170)***	0.299(0.086)***
gt×ty	-0.145(0.026)***	-1.023(0.362)***	0.257(0.087)***
gt	0.008(0.003)***	0.051(0.019)***	-0.055(0.013)***
	随机效应	随机效应	固定效应
	滞后期 4 年		
解释变量	1990—2010 年	1990—2000 年	2001—2010 年
_cons	0.146(0.010)***	0.127(0.025)***	0.114(0.012)***
ky	0.034(0.014)**	0.109(0.064)*	0.096(0.019)***
gl	0.272(0.042)***	0.650(0.158)***	0.220(0.080)***
gt×ty	0.104(0.033)***	-0.858(0.311)***	0.499(0.082)***
gt	-0.017(0.004)***	0.026(0.018)	-0.087(0.013)***
	随机效应	随机效应	固定效应
	滞后期 5 年		
解释变量	1990—2010 年	1990—2000 年	2001—2010 年
_cons	0.132(0.007)***	0.136(0.020)***	0.114(0.014)***
ky	0.059(0.010)***	0.060(0.054)	0.085(0.018)***
gl	0.153(0.040)***	0.325(0.125)***	0.262(0.087)***
gt×ty	0.122(0.041)***	-0.022(0.296)	0.450(0.091)***

gt	−0.036(0.005)***	−0.037(0.016)**	−0.093(0.013)***
	随机效应	随机效应	固定效应

注：括号中的数字是标准差；***、** 和 * 分别表示在1%、5%和10%的显著性水平下通过显著性检验。

三 主要结论

出现本章中时间滞后效应结果的可能原因是，交通基础设施在建成使用后，由于管理、养护不当和维修不足，使得其利用率低下甚至损坏，阻碍了经济的正常运行，进而导致负溢出效应的产生。在上述世行报告中，对此问题亦有调查研究，"维修不足几乎是发展中国家基础设施提供者的普遍性（且代价高昂）失误。例如，维修良好的铺设道路路面在重新铺设之前应能使用10—15年，但缺少维护使它在使用一半的时间后就严重损坏"。

不仅如此，从分时段的时间滞后模型估计结果来看，第一时间段相比于第二时间段，在滞后期为1—3年时，正的溢出效应较大；而在滞后期为4—5年时，负的溢出效应又较小。这说明交通基础设施对经济增长的溢出作用确实存在饱和度问题。在其他条件不变的前提下，饱和速度的大小取决于交通基础设施投资与经济的相对增长速度，如果交通基础设施增速相对较高，则容量较大，饱和速度较慢（如前一时间段）；如果交通基础设施增速相对较低，则饱和速度较快（如后一时间段），来自全国的数据证实了这一观点（见图5.1）。

图5.1 交通基础设施投资与经济增长速度

第三节 交通基础设施溢出效应的实证分析：空间溢出效应模型

基本理论模型将整体经济区分为两个部门，是一种理论上的简化。其中，非交通基础设施部门产出不仅依赖于配置在本部门的劳动力和资本，还取决于同一时期交通基础设施部门的产出，体现出一定的溢出效应。由于运输的网络化特性使得交通基础设施不仅对本地区的经济有影响，而且出现各地区之间的交互作用，产生明显的区位影响。因此，本章节还将使用空间效应模型来进一步检验交通基础设施对经济增长的影响。

一 空间溢出效应模型的构建

为了检验交通基础设施的空间效应，还引入了空间模型，主要分成两类：当模型的误差项在空间上相关时，即为空间误差模型（Spatial Error Model，SEM）；当变量间的空间依赖性对模型显得非常关键而导致了空间相关时，即为空间滞后模型（Spatial Lag Model，SLM）（Anselin，1988）。

SEM 模型可表示为：

$$g_{it} = \beta_0 + \beta_1 ky_{it} + \beta_2 gl_{it} + \beta_3 (gt_{it} \times ty_{it}) + \beta_4 gt_{it} + \varepsilon_{it}$$
$$\varepsilon_{it} = \lambda W \varepsilon_{it} + \mu_{it}$$
$$\varepsilon_{it}\ \mu_{it} \sim N(0, \sigma^2 I) \tag{5-11}$$

SLM 模型可表示为：

$$g_{it} = \beta_0 + \beta_1 ky_{it} + \beta_2 gl_{it} + \beta_3 (gt_{it} \times ty_{it}) + \beta_4 gt_{it} + \rho W g_{it} + \varepsilon_{it} \tag{5-12}$$

其中，ε_{it} 和 μ_{it} 为服从正态分布的随机误差项；ρ、λ 为空间滞后项和空间误差项的系数；W 为空间权重矩阵。本章根据空间相邻性来构造空间权重矩阵，即用"1"表示地区相邻、用"0"表示地区不相邻，并将其进行行标准化[①]。由于方程（5-11）和（5-12）中出现了空间滞后被解释变量或者空间滞后误差项，模型不再满足经济计量经典的假设条件，针对这个问题，

[①] 具体操作上，考虑到空间距离的接近和经济联系的紧密程度，我们将北京与天津、河北和山西视为相邻地区，将海南省、广东省和广西壮族自治区视为相邻地区。同时，将空间权重矩阵进行标准化，满足空间模型参数估计的要求。

Elhorst（2003）[①]发展了极大似然估计方法，本章即采用这种方法。

二 模型估计结果

空间相关性检验是空间计量经济分析的一个重要内容，目前主要有：Moran's I、LMerr、LMlag、Robust LMerr 和 Robust LMlag（Anselin et al.，1996）[②]等空间相关性检验[③]。Moran's I 的取值范围为(-1,1)，当其大于0时，表明各地区间某经济变量为空间正相关；当其小于0时，表明各地区间某经济变量为空间负相关；当其等于0时，表明各地区间某经济变量与区位的分布相互独立。Moran's I 的绝对值越大，表明所检验的经济变量的空间相关性越强。LMerr 和 LMlag 及其稳健形式的空间自相关检验，不仅可以用来检验空间相关性，还可以为模型设定提供线索，帮助我们在模型（5-11）和模型（5-12）之间进行选择。在模型选择问题上，目前通行的做法是先用 OLS 方法估计不考虑空间相关性的受约束模型，然后进行空间相关性检验，如果 LMlag/RLMlag(LMerr/RLMerr) 比 LMerr/RLMerr (LMlag/RLMlag) 统计更显著，那么恰当的模型是空间滞后模型（空间误差模型）。

通过使用 Matlab.R 2010b 软件，空间相关检验结果如表5.5所示。全国各地区的 Moran's I 指数都非常显著，说明地区之间的经济增长存在一定的空间相关性，生产要素的省际流动[④]等因素导致了省际经济增长之间存在显著的空间正相关性。根据 LM 检验的结果，本章采用的是固定效应[⑤]的 SLM 模型，并且在模型中控制了两类非观测效应——地区固定效应和时间固定效应，前者控制了随地区变化但不随时间变化的背景变量（如经济结构和自然禀赋等）对经济增长的影响；后者控制了随时间变化但不随地区

[①] Elhorst, J.P., "Specification and Estimation of Spatial Panel Data Models", *International Regional Science Review*, Vol.26 (3), pp.244-268, 2003.

[②] Anselin, L., Bera, A. K., Florax, R. and Yoon, M. J., "Simple Diagnostic Tests for Spatial Dependence", *Regional Science and Urban Economics*, Vol.26 (1), pp.77-104, 1996.

[③] 这些检验都是针对截面回归模型提出的，不能直接用于面板数据模型。本章用分块对角矩阵代替 Moran's I 等统计量计算公式中的空间权重矩阵，就可以方便地把这些检验扩展到面板数据分析。

[④] 此处的省际经济增长速度的空间相关性是所有生产要素的省际流动导致的，包括技术溢出、资本流动等因素，而本章后面研究仅仅是交通基础设施的溢出所导致的，但这并不影响文中空间面板模型的建立。

[⑤] 选择固定效应模型而非随机效应模型的理由是：在使用空间数据时，一般的豪斯曼检验失效。而当样本回归分析局限于一些特定的个体时（如中国的31个省级区划单位），固定效应模型应该是更好的选择（Baltagi, 2001）。

变化的背景变量（如商业周期和暂时性冲击等）对经济增长的影响；双固定表示同时控制了这两种效应。

表 5.5　　全国各地区空间相关性检验结果

空间相关性检验	Moran's I	LMlag	RLMlag	LMerr	RLMerr
全国					
检验值	0.680	810.277	58.338	752.330	0.391
p 值	0.000	0.000	0.000	0.000	0.532
东部地区					
检验值	0.749	232.750	35.025	197.829	0.103
p 值	0.000	0.000	0.000	0.000	0.748
中部地区					
检验值	0.784	167.828	16.739	151.152	0.064
p 值	0.000	0.000	0.000	0.000	0.801
西部地区					
检验值	0.614	205.238	3.216	202.027	0.005
p 值	0.000	0.000	0.073	0.000	0.944

表 5.6 给出了全国以及东中西部各地区空间效应模型的具体估计结果，由于三种固定效应的 Log 似然值都比较接近，因此应该综合来看三种模型系数估计的结果。

表 5.6　　1990—2010 年全国以及各地区空间效应模型估计结果

解释变量	全国		
	面板 SLM 模型		
	地区固定	时间固定	双固定
ky	0.035(3.188)***	0.078(4.699)***	0.113(5.807)***
gl	−0.028(−0.615)	−0.065(−1.195)	−0.085(−1.586)
gt×ty	−0.199(−3.011)***	−0.123(−1.641)	−0.068(−0.882)
gt	0.026(4.067)***	0.012(1.439)	0.008(0.888)
W×dep.var	0.789(34.664)***	0.317(5.756)***	0.316(5.763)***
R-squared	0.764	0.723	0.747
log-likelihood	1002.405	1071.013	1100.085

续表

	东部地区		
ky	0.077(3.625)***	0.089(3.175)***	0.126(4.301)***
gl	0.115(1.966)**	0.177(2.152)**	0.139(1.655)*
gt×ty	-0.628(-2.591)***	-0.237(-0.886)	-0.179(-0.623)
gt	0.068(4.811)***	0.037(2.088)**	0.034(1.873)*
W×dep.var	0.741(25.030)***	0.223(2.741)***	0.209(2.552)
R-squared	0.867	0.825	0.839
log-likelihood	376.738	420.673	432.188
	中部地区		
ky	0.032(2.107)**	0.020(0.561)	0.018(0.446)
gl	0.320(2.905)***	0.202(1.412)	0.141(0.972)
gt×ty	-1.073(-4.236)***	-1.085(-3.574)***	-1.452(-4.444)***
gt	0.059(4.754)***	0.051(3.044)***	0.065(3.669)***
W×dep.var	0.716(21.093)***	-0.138(-1.083)	-0.256(-1.867)*
R-squared	0.853	0.829	0.835
log-likelihood	288.638	353.342	362.439
	西部地区		
ky	0.023(1.151)	0.046(1.313)	0.122(2.156)**
gl	-0.189(-2.310)**	-0.260(-2.957)***	-0.231(-2.708)***
gt×ty	-0.098(-0.974)	0.089(0.776)	0.198(1.658)*
gt	0.007(0.540)	-0.023(-1.416)	-0.038(-2.248)**
W×dep.var	0.654(13.727)	-0.236(-1.801)*	-0.236(-1.805)*
R-squared	0.587	0.565	0.600
log-likelihood	335.237	390.486	400.107

注：括号中的数字是渐进的 t 统计量；***、** 和 * 分别表示在 1%、5% 和 10% 的显著性水平下通过显著性检验。

三 主要结论

从全国范围来看：首先，三种固定效应 SLM 模型下的系数都显著大于零，说明我国省际经济增长速度确实存在空间溢出效应，即一个省份的经济增长对与其有空间关系的省份的经济增长有正的溢出效应。其次，与前面模型的结果相似，非交通基础设施部门的劳动投入对经济增长的贡献在三种模型中都不显著，而非交通基础设施部门的资本投入对经济增长的贡献则非常大且显著。劳动力要素不显著的可能原因是：一方面，由于中国经济存在大量的潜在劳动力，使劳动投入增长对产出增长的贡献十分有限（张军扩，1991）[①]。另一方面，统计数据使用的劳动投入增长率是历年年末社会劳动者的变化率，而这样做并不能反映劳动相对利用率的变化。最后，交通基础设施的直接影响和溢出效应系数在地区固定模型中都比较显著，在其他两种模型中则比较不显著，说明在现阶段三大地区自然禀赋、经济结构、历史传统等差异对交通基础设施水平的影响比较大。溢出效应的系数为正，直接影响的系数为负（与前文其他模型的结论相互佐证），说明交通基础设施对经济增长的推动作用主要是通过对非交通基础设施部门生产率的提高来实现的。

从东中西部各地区来看，交通基础设施的溢出效应系数在各地区有所不同。东部地区和中部地区的交通基础设施溢出效应系数比较稳健，在三种固定效应的空间模型中都显著为正，且中部地区交通基础设施的溢出效应系数相对大于东部地区的溢出系数；而西部地区的交通基础设施溢出效应系数，在地区和时间固定效应模型下并不显著，且在双固定效应模型下显著为负。三大地区空间效应的差异同样与自然禀赋、历史发展水平存在关联。以东部地区为例，多数省份以平原为主，地理条件优越，制造业发达，沿海的外向型经济特征使得它们之间相互联系较为密切，空间效用较强。而西部地区山地林立，恶劣的自然条件、薄弱的工业基础使其传统上各地区相互联系较少，空间效用表现不明显。最后，上述空间效应模型估计结果类似，这说明模型总体比较稳健。

第四节　本章小结

本章的研究在 Feder 模型基础上，通过建立交通基础设施的溢出效应的基本模型、时间滞后效应模型以及空间溢出效应模型三个实证模型，利

[①] 张军扩：《"七五"期间经济效益的综合分析：各要素对经济增长贡献率测算》，《经济研究》1991年第4期，第8—17页。

用我国31个省份1990—2010年的面板数据,实证检验了交通基础设施的溢出效应。通过实证检验,可以得到以下结论:(1)交通基础设施总体上对经济增长具有正向的溢出效应,但由于区域历史条件限制,各地区溢出效应强弱不一;(2)由于交通基础设施与其他部门之间相对生产率的差距,导致交通基础设施对经济增长的直接影响始终为负;(3)交通基础设施的溢出效应存在明显滞后期,且逐渐衰竭,在滞后4—5期时由正向转为负向;(4)省际交通基础设施带来的空间溢出效应明显,但同样存在各地区强弱不一的现象,中、东部地区更加明显。

基于以上结论,说明我国致力于通过交通基础设施投资建设来促进经济持续快速增长的做法效果明显,但政策目标应明确为以交通基础设施建设支撑其他产业发展。同时,政府应当加强对现有交通基础设施的管理、养护和维修,以此来提高交通基础设施的生产效率和利用率,确保其对提高其他产业运行效率的持续作用。不仅如此,考虑到交通基础设施作为一种政府公共投资对私人投资的挤出效应,应该审慎调整交通基础设施的投资力度,以保证宏观经济中资源配置效率的最大化。最后,由于我国区域经济增长与交通基础设施空间溢出效应的存在,交通基础设施投资应当向中部地区的枢纽省份和西部落后地区有所倾斜,确保交通基础设施在协调区域经济发展方面发挥更大的作用。

第六章

总结与研究展望

第一节 主要结论

本书是在中国政府高度重视基础设施投资，学术界又很关注交通基础设施在经济中所起作用的宏观大背景下，对交通基础设施的网络效应和溢出效应进行理论分析和实证检验。在理论上，应用经济增长理论、国际贸易理论和新经济地理理论分析了交通基础设施的网络效应和溢出效应产生的原因以及作用机制。在实证上，基于上述理论的框架，分析了国际运输方式中各类交通基础设施的发展，通过贸易引力模型实证检验了交通基础设施的网络效应，并对其进行国际比较；接下来讨论了我国交通基础设施的发展趋势和空间格局，通过空间计量、空间统计等分析方法对交通基础设施的溢出效应进行了实证分析，进一步验证了交通基础设施的空间溢出效应，得出以下的主要结论。

（1）交通基础设施是一个国家物流水平的重要体现，近年来发展中国家和新兴经济体国家逐渐改善了交通基础设施的状况，使得国家物流水平总体有所提高。

（2）交通基础设施的网络效应在国际贸易中发挥着重要作用，但是仍然具有进一步提升的空间。由于在国际贸易中的地位和本身的特点，港口、航空和公路基础设施指标对进出口贸易流量的促进作用比较显著；而铁路运输由于其运营特点，作用较为微弱。同时，代表国家物流基础设施综合水平的物流设施综合指数对消除贸易障碍、增强出口贸易竞争力具有显著的促进作用。总体来说，发达国家的交通基础设施网络效应好于发展中国家。

（3）中国人民共和国成立后经过60多年的发展，以及近年来政府为了应对危机实施扩大内需的财政政策和制定的各类地区发展政策，使得我国交通基础设施建设取得了长足进步，粗具规模的综合交通运输体系逐步形成，公路、铁路、民航、水路及管道建设快速发展。但是，中国交通基础设施建设也面临着结构不合理、运力不足、各种运输方式的衔接较差和交通基础设施地区分布不平衡等问题。空间统计 ESDA 的分析结果也表明，中国经济增长与经济活动主要聚集在交通基础设施发达的东部沿海地区，中西部地区的交通基础设施相对落后，并且我国经济活动的密集度由东至西呈现逐渐减少的趋势。

（4）交通基础设施总体上对我国经济增长具有正向的溢出效应，但由于区域历史条件限制，各地区溢出效应强弱不一；由于交通基础设施与其他部门之间相对生产率的差距，导致交通基础设施对经济增长的直接影响始终为负；交通基础设施的溢出效应存在明显滞后期，且逐渐衰竭，在滞后4—5年时由正向转为负向；省际交通基础设施带来的空间溢出效应明显，但同样存在各地区强弱不一的现象，中、东部地区更加明显。

第二节　政策建议

主要政策建议如下：

（1）在全球国际贸易竞争更为激烈的背景下，各国应该着手通过消除交通基础设施的障碍，通过提高交通基础设施的网络效应，来降低国内和国际物流成本，提供有效的国际物流服务，这对于类似中国的发展中国家获取自由贸易红利，提升本国产业的国际竞争力尤为重要。同时，也应该注意到，在今天，由互相依存的国际物流网络所主宰的世界经济中，高效的物流系统不仅包括国与国之间的海、空通路，还延伸至内陆运输网络，它们对确保将货物从产地运往装载港，并进而将货物送达国外最终消费者，发挥着关键作用。低效率的内陆运输基础设施和服务可能会严重损害一个国家的连通性和进入全球市场的通道，并对其贸易竞争力产生不利影响。因此各国在着手各类交通基础设施建设的同时，也应该注重整个交通运输网络系统的平衡及和谐发展。

（2）我国致力于通过交通基础设施投资建设来促进经济持续快速增长的做法效果明显，但由于交通基础设施溢出效应的存在，交通基础设施投资的政策目标应明确为以交通基础设施建设支撑其他产业发展。同时，政府应当加强对现有交通基础设施的管理、养护和维修,以此来提高交通基础设施的生产效率和利用率,确保其对提高其他产业运行效率的持续作用。不仅如此,考虑到交通基础设施作为一种政府公共投资对私人投资的挤出效应,应该审慎调整交通基础设施的投资力度,以保证宏观经济中资源配置效率的最大化。最后,由于我国区域经济增长与交通基础设施的空间溢出效应的存在,交通基础设施投资应当向中部地区的枢纽省份和西部落后地区有所倾斜,确保交通基础设施在协调区域经济发展方面发挥更大的作用。

第三节 研究展望

本书对交通基础设施的网络效应及溢出效应的相关理论及实证方面进行了深入分析,但尚有大量的相关问题有待于进一步深入研究。

(1)交通基础设施的网络效应及溢出效应在产业层面上的发挥。受制于数据可得性的限制,本研究未将交通基础设施的网络效应及溢出效应在各产业层面上进行研究,而是在总体贸易和经济增长方面做了探讨。由于不同产业对交通基础设施的需求有所不同,因此如果能够在产业层面上进一步细分交通基础设施的网络效应及溢出效应,将会给政策制定者带来更具体而全面的建议。

(2)发挥交通基础设施的正向溢出效应,降低其负外部性的影响。尽管本书从理论与实证方面论证了交通运输基础设施对经济增长产生正的溢出效应。然而在现实中,交通运输业的发展会产生交通拥挤、噪声污染、环境污染、事故成本等负的外部性。在构建资源节约型社会的条件下,交通运输的负外部性也会逐渐受到重视,如何进一步发挥交通基础设施正向的溢出效应,尽量降低其负外部性,也值得进一步研究。

(3)数据的进一步处理方法有待于继续深入探讨。任何经济数据都具有空间属性和时间属性,运用地区虚拟变量及面板数据也不能完全消除区域空间差异。在实证研究中,所使用的计量方法如果没有考虑到数据的空间相关与空间依赖性,则会在参数估计、模型检验等方面出现偏误,导致结果难以解释。因此,需要在实证检验中,将空间统计、空间计量经济学与传统的统计与计量经济学方法相结合,这也是一个未来研究的重要课题和方向。

索　引

G

国际商品贸易　5, 12, 13, 63, 65, 97
国际海洋运输　77, 78, 79
国际铁路运输　81
国际公路运输　87
国际航空运输　89
国际管道运输　92

J

基础设施　6, 7, 9, 10, 11, 17, 18, 19, 26, 27, 28, 29, 30, 31, 32, 33, 34, 35, 36, 94, 99, 101, 103, 109, 110, 114, 118, 123, 124, 125, 127, 128, 129, 130, 131, 132, 138, 142, 164, 167, 174, 175

交通基础设施　1, 2, 3, 4, 5, 6, 7, 8, 9, 10, 11, 12, 13, 14, 15, 18, 19, 24, 25, 26, 28, 31, 32, 33, 34, 35, 36, 37, 38, 39, 62, 63, 77, 94, 95, 97, 98, 99, 100, 101, 102, 103, 104, 105, 107, 109, 110, 111, 112, 114, 115, 117, 118, 119, 121, 124, 125, 132, 137, 138, 141, 142, 143, 144, 146, 147, 148, 149, 152, 153, 155, 158, 159, 160, 161, 162, 163, 164, 165, 167, 168, 169, 172, 173, 174, 175, 176

计量经济学　9, 39, 40, 50, 57, 154, 176

计量经济学模型　39

K

空间计量经济学　10, 12, 14, 39, 50, 51, 62, 154, 176
空间计量经济学模型　50, 51, 56
空间溢出效应　10, 12, 14, 38, 39, 62, 159, 171, 173, 174, 175, 176
空间溢出效应模型　168, 172

M

面板数据　3, 7, 8, 9, 10, 11, 12, 39, 40, 41, 42, 43, 44, 48, 49, 50, 51, 56, 57, 59, 60, 61, 101, 102, 104, 105, 124, 159, 161,

169，173，176
贸易引力模型　12，14，37，63，99，100，101，102，174

119，124，174，175，176
物流基础设施　94，95，96，97，102，103，104，105，109，110，111，115，119，124，174

S

时间滞后效应　159，167
时间滞后效应模型　165，172

W

网络效应　1，2，3，4，5，9，11，12，13，14，15，24，25，26，36，37，38，39，62，63，98，99，100，101，102，109，110，114，115，118，

Y

溢出效应　1，2，3，4，5，7，9，10，11，12，13，14，15，18，24，25，26，31，36，37，38，39，50，62，125，158，159，160，161，162，163，164，165，167，168，171，172，173，174，175，176
因子分析　94，95，96，97，102，103，104，109，110，115，119，124